2024

중소사업자·근로자·영세납세자를 위한

세금절약 가이드 I

국세청이 알려주는
따뜻한 세상을 위한 세금 길라잡이

머리말

최근 국내외의 어려운 경제 여건 속에서도 성실하게 세금을 신고 · 납부해 주시는 국민 여러분께 진심으로 감사의 말씀을 드립니다.

세금은 나라의 주인인 국민이 국가의 운영에 필요한 비용을 공동으로 부담하는 것이며, 납세는 국민의 권리이자 의무로서 풍요로운 사회를 누리는 대가입니다.

여러분의 소중한 세금은 보다 공정하고 투명한 사회를 만들고, 우리나라가 민생경제를 회복하고 민간중심 활력을 제고하는데 중요한 역할을 할 것입니다.

국세청은 "믿음으로써 근본을 삼는다."는 이신위본(以信爲本)의 뜻을 새겨 「국민의 국세청, 신뢰받는 국세행정」을 구현하기 위해 노력하고 있습니다.

이러한 노력의 일환으로 국세청은 매년 개정세법을 반영하여 어려운 세법을 납세자의 눈높이에 맞춰 해설하는 '세금절약가이드'를 발간하고 있습니다.

아무쪼록 이 책자가 납세자 여러분의 성실신고 · 납부에 도움이 되고, 세금에 대한 궁금증을 해소하는데 유용한 길잡이로 활용되기를 바랍니다.

2024년 5월

국세청장 김 창 기

Contents

2024년부터 달라지는 세목별 주요 개정 내용

1. 중소사업자를 위한 세금

TAX

KOR
국세청
www.nts.go.kr

Contents

TAX
국세청
www.nts.go.kr

Contents

TAX

KOR
국세청
www.nts.go.kr

Contents

2. 근로자를 위한 세금

Contents

3. 영세납세자를 위한 복지세정

Contents

4. 납세자 보호 제도

2024년부터 달라지는 세목별 주요 개정 내용

국세기본법

○ 국선대리인 제도 지원대상 확대

종전	개정
□ 국선대리인 제도 지원대상 ○ 개인납세자 - 종합소득금액 5천만 원 이하 - 보유재산가액 5억 원 이하 〈신 설〉	□ 국선대리인 제도 지원대상 확대 ○ 개인납세자 - 종합소득금액 5천만 원 이하 - 보유재산가액 5억 원 이하 ○ 법인납세자 - 수입금액 3억 원 이하 - 자산가액 5억 원 이하

소득세법(종합소득세 분야)

○ 육아휴직수당 비과세 적용 대상 확대 및 범위 규정

종전	개정
□ 근로소득에서 비과세되는 육아휴직 급여·수당 ○ 공무원 또는 「사립학교교직원 연금법」, 「별정우체국법」을 적용받는 사람이 관련 법령에 따라 받는 육아휴직수당 〈추 가〉	□ 비과세 소득 확대 - 사립학교 직원이 사립학교 정관 등에 의해 지급 받는 월 150만 원 이하의 육아휴직수당

○ 출산·보육수당 비과세 한도 상향

종전	개정
□ 근로소득·종교인소득에서 비과세되는 출산·보육수당 ○ (한도) 월 10만 원	□ 비과세 한도 상향 ○ (한도) 월 20만 원

○ 직무발명보상금 비과세 한도 상향

종전	개정
□ 직무발명보상금에 대한 비과세 ○ (대상) 종업원, 교직원, 학생에게 지급하는 직무발명보상금*으로서 연 500만 원 이하의 금액 * 「발명진흥법」§2(2)에 따른 직무발명으로 받는 보상금	□ 비과세 한도 상향 및 적용범위 조정 ○ 연 500만 원 → 연 700만 원
〈신 설〉	- 아래에 해당하는 종업원은 제외 ❶ 사용자가 개인사업자인 경우: 해당 개인사업자 및 그와 친족관계에 있는 자 ❷ 사용자가 법인인 경우: 해당 법인의 지배 주주 등* 및 그와 특수관계**에 있는 자 * 법인세법 시행령 §43⑦에 따른 지배주주등 ** 친족관계 또는 경영지배관계

○ 노후 연금소득에 대한 세부담 완화

종전	개정
□ 연금소득 분리과세	□ 분리과세 기준금액 상향
○ (적용대상) 사적연금소득* * 연금저축, 퇴직연금 등	○ (좌 동)
○ (세율) 연령별 3~5% ※ (~69세) 5%, (~79세) 4%, (80세~) 3%	○ (좌 동)
○ (기준금액) 연간 1,200만 원 이하	○ (기준금액) 연간 1,500만 원 이하

2024년부터 달라지는 세목별 주요 개정 내용

소득세법(종합소득세 분야)

○ 간주임대료 과세대상 확대 및 소형주택 특례 연장

종전	개정
□ 소형주택 간주임대료 제외 특례 ○ (대상) 주거용 면적이 1세대당 40㎡ 이하이고 기준시가 2억 원 이하 주택 ○ (간주임대료 특례) - 간주임대료 과세대상 주택에서 제외 ○ (적용기한) 2023. 12. 31.	□ 적용기한 3년 연장 ○ (대상) 주거용 면적이 1세대당 40㎡ 이하이고 기준시가 2억 원 이하 주택 ○ (간주임대료 특례) - 간주임대료 과세대상 주택에서 제외 ○ (적용기한) 2026. 12. 31.

○ 장기 주택저당 차입금 이자상환액 소득공제 확대

종전

□ 장기주택저당 차입금 이자상환액 소득공제

○ (공제한도) 300~1,800만 원

상환기간 15년 이상			상환기간 10년 이상
고정금리 + 비거치식	고정금리 또는 비거치식	기타	고정금리 또는 비거치식
1,800만 원	1,500만 원	500만 원	300만 원

○ (주택요건) 기준시가 5억 원 이하

□ 장기주택저당차입금 연장 또는 이전 시 이자상환액 소득공제

○ 5억 원 이하 주택 · 분양권을 취득하기 위한 종전 차입한 차입금의 상환기간을 15년 이상으로 연장하는 경우

〈추 가〉

개정

□ 공제한도 상향 및 적용대상 확대

○ (공제한도) 600~2,000만 원

상환기간 15년 이상			상환기간 10년 이상
고정금리 + 비거치식	고정금리 또는 비거치식	기타	고정금리 또는 비거치식
2,000만 원	1,800만 원	800만 원	600만 원

○ (주택요건) 기준시가 6억 원 이하

□ 주택가액 상향 및 공제 적용 이전 범위 확대

○ 5억 원 이하 → 6억 원 이하

- 차입자가 신규 차입금으로 즉시 기존 장기주택저당차입금 잔액을 상환하는 경우도 포함

○ 자녀세액공제 확대 및 공제대상 손자녀 추가

종전	개정
□ 자녀세액공제 ○ (공제액) - 1명인 경우: 15만 원 - 2명인 경우: 30만 원 - 3명 이상인 경우 : 연 30만 원과 2명을 초과하는 1명당 연 30만 원 ○ (공제대상) 〈추 가〉	□ 자녀세액공제액 확대 및 손자녀 추가 ○ (공제액) - 1명인 경우: 15만 원 - 2명인 경우: 35만 원 - 3명 이상인 경우 : 연 35만 원과 2명을 초과하는 1명당 연 30만 원 ○ (공제대상) - 손자녀

○ 의료비 세제지원 강화

종전	개정
□ 의료비 세액공제 ○ (대상비용) 본인 또는 부양가족을 위해 지출한 의료비 - 총급여액 7천만 원 이하인 근로자가 산후조리원에 지급하는 비용 (한도: 200만 원) 〈추 가〉 ○ (공제한도) - 본인, 65세 이상인 부양가족, 장애인: 공제한도 미적용	□ 의료비 세액공제 대상 확대 및 6세 이하 공제 한도 폐지 ○ (대상비용) 본인 또는 부양가족을 위해 지출한 의료비 - 산후조리원에 지급하는 비용 (한도: 200만 원) - 장애인활동 지원급여* 비용 중 실제 지출한 본인부담금 * 「장애인활동 지원에 관한 법률」에 따라 수급자에게 제공되는 활동보조, 방문목욕, 방문간호 등 서비스 ○ (공제한도) - 6세 이하 부양가족 추가

소득세법(종합소득세 분야)

○ 고액기부에 대한 공제율 한시 상향

종전	개정
□ 기부금 특별세액공제 ○ 공제율 〈신 설〉	□ 고액기부 공제율 한시 상향 ○ 공제율 - 3천만 원 초과: 40%(2024. 12. 31.까지)

○ 사업소득에 대한 소액부징수 예외 신설

종전	개정
□ 원천징수세액 소액 부징수 ○ (내용) 원천징수세액이 1천 원 미만인 경우 해당 세액을 징수하지 않음 ○ 적용 예외 - 이자소득 〈추 가〉	□ 소액 부징수 예외 추가 ○ (좌동) ○ 적용 예외 - 이자소득 - 인적용역 사업소득으로서 계속적 · 반복적 활동을 통해 얻는 소득

○ 국외 근로소득에 대한 비과세 확대

종전	개정
□ 국외 근로소득 비과세 금액 ○ 외항선 · 원양어선 선원 및 해외건설 근로자: 월 300만 원	□ 비과세 한도 확대 ○ 월 300만 원 → 월 500만 원
□ 재외근무수당 등에 대한 비과세 적용 대상 〈추 가〉	□ 비과세 적용대상 확대 - 재외공관 행정직원과 유사한 업무를 수행하는 자로서 기획재정부장관이 정하는 자* * 「재외한국문화원·문화홍보관 행정직원에 관한 규정」(문체부 훈령) §2(5)에 따른 "행정직원"
○ 코트라, 코이카, 한국관광공사, 한국국제보건의료재단의 직원 〈추 가〉	- 산업인력공단의 직원

○ 주택자금 대여 이익 비과세 대상 조정

종전	개정
□ 비과세 되는 복리후생적 급여 ○ 중소기업의 종업원이 주택 구입·임차에 소요되는 자금을 저리로 대여받아 얻은 이익 〈신 설〉	□ 주택자금대여이익 비과세 대상 중소기업 종업원 범위 조정 ○ 중소기업의 종업원이 주택 구입·임차에 소요되는 자금을 저리로 대여받아 얻은 이익 - 아래에 해당하는 종업원은 제외 ❶ 중소기업이 개인사업자인 경우: 해당 개인사업자와 친족관계에 있는 종업원 ❷ 중소기업이 법인인 경우: 해당 법인의 지배주주등*에 해당하는 종업원 * (법인령 §43⑦)1% 이상 주식을 소유한 주주로서 특수관계에 있는 자가 소유한 지분의 합계가 가장 많은 주주등

○ 위탁보육비 지원금 및 직장어린이집 운영비 비과세

종전	개정
□ 비과세되는 근로소득 중 복리후생적 성질의 급여 〈추 가〉	□ 위탁보육료 및 직장어린이집 운영비 추가 ○「영유아보육법 시행령」에 따라 사업주가 부담하는 보육비용* * ① 직장어린이집을 설치하고 지원하는 운영비 ② 지역어린이집과 위탁계약을 맺고 지원하는 위탁보육비(영유아보육령 §25)

2024년부터 달라지는 세목별 주요 개정 내용

소득세법(종합소득세 분야)

○ 기부금 세액공제 대상 노조회비에 회계공시 요건 신설

종전	개정
□ 기부금 세액공제*를 적용받는 일반 기부금의 범위 ○ 노동조합*에 가입한 사람이 납부한 회비 * 「노동조합법」, 「교원노조법」, 「공무원노조법」에 따라 설립된 노동조합	□ 노동조합의 회계공시를 요건으로 조합비 세액공제 적용 ○ 아래 요건을 충족하는 노동조합에 가입한 사람이 납부한 회비 - 아래의 노동조합(Ⓐ+Ⓑ)이 「노동조합법 시행령」이 정하는 공시시스템에 직전 회계연도의 결산결과가 공표되었을 것 Ⓐ 조합비를 직접 납부받은 노동조합(조합원 수 1,000명 이상으로 한정) Ⓑ 규약 등에 따라 Ⓐ가 납부받은 회비를 재원으로 하는 교부금을 받은 노동조합(조합원 수 1,000명 이상인 단위노동조합 및 산하조직, 연합단체)

○ 자원봉사용역 가액 현실화 및 인정범위 조정

종전	개정
□ 특례기부금의 범위 ○ 특별재난지역을 복구하기 위한 자원봉사 용역의 가액(❶+❷) ❶ 봉사일수(=총봉사시간÷8)×5만 원 ❷ 자원봉사용역에 부수되어 발생하는 유류비·재료비 등 직접비용 〈단서 신설〉	□ 자원봉사용역 가액 현실화 및 용역기부 인정범위 조정 ○ 특별재난지역을 복구하기 위한 자원봉사 용역의 가액(❶+❷) ❶ 5만 원 → 8만 원 ❷ 자원봉사용역에 부수되어 발생하는 유류비·재료비 등 직접비용 - 자원봉사용역 제공 장소로의 이동을 위한 유류비는 제외

○ 근로소득 간이세액표 조정

종전	개정
□ 근로소득 간이세액표* * 매월 급여 지급 시 급여수준 및 가족 수에 따라 원천징수할 세액을 계산한 표	□ 자녀세액공제 적용방식 개정 및 확대 반영

부가가치세법

○ 간이과세 적용 범위 확대

종전	개정
□ 간이과세의 적용범위 ○ (적용대상자) 직전 연도의 공급대가 합계액 8천만 원 미만인 개인사업자	□ 기준금액 인상 ○ 8천만 원 → 1억 400만 원

○ 부동산 임대보증금에 대한 간주임대료 산정 이자율

종전	개정
□ 부동산 임대보증금*에 대한 간주임대료** 산정 시 이자율 * 부동산 임대용역의 대가 중 임대보증금은 1년 만기 정기예금 이자율에 상당하는 이자율을 적용하여 과세 ** 간주임대료 = 임대보증금 × 과세대상기간 일수/365×이자율 ○ 연 2.9%	□ 이자율 상향 ○ 연 2.9% → 3.5% ※ 「국세기본법 시행규칙」의 국세환급 가산금 이자율과 동일 수준

2024년부터 달라지는 세목별 주요 개정 내용

부가가치세법

○ 미성년자 사업자등록 시 법정대리인 동의서 제출 명시

종전	개정
□ 미성년자 사업자등록 신청 시 제출서류 규정 없음 〈신 설〉	□ 제출 서류 규정 ○ 법정대리인 동의서

조세특례제한법(종합소득세 · 근로장려세제 분야)

○ 벤처투자조합 등 출자에 대한 과세특례 적용대상에 민간벤처모펀드 출자 추가

종전	개정
□ 벤처투자조합 등에 대한 과세특례 〈추 가〉 ○ (소득공제) 출자금액의 10% 〈신 설〉 ○ (적용기한) 2025. 12. 31.	□ 적용대상 추가 ❹ 민간재간접벤처투자조합에 출자 ○ (소득공제) 출자금액의 10% - 특수목적 벤처투자조합에 출자 [출자금액×해당 조합의 벤처기업 투자 비율*] × 10% * 벤처투자조합이 벤처기업에 투자한 금액 ÷ 벤처투자조합의 출자액 총액 ○ (좌동)

○ 외국인기술자 소득세 감면 적용기한 연장 및 대상 확대

종전	개정
□ 외국인기술자 소득세 감면 〈추 가〉	□ 적용기한 연장 및 대상 확대 - 유망 클러스터*내 학교에 교수로 임용되는 경우 * 연구개발특구, 첨단의료복합단지

○ 중소기업 취업자에 대한 소득세 감면 적용기한 연장 및 대상 확대

종전	개정
□ 중소기업 취업자에 대한 소득세 감면	□ 적용기한 연장 및 대상 확대
○ (대상업종) 농어업, 제조업, 도매업 등	
〈추 가〉	- 컴퓨터학원
○ (적용기한) 2023.12.31.	○ (적용기한) 2026.12.31.

○ 주택청약종합저축 소득공제 한도 상향

종전	개정
□ 주택청약종합저축 납입액에 대한 소득공제	□ 공제대상 납입한도 상향
○ (세제지원) 납입액의 40%를 근로소득 금액에서 공제	○ (세제지원) 납입액의 40%를 근로소득 금액에서 공제
- (공제대상 납입한도) 연 240만 원	- (공제대상 납입한도) 연 300만 원

조세특례제한법(종합소득세 · 근로장려세제 분야)

○ 청년형 장기펀드 소득공제 전환가입 허용 등

종전	개정
□ 청년형 장기펀드에 대한 소득공제	□ 펀드 간 전환가입 허용 및 적용기한 연장
○ (추징) 가입 후 3년 이내에 해지 시 감면 세액 상당액* 추징 * 누적 납입금액의 6%	○ (좌동)
〈단서 신설〉	- 다만, 다른 청년형 장기펀드로 전환가입 후 보유기간 합계가 3년 초과 시 추징 제외
〈신 설〉	□ 청년형 장기펀드, 공모 부동산펀드* 전환 가입 요건 * 공모 리츠의 경우 전환가입 대상에서 제외 ❶ 기존 펀드의 해지일이 속하는 달의 다음달 말일까지 다른 적격펀드(동일 계좌 유지)에 가입 ❷ 기존 펀드 해지 금액 전액을 다른 적격펀드에 납입 ❸ 기존 펀드와 다른 적격펀드의 가입기간을 합산한 기간이 3년 이상일 것
○ (적용기한) 2023. 12. 31.	○ (적용기한) 2024. 12. 31.

○ 월세액 세액공제 소득기준 및 한도 상향

종전	개정
□ 월세액 세액공제	□ 월세액 공제 소득기준 및 한도 상향
○ (대상) 총급여 7천만 원(종합소득금액 6천만 원) 이하 무주택근로자 및 성실 사업자 등	○ (대상) 총급여 8천만 원(종합소득금액 7천만 원) 이하 무주택근로자 및 성실 사업자 등
○ (한도) 연간 월세액 750만 원	○ (한도) 750만 원 → 1,000만 원

○ 근로장려금 중복신청 등 발생 시 판단기준 합리화

종전	개정
□ 부양자녀, 중복신청, 홑벌이가구 판단 우선순위 ○ 부양자녀 중복 시 판단기준 적용 순서 - ❶ 상호합의로 정한 자 → ❷ 부양자녀와 동일 주소에서 거주하는 자 → ❸ 총급여액 많은 자 → ❹ 산정금액 많은 자 → ❺ 직전에 수급 받은 자 ○ 장려금 중복신청, 홑벌이가구 판단 시 적용 순서 - ❶ 상호합의로 정한 자 → ❷ 총급여액 많은 자 → ❸ 산정금액 많은 자 → ❹ 직전에 수급 받은 자 □ 위 순서로 거주자의 부양자녀, 근로장려금 신청자, 홑벌이가구 여부 결정	□ 판단 우선순위 변경 ○ 부양자녀 판단 적용순위 변경 - ❶ 부양자녀와 동일 주소에서 거주하는 자 → ❷ 총급여액 많은 자 → ❸ 산정금액 많은 자 → ❹ 직전에 수급 받은 자 ○ 장려금 신청자, 홑벌이가구 판단 적용순위 변경 - ❶ 총급여액 많은 자 → ❷ 산정금액 많은 자 → ❸ 직전에 수급 받은 자 □ 위 순서로 결정하되, 상호합의로 정한 사람이 있는 경우에는 우선적으로 적용

○ 근로 · 자녀 장려금 기한 후 신청 시 지급금액 인상

종전	개정
□ 근로 · 자녀장려금 기한 후 신청 시 감액 지급 ○ 장려금 산정액의 90%를 지급	□ 지급금액 인상 ○ 장려금 산정액의 95%를 지급

조세특례제한법(종합소득세 · 근로장려세제 분야)

○ 자녀장려금 대상 및 지급액 확대

종전

□ 자녀장려금 소득요건 및 지급액

○ (소득요건) 총소득기준금액 4,000만 원 미만인 홑벌이 · 맞벌이 가구

○ (지급액) 자녀 1인당 최대 80만 원

- 홑벌이 가구

총급여액 등	자녀장려금
2,100만 원 미만	자녀 1인당 80만 원
2,100만 원 이상 4,000만 원 미만	80만 원 – (총급여액 등 – 2,100만 원) ×1,900분의 30

- 맞벌이 가구

총급여액 등	자녀장려금
2,500만 원 미만	자녀 1인당 80만 원
2,500만 원 이상 4,000만 원 미만	80만 원 – (총급여액 등 – 2,500만 원) ×1,500분의 30

개정

□ 소득요건 상향 및 지급액 인상

○ (소득요건) 총소득기준금액 7,000만 원 미만인 홑벌이 · 맞벌이 가구

○ (지급액) 자녀 1인당 최대 100만 원

- 홑벌이 가구

총급여액 등	자녀장려금
2,100만 원 미만	자녀 1인당 100만 원
2,100만 원 이상 7,000만 원 미만	100만 원 – (총급여액 등 – 2,100만 원) ×4,900분의 50

- 맞벌이 가구

총급여액 등	자녀장려금
2,500만 원 미만	자녀 1인당 100만 원
2,500만 원 이상 7,000만 원 미만	100만 원 – (총급여액 등 – 2,500만 원) ×4,500분의 50

○ 신용카드 소득공제율 한시 상향 등

종전	개정
□ 신용카드등 사용금액 소득공제 〈신 설〉	□ 사용금액 증가분에 대한 추가공제 신설 - 2024년도 신용카드 사용금액 증가분에 대한 소득공제 신설 - 2023년 대비 5% 초과 증가분에 대하여 10% 공제율 적용(공제한도: 100만 원)

○ 신용카드등 사용금액 소득공제 적용대상 조정

종전	개정
□ 신용카드등 소득공제 적용대상에서 제외하는 금액 〈추 가〉	□ 적용기한 연장 ○ 고향사랑기부금 세액공제 받은 금액 ○ 가상자산사업자에게 지급하는 가상자산의 매도 · 매수 · 교환 등에 따른 수수료

1

세금절약 가이드

중소사업자를 위한 세금

국세청 www.nts.go.kr KOR

01

사업 시작 단계(사업자와 사업자등록)

기초세금상식

사업자는 다음과 같은 세금을 납부하여야 합니다.

| 부가가치세

- 상품(재화) 등을 판매하거나 서비스(용역)를 제공하면 부가가치세를 납부하여야 합니다.
- 그러나, 다음과 같이 생활필수품을 판매하거나 의료 · 교육관련 용역을 제공하는데 대하여는 부가가치세가 면제됩니다.
  - 곡물, 과실, 채소, 육류, 생선 등 가공되지 아니한 식료품의 판매
  - 연탄 · 무연탄, 복권의 판매
  - 병 · 의원 등 의료보건용역

    다만, 쌍꺼풀수술, 코성형수술, 유방확대 · 축소술, 지방흡입술, 주름살제거술의 진료용역은 2011. 7. 1. 이후 제공하는 용역부터 과세

    - 안면윤곽술, 치아성형(치아미백, 라미네이트와 잇몸성형술을 말함) 등 성형수술(성형수술로 인한 후유증 치료, 선천성 기형의 재건수술과 종양 제거에 따른 재건수술은 면세)과 악안면 교정술(치아교정치료가 선행되는 악안면 교정술은 면세)과 색소모반 · 주근깨 · 흑색점 · 기미치료술, 여드름치료술, 제모술, 탈모치료술, 모발이식술, 문신술 및 문신제거술, 피어싱, 지방융해술, 피부재생술, 피부미백술, 항노화치료술 및 모공축소술의 진료용역은 2014. 2. 1. 이후 제공하는 용역부터 과세
  - 허가 또는 인가 등을 받은 학원, 강습소, 교습소 등 교육용역
  - 도서, 신문, 잡지(광고 제외)

| 개별소비세

- 다음과 같은 사업을 하는 경우에 부가가치세 이외에 개별소비세와 개별소비세에 따른 교육세, 농어촌특별세도 납부하여야 합니다.
  - 투전기 · 오락용 사행기구 등과 수렵용 총포류
  - 보석 및 귀금속류(1개당 500만 원 초과분)
  - 고급시계(1개당 200만 원 초과분), 고급융단(200만 원, ㎡당 10만 원 곱한 금액 중 큰 금액 초과분), 고급가방(1개당 200만 원 초과분, 2014. 1. 1.이후), 고급모피 등(1개당 500만 원 초과분), 고급가구(1조당 800만 원 또는 1개당 500만 원 초과분), 정원 8명 이하 승용자동차(경차 제외), 석유류, 유연탄(2014. 7. 1.이후), 담배(2015. 1. 1.이후)
  - 경마장(장외발매소를 포함), 경륜장(장외매장을 포함) · 경정장(장외매장을 포함), 투전기 설치 장소, 골프장, 카지노 등 과세(영업)장소
  - 유흥주점, 외국인 전용 음식점, 그 밖의 이와 유사한 장소 등 과세유흥장소

| 소득세

● 사업자는 연간 소득에 대하여 소득세를 신고하고 납부하여야 합니다.

| 근로소득세 원천징수

● 사업자가 종업원을 채용하여 월급을 줄 때에는 근로소득세를 원천징수하여 납부하여야 합니다.

| 신고 · 납부기한은 다음과 같습니다.

구분	사업자	신고·납부기한		신고·납부할 내용
부가 가치세	법인 사업자	1기 예정 1기 확정 2기 예정 2기 확정	4. 1. ~ 4. 25. 7. 1. ~ 7. 25. 10. 1. ~ 10. 25. 다음 해 1. 1. ~ 1. 25.	1. 1. ~ 3. 31.의 사업실적 4. 1. ~ 6. 30.의 사업실적 7. 1. ~ 9. 30.의 사업실적 10. 1. ~ 12. 31.의 사업실적
	개인 일반 사업자	1기 확정 2기 확정	7. 1. ~7. 25. 다음 해 1. 1. ~1. 25.	1. 1. ~ 6. 30.의 사업실적 7. 1. ~ 12. 31.의 사업실적
		※ 예정신고 및 예정고지(일반과세자에 한함) - 사업부진자, 조기환급발생자는 예정신고납부와 예정고지납부 중 하나를 선택		
	개인 간이 과세자	확정신고	다음 해 1. 1. ~ 1. 25.	1. 1. ~ 12. 31.의 사업실적
소득세	개인 사업자 (과세 · 면세)	확정신고	다음 해 5. 1. ~ 5. 31.	1. 1. ~ 12. 31.의 연간 소득금액
		중간예납 (11. 15.고지)	11. 1. ~ 11. 30.	중간예납 기준액의 1/2 또는 중간예납 추계액
개별 소비세	과세물품 제조	분기의 다음 달 25일까지 (석유류, 담배는 다음 달 말일까지)		3개월의 제조장 반출가격(기준가격 초과분)
	과세장소			3개월의 입장인원
	과세유흥장소	다음 달 25일까지		1개월의 유흥음식요금
	과세영업장소	다음 해 3월 말일까지		1년간 총매출액
사업장 현황신고	개인 면세사업자	다음 해 1. 1. ~ 2. 10.		1. 1. ~ 12. 31.(폐업일)의 면세수입금액
원천징수 이행상황 신고	원천징수 의무자	일반사업자	다음 달 10일	매월 원천징수한 세액
		반기납부자	7. 10. / 다음 해 1. 10.	

※ 개별소비세 과세물품을 제조하여 반출하는 자는 [반출한 날이 속하는 분기의 다음 달 25일(석유류, 담배는 판매 또는 반출한 날이 속하는 달의 다음 달 말일)까지] 제조장 관할 세무서장에게 신고 · 납부하여야 합니다.

※ 과세유흥장소를 경영하는 사람은(유흥음식행위를 한 날이 속하는 달의 다음 달 25일까지) 과세유흥장소의 관할 세무서장에게 신고 · 납부하여야 합니다.

02 사업 시작 단계(사업자와 사업자등록)

사업자등록 안내

| 모든 사업자는 사업을 시작할 때 반드시 사업자등록을 하여야 합니다.

● 사업자등록은 사업장마다 하여야 하며(단, 사업자단위과세사업자는 본점 또는 주사무소)

● 사업을 시작한 날로부터 20일 이내에 다음의 구비서류를 갖추어 가까운 세무서 민원봉사실에 신청하면 됩니다.
(인터넷 홈택스 www.hometax.go.kr 에서도 하실 수 있습니다.)

구비 서류

- 사업자등록신청서 1부
- 사업허가증 · 등록증 또는 신고필증 사본 1부(허가를 받거나 등록 또는 신고를 하여야 하는 사업의 경우)
- 사업개시 전에 등록을 하고자 하는 경우에는 사업허가 신청서 사본이나 사업 계획서
- 임대차계약서 사본 1부(확정일자 신청할 경우 임대차계약서 원본)
- 2인 이상이 공동으로 사업을 하는 경우에는 공동사업 사실을 증명할 수 있는 서류
- 도면 1부(상가건물임대차보호법이 적용되는 건물의 일부를 임차한 경우)

  ※ 법인의 경우 주주 또는 출자자명세서를 구비하여야 하며 필요한 경우 정관, 법인 등기부등본을 제출하여야 합니다.
- 자금출처명세서(금지금 도 · 소매업, 액체 · 기체연료 도 · 소매업, 재생용 재료 수집 및 판매업, 과세유흥장소 경영자)
- 신탁 계약서 1부(부가가치세법 제8조에 따른 신탁 재산 사업자등록의 경우)
- 임대주택 명세서 1부(소득세법 시행규칙 별지 제106호 서식, 주택임대사업을 하려는 경우)
- 미성년자가 사업자등록을 하고자 하는 경우 법정대리인 동의서 1부(부가가치세법 시행규칙 별지 제5호의2 서식)

● 사업자등록증은 신청일로부터 2일 이내에 발급하여 드립니다. 다만, 사전확인이 필요한 사업자의 경우 현장 확인 등의 절차를 거친 후 발급될 수 있습니다.

| 사업을 시작하기 전에 등록할 수도 있습니다.

● 사업을 시작하기 전에 사업을 개시할 것이 객관적으로 확인되는 경우

사업자등록증 발급이 가능합니다. 또한, 공급 시기가 속하는 과세기간이 지난 후 20일 이내에 등록 신청한 경우 그 공급 시기가 속하는 과세기간 내에 상품이나 시설자재 등을 구입하고 구입자의 주민등록번호를 적은 세금계산서를 발급받은 경우 예외적으로 매입세액을 공제받을 수 있습니다.

| 간이과세자가 되려면 간이과세 적용신고도 함께 하여야 합니다.

● 간이과세 적용신고는 사업자등록신청서의 해당란에 표시하면 됩니다.

간이과세 적용기준

● 대상사업자: 연간 공급대가(부가가치세 포함가격)가 1억 400만 원(부동산임대업 및 과세유흥장소는 4,800만 원)에 미달할 것으로 예상되는 사업자

● 1억 400만 원(부동산임대업 및 과세유흥장소는 4,800만 원) 미만자라도 아래 사업은 간이과세를 적용받을 수 없습니다.

- 간이과세 배제사업

① 광업

② 제조업(다만, 주로 최종소비자에게 직접 재화를 공급하는 사업으로서 기획재정부령으로 정하는 것*은 제외)

* (간이 허용) 과자점업, 도정업, 제분업 및 떡류 제조업 중 떡방앗간, 양복점업, 양장점업, 양화점, 기타 국세청장이 인정하여 고시하는 사업('간이과세를 적용받을 수 있는 제조업 고시' 참조)

③ 도매업(소매업을 겸영하는 경우 포함하되, 재생용 재료수집 및 판매업은 제외) 및 상품중개업

④ 부동산매매업

⑤ 「개별소비세법」 제1조제4항에 해당하는 과세유흥장소(이하 "과세유흥장소"라 한다)를 경영하는 사업으로서 기획재정부령으로 정하는 것

⑥ 부동산임대업으로서 기획재정부령으로 정하는 것

⑦ 변호사, 변리사, 법무사, 세무사 등 전문직 사업자

⑧ 일반과세자로부터 사업을 양수한 사업자

⑨ 사업장의 소재 지역과 사업의 종류·규모 등을 고려하여 국세청장이 정하는 기준에 해당하는 것

⑩ 전전년도 기준 복식부기의무자가 경영하는 사업

⑪ 전기·가스·증기 및 수도 사업

⑫ 건설업(다만, 주로 최종소비자에게 직접 재화를 공급하는 사업으로서 기획재정부령으로 정하는 것*은 제외)

* (간이 허용) 도배, 실내 장식 및 내장 목공사업, 배관 및 냉·난방 공사업, 기타 국세청장이 인정하여 고시하는 사업('간이과세를 적용받을 수 있는 제조업 고시' 참조)

⑬ 전문·과학·기술서비스업, 사업시설 관리·사업지원 및 임대 서비스업(다만, 주로 최종소비자에게 직접 재화를 공급하는 사업으로서 기획재정부령으로 정하는 것*은 제외)

* (간이 허용) 개인 및 가정용품 임대업, 인물사진 및 행사용 영상 촬영업, 복사업, 기타 국세청장이 인정하여 고시하는 사업('간이과세를 적용받을 수 있는 제조업 고시' 참조)

- 일반과세 적용을 받는 다른 사업장이 있는 경우
  (다만, 개인택시·용달차운송업, 이·미용업 등의 간이과세는 당해 사업 연간 공급대가 1억 400만 원 미만인 경우 계속 적용)
- 일반과세자로부터 포괄양수 받은 사업
- 복식부기의무자가 경영하는 사업
- 둘 이상의 사업장이 있는 경우 매출액 합계가 연간 공급대가 1억 400만 원(부동산 임대업 및 과세유흥장소는 4,800만 원) 이상인 경우

| 사업자등록을 하지 않으면 다음과 같은 불이익을 받게 됩니다.

● 무거운 가산세를 물게 됩니다.

- 개인: 공급가액의 1%(간이과세자는 매출액의 0.5%와 5만 원 중 큰 금액)
- 법인: 공급가액의 1%

● 매입세액을 공제 받을 수 없습니다.

- 사업자등록을 하지 않으면 세금계산서를 발급받을 수 없어 상품 구입 시 부담한 부가가치세를 공제받지 못하게 됩니다.

03

사업 시작 단계(사업자와 사업자등록)

사업자등록 신청하기 전에

사업자등록을 신청하기 전에 다음 사항을 먼저 확인하시면 등록 절차가 쉬워집니다.

과세업종인지 면세업종인지를 확인하여야 합니다.

- 부가가치세가 과세되는 사업은 과세사업자등록을, 면제되는 사업은 면세사업자등록을 하여야 합니다.
- 과세사업과 면세사업을 겸업할 때에는 과세사업자등록만 하면 됩니다.

사업자의 유형을 먼저 결정하여야 합니다.

- 사업형태를 개인으로 할 것인가, 법인으로 할 것인가 또는 사업자의 유형을 일반과세자로 할 것인지, 간이과세자로 할 것인지를 결정하여야 합니다.
- 개인과 법인은 창업절차 등 세법상 차이점이 있으므로, 이를 참고하여 개개인의 사정에 따라 선택하여야 하나, 선택하기가 어려울 경우 먼저 개인으로 시작을 하고, 나중에 사업규모가 커지면 법인으로 전환하는 방법도 고려해 볼 수 있습니다.
- 개인사업자는 다시 매출액의 규모에 따라 일반과세자와 간이과세자로 구분되지만 간이과세자에 해당되더라도 세금계산서를 수수하여야 할 필요가 있는 사업자는 반드시 일반과세자로 신청하여야 하기 때문에 업종에 맞는 유형을 선택하여야 합니다.

관련법규의 허가 · 등록 · 신고대상 업종인지 확인하여야 합니다.

- 허가 · 등록 · 신고 업종인 경우 사업자등록 신청 시 허가증 · 등록증 · 신고 필증 사본 등을 제출하여야 합니다.

- 따라서 약국 · 음식점 · 학원 등 허가, 신고 또는 등록을 하여야 하는 업종인 경우 관련 인허가기관으로부터 먼저 허가 등을 받아야 합니다.

| 공동사업의 경우 관련 증빙서류를 제출하여야 합니다.

- 2인 이상의 사업자가 공동으로 사업을 하는 경우 이 중 1인을 대표자로 선정하여야 합니다.
- 또한 공동으로 하는 사업임을 증명할 수 있는 동업계약서 등의 서류를 제출하여야 합니다.

| 사업자등록 신청 시 필요한 서류를 챙깁니다.

- 사업자등록 신청 시 업종에 맞는 구비서류를 잘 챙기셔야 사업자등록증을 발급 받을 수 있습니다.
- 구비서류: 국세청 누리집(국세정책/제도 → 사업자등록 안내) 참조 또는 '126 국세상담센터'에 문의

04

사업 시작 단계(사업자와 사업자등록)

사업자 유형

사업형태에 따른 구분

사업자 유형은 사업형태에 따라 개인사업자와 법인사업자가 있습니다.

● 개인사업자

개인사업자란 회사를 설립하는데 상법상 별도의 절차가 필요하지 않아 그 설립 절차가 간편하고 휴 · 폐업이 비교적 간단하며 부가가치세와 소득세 납세의무가 있는 사업자를 말합니다.

● 법인사업자

법인사업자란 법인 설립등기를 함으로써 법인격을 취득한 법인뿐만 아니라 국세기본법의 규정에 따라 법인으로 보는 법인격 없는 단체 등도 포함되며 부가가치세와 법인세 등 납세의무가 있는 사업자를 말합니다.

과세유형에 따른 구분

개인사업자는 부가가치세의 과세여부에 따라 과세사업자와 면세사업자로 구분됩니다. 다만, 과세와 면세 겸업사업자인 경우에는 사업자등록증이 과세사업자로 발급됩니다.

● 과세사업자

과세사업자는 부가가치세 과세대상 재화 또는 용역을 공급하는 사업자로서 부가가치세 납세의무가 있는 사업자를 말합니다.

● 면세사업자

면세사업자는 부가가치세가 면제되는 재화 또는 용역을 공급하는 사업자로서 부가가치세 납세의무가 없는 사업자를 말합니다.

※ 부가가치세 면세사업자라도 소득세 납세의무까지 면제되는 것은 아닙니다.

| 사업규모에 따른 구분

개인 과세사업자는 사업의 규모에 따라 일반과세자와 간이과세자로 구분합니다.

● 일반과세자

연간 매출액(둘 이상의 사업장이 있는 사업자는 그 둘 이상의 사업장의 매출 합계액, 부가가치세 포함)이 8,000만 원(부동산임대업 및 과세유흥장소는 4,800만 원) 이상으로 예상되거나 간이과세가 배제되는 업종 또는 지역에서 사업을 하고자 하는 경우 일반과세자로 등록하여야 합니다. 일반과세자는 10%의 세율이 적용되는 반면, 사업과 관련된 물건 등을 구입하면서 받은 매입세금계산서상의 부가가치세액을 전액 공제받을 수 있고, 세금계산서를 발행할 수 있습니다.

● 간이과세자

주로 소비자를 상대하는 업종으로서 연간매출액이 8,000만 원(부동산임대업 및 과세유흥장소는 4,800만 원)에 미달할 것으로 예상되는 소규모 사업자의 경우에는 간이과세자로 등록할 수 있습니다. 간이과세자는 업종별로 1.5%~4%의 낮은 세율이 적용되지만, 매입액(공급대가)의 0.5%만을 공제받을 수 있으며, 직전연도 공급대가가 4,800만 원 미만인 간이과세자는 세금계산서를 발급할 수 없으나, 직전연도 공급대가가 4,800만 원 이상인 간이과세자는 세금계산서를 발급할 수 있습니다.

● 개인과 법인의 세제상 주요 차이

구분	개인기업	법인기업
납부세금	소득세	법인세
세율구조	6% ~ 45%(8단계)	10% ~ 25%(4단계)
납세지	사업자 주소지	본점 · 주사무소 소재지
기장의무	복식부기(원칙) / 간편장부	복식부기
외부감사제도	없음	직전 자산총액 120억 원 이상 법인 등

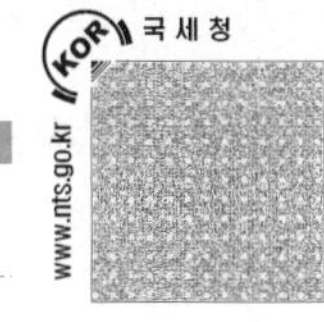

사업 시작 단계(사업자와 사업자등록)

확정일자 신청안내

상가건물이 경매 또는 공매되는 경우 임차인이 상가건물임대차보호법의 보호를 받기 위해서는 반드시 사업자등록과 확정일자를 받아 두어야 합니다.

| 확정일자란?

- 건물소재지 관할세무서장이 그 날짜에 임대차계약서의 존재 사실을 인정하여 임대차계약서에 기입한 날짜를 말합니다.

| 확정일자를 받아 놓으면

- 건물을 임차하고 사업자등록을 한 사업자가 확정일자를 받아 놓으면 임차한 건물이 경매나 공매로 넘어갈 경우 확정일자를 기준으로 후순위 권리자에 우선하여 보증금을 변제 받을 수 있습니다.
- 따라서 확정일자는 사업자등록과 동시에 신청하는 것이 가장 좋습니다.

| 확정일자 신청대상(상가건물임대차보호법 적용 대상)

- 환산보증금(보증금+월세의 보증금 환산액)이 지역별로 다음 금액 이하인 경우에만 보호를 받을 수 있습니다.

지역	환산보증금
서울특별시	9억 원
수도권정비계획법에 의한 수도권 중 과밀억제권역(서울특별시 제외), 부산광역시	6억 9천만 원
광역시(수도권 과밀억제권역과 군지역 제외, 부산광역시 제외), 안산시, 용인시, 김포시, 광주시, 세종특별자치시, 파주시, 화성시	5억 4천만 원
기타지역	3억 7천만 원

※ 월세의 보증금 환산 : 월세 × 100

| 확정일자를 신청하려면

● 아래의 서류를 구비하여 건물소재지 관할세무서 민원봉사실에 신청하시면 됩니다.

신규 사업자

- 사업자등록신청서
- 임대차계약서 원본
- 사업허가·등록·신고필증(법령에 의하여 허가·등록·신고 대상인 경우)
- 사업장 도면(건물 공부상 구분등기 표시된 부분의 일부만 임차한 경우)
- 본인 신분증(대리인이 신청 시 위임장과 위임자의 신분증(사본) 또는 인감증명서(사본) 등과 대리인 신분증)

※ 사업자등록 신청 시 임대차계약서의 사업장소재지를 등기부등본 등 공부상 소재지와 다르게 기재한 경우 보호를 받지 못할 수 있으니 철저히 확인하시기 바랍니다.

기존 사업자

- 사업자등록 정정신고서(임대차 계약이 변경된 경우)
- 임대차계약서 원본
- 사업장 도면(건물 공부상 구분등기 표시된 부분의 일부만 임차한 경우)
- 본인 신분증(대리인이 신청 시 위임장과 위임자의 신분증(사본) 또는 인감증명서(사본) 등과 대리인 신분증)

06

사업 시작 단계(사업자와 사업자등록)

민원서류 신청 시 구비서류

개인사업자등록 신청

1. 사업자등록신청서
2. 사업허가증 · 등록증 또는 신고필증 사본(허가를 받거나 등록 또는 신고를 하여야 하는 사업의 경우), 허가 전인 경우 허가신청서 사본 또는 사업계획서
3. 임대차계약서 사본(확정일자 신청할 경우 임대차계약서 원본)
4. 도면(상가건물임대차보호법이 적용되는 건물의 일부를 임차한 경우)
5. 자금출처명세서(금지금 도 · 소매업, 액체 · 기체연료 도 · 소매업, 재생용 재료 수집 및 판매업, 과세유흥장소 경영자)
6. 동업계약서(공동사업인 경우)

   ※ 신청인 신분증(대리인 신청 시 대리인 신분증, 위임장 등 위임인의 의사를 확인할 수 있는 서류)
7. 법정대리인 동의서*(신청인이 미성년자인 경우)

   * 부가가치세법 시행규칙 별지 제5호의2 서식

화물운송 · 건설기계대여업 사업자등록 신청

1. 사업자등록신청서
2. 건설기계대여업 신고증(건설기계대여업), 자동차등록원부(화물운송업) 사본
3. 기타 참고 서류
   - 위 · 수탁 관리 계약서, 지입회사 사업자등록증 사본, 납세관리인 설정신고서(납세자 인감증명서 1부, 외국인 제외)

     ※ 대리인 신청 시 대리인 신분증, 위임장 등 위임인의 의사를 확인할 수 있는 서류

개인사업자등록 정정신고

1. 사업자등록 정정 신고서
2. 사업자등록증 원본
3. 임대차계약서 사본(확정일자 신청할 경우 임대차계약서 원본)
4. 도면(상가건물임대차보호법이 적용되는 건물의 일부를 임차한 경우)
5. 사업허가증 · 등록증 또는 신고필증 사본(허가를 받거나 등록 또는 신고를 하여야 하는 사업의 경우), 허가 전인 경우 허가신청서 사본 또는 사업계획서

   ※ 신청인 신분증(대리인 신청 시 대리인 신분증, 위임장 등 위임인의 의사를 확인할 수 있는 서류)

교회 등 고유번호 신청

1. 법인이 아닌 단체의 고유번호 신청서
2. 법인설립허가증(소속단체는 소속증명서 또는 사찰등록증)
   (대표자가 소속확인서 내용과 상이한 경우 대표자 선임근거서류 추가)
3. 정관, 협약 등 조직과 운영 등에 관한 규정 또는 단체의 성격을 알 수 있는 서류
4. 대표자 선임을 확인할 수 있는 서류: 임명장, 대표자확인서(선임서), 재직증명서 등
5. 임대차계약서 사본(확정일자 신청할 경우 임대차계약서 원본)
6. 단체직인(신청서 · 위임장에 날인된 경우 생략 가능)

※ 신청인 신분증(대리인 신청 시 대리인 신분증, 위임장 등 위임인의 의사를 확인할 수 있는 서류)

(휴)폐업신고

1. (휴)폐업신고서
2. 사업자등록증 원본

※ 신청인 신분증(대리인 신청 시 대리인 신분증, 위임장 등 위임인의 의사를 확인할 수 있는 서류)

※ 사업자등록신청 및 휴폐업신고는 인터넷 홈택스에서도 가능합니다.

민원증명 신청

1. 민원신청서
2. 신청인(본인 또는 대리인) 신분증
3. 위임하는 경우, 위임의사를 확인할 수 있는 서류
   - 법인인 경우 대표자의 신분증(사본) 또는 법인인감증명서(사본), 기타의 경우 위임자 본인의 신분증(사본) 또는 인감증명서(사본)

※ 민원증명은 세무서를 방문하지 않고 인터넷 · 모바일 홈택스, 무인민원발급기, 정부24, 주민센터 등에서 편리하게 발급받을 수 있습니다.

※ 구비서류 관련 문의: 국세청 누리집(www.nts.go.kr) 또는 126 국세상담센터

사업 시작 단계(사업자와 사업자등록)

사업자등록 명의를 빌려주면 큰 피해를 입습니다.

사업과 관련된 각종 세금이 명의를 빌려준 사람에게 나옵니다.

- 명의를 빌려간 사람이 세금을 신고하지 않거나 납부하지 않으면 사업자등록상 대표인 명의를 빌려준 사람에게 세금이 고지됩니다.
- 더구나 명의를 빌려준 사람이 근로소득이나 다른 소득이 있으면 합산되어 세금부담이 크게 늘어납니다.
- 실제로는 소득이 없는데도 소득이 있는 것으로 자료가 발생되므로 국민연금 및 건강보험료 부담이 늘어날 수 있습니다.

명의를 빌려간 사람이 세금을 못 낼 경우 명의를 빌려준 사람의 재산이 압류되어 공매되는 등 재산상 큰 피해를 볼 수 있습니다.

- 명의를 빌려간 사람의 재산이 있더라도 명의를 빌려준 사람의 소유재산이 압류되며, 그래도 세금을 내지 않으면 압류한 재산을 공매처분하여 밀린 세금에 충당합니다.
- 체납사실이 금융회사 등에 통보되어 은행대출금의 변제요구 및 신용카드 사용이 정지되는 등 금융거래상의 불이익을 받을 수도 있습니다.
- 이외에도 출국금지 조치를 당하는 등 생활에 불편을 겪을 수 있습니다.

실질사업자가 밝혀지더라도 명의를 빌려준 책임은 피할 수 없습니다.

- 명의를 빌려간 사람과 함께 조세범처벌법에 의하여 처벌(1년 이하의 징역 또는 1천만 원 이하의 벌금)을 받을 수 있습니다.
- 명의대여 사실이 국세청 전산망에 기록 · 관리되므로 본인이 실제 사업을 하고자 할 때 불이익을 받을 수 있습니다.

| 명의대여로 인한 피해 사례

사례 1

- 가정주부인 김○○는 절친한 이웃 박△△(女)가 김○○명의로 사업자 등록만 한 후 곧 폐업하겠다고 하여 50만 원을 받고 박△△에게 사업자등록 명의를 빌려줌.
- 박△△는 김○○명의로 사업자등록 후 사업을 하면서 세금을 신고 · 납부하지 않음.
- 김○○는 이후 2년여 동안 명의대여 사실을 잊고 생활함.
- 박△△가 신고 · 납부하지 않은 세금 4천만 원이 사업자등록 명의자인 김○○에게 부과됨.
- 세금의 체납으로 김○○의 소유주택 및 예금이 압류됨(예금 1천 2백만 원은 세무서에서 체납 세금에 충당함)
- 금융회사 등에 체납사실이 통보되어 신용카드 사용이 정지됨.

사례 2

- 한○○씨는 생활정보지에 실린 구직광고를 보고 취직을 하였는데 사장인 최△△가 주민등록증 · 인감증명서 · 신분증을 달라고 해서 무심코 건네줌.
- 최△△는 한○○명의로 사업자등록을 한 후 은행 예금계좌 개설 · 신용카드 가맹을 하고 6개월간 유흥주점 사업을 함.
- 최△△가 신고 · 납부하지 아니한 세금 2천 5백만 원이 사업자등록 명의자인 한○○에게 부과됨.
- 최△△는 행방불명이며 세금체납으로 한○○의 예금이 압류되고 신용카드 사용도 정지됨(예금 8백만 원은 세무서에서 찾아 체납 세금에 충당함)
- 한○○씨는 은행으로부터 대출금의 변제 독촉도 받고 있음.

※ 타인에게 사업자 명의를 빌려주어 사업이 개시된 이후에는 명의자 본인이 실제 사업자가 아니라는 것을 입증하기가 매우 어려우므로 절대 명의를 빌려 주어서는 안됩니다.

◆ 사업자등록상태 조회 안내

국세청에서는 홈택스를 통해 거래 상대방의 사업자등록상태를 조회할 수 있는 서비스를 제공하고 있습니다.

구분	홈택스 누리집 (www.hometax.go.kr)
제공내용	◇ 사업자등록번호로 조회 시 • 사업자등록상태(계속사업자, 휴 · 폐업 여부) • 과세유형(과세유형전환 이력이 있는 사업자의 경우 가장 최근 유형전환된 날짜, 간이과세자 간 변경 이력이 있는 사업자의 경우 간이과세자 세금계산서 발급가능 또는 발급 불가능하게 된 날짜) ◇ 주민등록번호로 조회 시 • 사업자등록 유무
서비스 명칭	• 사업자등록상태 조회 (상담 · 불복 · 고충 · 제보 · 기타 → 기타 → 사업자상태)
공동인증서	• 사업자등록번호로 조회 – 공동인증서(로그인) 불필요 • 주민등록번호로 조회 – 공동인증서 필요

◆ 사업자등록증 진위 여부 확인

전용 애플리케이션(마크애니)을 통해 사업자등록증 상·하단의 바코드를 인식할 경우, 화면에 표출되는 문구 및 음성과 사업자등록증을 대조하여 진위 여부를 확인할 수 있습니다.

| 애플리케이션을 이용한 사업자등록증 진위 여부 확인 방법

● iPhone(iOS) 사용자

※ 앱스토어 접속 후 '마크애니' 검색

1) 'MaSmartDetector' 받기

→

2) 'MaSmartDetector' 실행

→

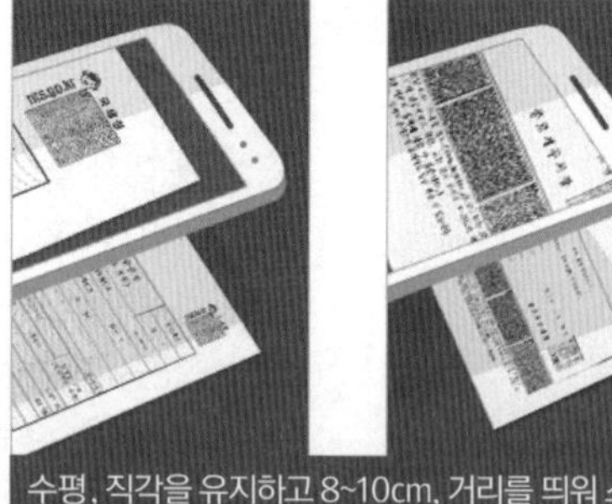

3) 음성변환바코드 인식 3단바코드 인식

● Android(Android OS) 사용자

※ 플레이스토어 접속 후 '마크애니' 검색

1) 'MaSmartDetector' 동의 후 설치

→

2) 'MaSmartDetector' 실행

→

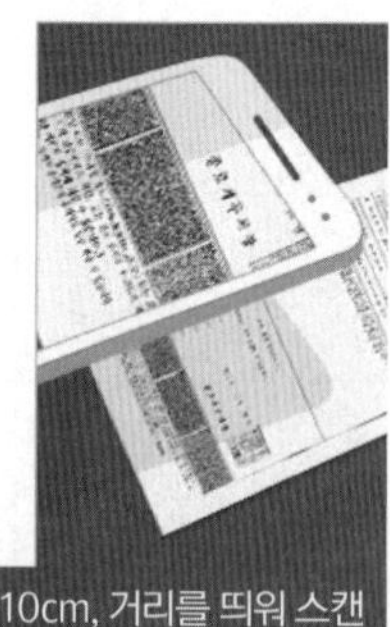

3) 음성변환바코드 인식 3단바코드 인식

사례로 보는 세금 절약 Guide – 신규사업자 관련

1. 개인으로 할까, 법인을 설립할까?

정보통신 관련 기업에 다니고 있는 정보통 씨는 더 나이가 들기 전에 자신의 회사를 차리려고 준비 중이다. 그런데 막상 사업을 시작하려고 하니 고민거리가 한두 가지가 아니다. 그 중 가장 기본적인 문제가 사업형태를 개인으로 할 것인가 법인으로 할 것인가 이다.

개인기업으로 하자니 대외 신인도가 떨어지는 데다 법인보다 세율도 높다고 하고, 법인으로 하자니 설립비용도 많이 들고 절차도 까다로운 것 같고…….

고민 끝에 보다 확실하게 알고 결정을 하기 위해 세무서를 찾아가 양자의 차이점에 대해 알아보았다.

● 창업절차와 설립비용

'개인기업'으로 사업을 할 경우에는 설립절차가 비교적 쉽고 비용이 적게 들어 사업규모나 자본이 적은 사업을 하기에 적합한 반면,

'법인기업'은 법원에 설립등기를 해야 하는 등 절차가 다소 까다롭고 자본금과 등록면허세 · 채권매입비용 등의 설립비용이 필요하다.

● 자금의 조달과 이익의 분배

'개인기업'은 창업자 한 사람의 자본과 노동력으로 만들어진 기업이므로 자본조달에 한계가 있어 대규모 자금이 소요되는 사업에는 무리가 있다.

그러나 사업자금이나 사업에서 발생한 이익을 사용하는 데는 제약을 받지 않는다. 예를 들어 사업자금을 사업주 개인의 부동산 투자에 사용하든 자신의 사업에 재투자하든, 혹은 영업에서 발생한 이익을 생활비로 쓰든 전혀 간섭을 받지 않는다.

'법인기업'은 주주를 통해서 자금을 조달하므로 대자본 형성이 가능하나, 법인은 주주와 별개로 독자적인 경제주체이므로 일단 자본금으로 들어간 돈과 기업경영에서 발생한 이익은 적법한 절차를 통해서만 인출할 수 있다.

즉, 주주총회에서 배당결의를 한 후 배당이라는 절차를 통해서만 인출이 가능하고, 주주가 법인의 돈을 가져다 쓰려면 적정한 이자를 낸 후 빌려가야 한다.

● 사업의 책임과 신인도

'개인기업'은 경영상 발생하는 모든 문제와 부채, 그리고 손실에 대한 위험을 전적으로 사업주 혼자서 책임을 져야 한다. 따라서 만약 사업에 실패해서 은행부채와 세금 등을 다 해결하지 못하고 다른 기업체에 취직해서 월급을 받는 경우, 그 월급에 대해서도 압류를 당할 수 있다.

'법인기업'의 경우 주주는 출자한 지분의 한도 내에서만 책임을 지므로 기업이 도산할 경우 피해를 최소화 할 수 있다.

대외신인도 면에서, 개인기업의 신인도는 사업자 개인의 신용과 재력에 따라 평가받으므로 법인기업보다는 현실적으로 낮다고 보아야 한다.

● 세법상 차이

◆ 세율

'개인기업'의 종합소득세 세율은 6%에서 45%까지 8단계의 초과 누진 세율 구조로 되어 있으며, '법인기업'의 각 사업연도소득에 대한 법인 세율은 9%에서 24%의 4단계 초과누진세율 구조로 되어 있다.

그러므로 세율 측면만 본다면, 과세표준이 2,100만 원 이하인 경우는 개인 기업이 유리하고 2,100만 원을 초과하는 경우에는 법인기업이 유리하다.

◆ 과세체계

'개인기업'의 소득에 대하여는 종합소득세가 과세된다. 사업주 본인에 대한 급여는 비용으로 인정되지 않으며, 사업용 유형자산 및 무형자산이나 유가증권 처분이익에 대하여는 과세를 하지 않는다.
단, 복식부기의무자가 사업용 유형자산(토지, 건물 등 양도소득세 과세대상 제외) 처분이익에 대해서는 과세한다.

'법인기업'의 소득에 대하여는 법인세가 과세된다. 법인의 대표이사는 법인과는 별개의 고용인이므로 대표이사에 대한 급여는 법인의 비용으로 처리할 수 있다. 그러나 유형자산 및 무형자산이나 유가증권 처분이익에 대해서도 법인세가 과세된다.

사례로 보는 세금 절약 Guide – 신규사업자 관련

2. 늦어도 사업개시일로부터 20일 이내에는 사업자등록을 신청하자.

처음으로 사업을 시작하는 차지연 씨는, 3월 1일 가게를 임차하여 실내공사를 마치고 3월 20일부터 영업을 시작하였으나, 여러가지 바쁜 일 때문에 7월 23일에 가서야 사업자등록을 신청하러 세무서를 방문하였다.

그런데 담당직원은 사업자등록신청서를 검토해 보더니 "사업자 등록 신청을 제때 하지 않았기 때문에 가산세를 물어야 하고, 매입세액도 공제 받을 수 없다"고 하지 않는가?

차지연 씨가 깜짝 놀라 "그게 무슨 얘기냐"고 묻자 담당직원은 다음과 같이 설명해 주었다.

새로 사업을 시작하는 자는 사업을 개시한 날부터 20일 이내에 사업자등록을 하여야 하며, 이 기간 내에 사업자등록을 신청하지 않으면 다음과 같은 불이익을 받게 된다.

● 가산세 부담

사업자가 사업을 개시한 날부터 20일 이내에 사업자등록을 신청하지 아니한 경우에는, 사업을 개시한 날부터 등록을 신청한 날의 직전일까지의 매출액에 대하여 1%(단, 간이과세자는 매출액의 0.5%와 5만 원 중 큰 금액)를 가산세로 부담하여야 한다.

● 매입세액 불공제

사업을 개시하기 전이라도 실내장식을 하거나 비품 등을 구입할 수 있는데, 내부공사가 완료되거나 비품 등을 구입한 날이 속하는 과세기간이 끝난 후 20일이 지나서 사업자 등록을 신청하는 경우에는 그 매입세액을 공제받을 수 없다.

차지연 씨의 경우 공급 시기가 속하는 과세기간이 끝난 후 20일이 지나서(7. 23.) 사업자등록을 신청했으므로 실내공사대금과 개업을 위하여 구입한 비품 및 물품구입 대금과 관련한 매입세액은, 세금계산서를 받았더라도 공제를 받을 수 없다.

만약 차지연 씨가 공급 시기가 속하는 과세기간이 끝난 후 20일 이내에 등록 신청한 경우 등록 신청일로부터 공급 시기가 속하는 그 과세기간 기산일까지 역산한 기간 내의 매입세액은 공제가 가능하다.

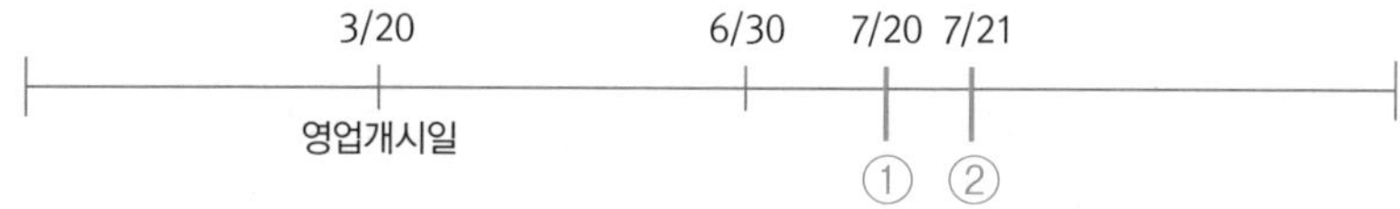

① 차지연 씨가 7월 20일까지 사업자등록 신청한 경우:
1월 1일 ~ 6월 30일까지의 매입세액 전부 세액공제 가능

② 차지연 씨가 7월 21일 이후 사업자등록 신청한 경우:
1월 1일 ~ 6월 30일까지의 매입세액 불공제

■ 관련 법규: 「부가가치세법」 제8조제1항, 제39조제1항제8호, 제60조제1항, 제69조제2항

사례로 보는 세금 절약 Guide – 신규사업자 관련

3. 간이과세자로 등록해야 하나, 일반과세자로 등록해야 하나?

나일해 씨는 얼마 전 명예퇴직을 하였고, 지난 20년간 대기업에서만 근무한 전형적인 샐러리맨이었다. 그는 몇 달간 쉬면서 앞으로 어떻게 살아야 할지를 심각하게 고민하다가 음식점을 한번 해 보기로 하였다.

사업을 하려면 사업자등록을 해야 한다고 하여 세무서에 등록을 하러 갔더니, 담당직원이 일반과세자와 간이과세자 중 어느 유형으로 등록할 것인가를 물어 보는 게 아닌가?

나일해 씨는 처음 들어보는 말이라 일반과세자와 간이과세자가 어떻게 다른지를 물으니 담당공무원은 다음과 같이 차이점을 알려 주었다.

부가가치세가 과세되는 사업을 할 때는 일반과세자와 간이과세자 중 어느 하나로 사업자등록을 하여야 하는데, 일반과세자와 간이과세자는 세금의 계산방법 및 세금계산서 발급 가능 여부 등에 차이를 두고 있으므로, 자기의 사업에는 어느 유형이 적합한지를 살펴본 후 사업자등록을 하는 것이 좋다.

● 일반과세자

일반과세자는 10%의 세율이 적용되는 반면, 물건 등을 구입하면서 받은 매입세금계산서상의 부가가치세액을 전액 공제받을 수 있고, 세금계산서를 발급할 수 있다.

연간 매출액이 1억 400만 원(부동산임대업 및 과세유흥장소는 4,800만 원) 이상으로 예상되거나, 간이과세가 배제되는 업종 또는 지역에서 사업을 하고자 하는 경우에는 일반과세자로 등록하여야 한다.

● 간이과세자

간이과세자는 1.5%~4%의 낮은 세율이 적용되지만, 매입액(공급대가)의 0.5%만 공제 받을 수 있으며, 신규 사업자나 직전연도 공급대가가 4,800만 원 미만인 간이과세자는 세금계산서를 발급할 수 없으나, 직전연도 공급대가가 4,800만 원 이상인 간이과세자는 세금계산서를 발급할 수 있다.

주로 소비자를 상대하는 업종으로서 연간 매출액이 1억 400만 원(부동산임대업 및 과세유흥장소는 4,800만 원)에 미달할 것으로 예상되는 소규모 사업자의 경우에는 간이과세자로 등록하는 것이 유리하다.

● 과세유형 전환

일반과세자 또는 간이과세자로 등록했다고 하여 그 유형이 변하지 않고 계속 적용되는 것은 아니며, 사업자등록을 한 해의 부가가치세 신고실적을 1년으로 환산한 금액을 기준으로 과세유형을 다시 판정한다.

즉, 간이과세자로 등록했다 하더라도 1년으로 환산한 공급대가(매출액, 둘 이상의 사업장이 있는 사업자는 그 둘 이상의 사업장의 공급 대가 합계액)가 1억 400만 원(부동산임대업 및 과세유흥장소는 4,800만 원) 이상이면 그 이상이 되는 해의 다음 해 7월 1일부터 일반과세자로 전환되고, 4,800만 원 이상 ~ 1억 400만 원 미만이면 세금계산서 발급가능한 간이과세자로 전환되며, 4,800만 원 미만이면 영수증만 발급 가능한 간이과세자로 남게 된다.

처음에 일반과세자로 등록한 경우에도 1년으로 환산한 직전연도 공급대가가 1억 400만 원에 미달하고, 간이과세 배제요건에 해당하지 않는 경우 간이과세자로 전환되는데, 이때 '간이과세포기신고'를 하면 계속하여 일반과세자로 남아 있을 수 있다.

특히 초기 개업비용이 많이 들어 일반과세자로 등록하고 부가가치세를 환급받은 경우에는 간이과세자로 전환되면 환급 받은 세액 중 일부를 추가로 납부하여야 하므로, 이를 감안하여 간이과세포기 신고를 하고 일반 과세자로 남아 있을 것인지 아니면 세금을 추가로 납부하더라도 간이과세 적용을 받을 것인지를 판단하여야 한다.

그러나, 간이과세자가 직전연도 공급대가가 1억 400만 원 이상이 되어 일반과세자로 변경된 경우에는 계속하여 간이과세자로 남아 있을 수가 없다.

● 간이과세 포기

당초에 간이과세자로 등록하였으나 거래상대방이 세금계산서를 요구하거나 기타 사정에 의하여 일반과세자에 관한 규정을 적용받으려는 경우에는 적용받으려는 달의 전달 말일까지 「간이과세포기신고서」를 제출하면 된다. 참고로 간이과세를 포기하면 3년간은 다시 간이과세를 적용받을 수 없다. 다만, 부가가치세법 제70조제4항에 해당하는 경우에는 3년이 경과하지 않더라도 간이과세 재적용이 가능하다.

▣ 관련 법규: 「부가가치세법」 제62조, 제63조, 제70조
「부가가치세법 시행령」 제109조, 제110조, 제111조, 제116조

4. 간이과세자로 등록할 수 없는 업종도 있다.

담당직원으로부터 간이과세자와 일반과세자의 차이점에 대하여 설명을 들은 나일해 씨는 간이과세자가 유리할 것 같아 간이과세자로 등록하기로 하였다.

담당직원은 나일해 씨의 경우 다행히 「간이과세 배제기준」에 해당되지 않기 때문에 간이과세자로 등록할 수 있으나, 다음과 같은 업종은 간이과세자로 등록할 수 없고 일반과세자로만 등록해야 한다고 하면서, 간이과세자로 등록할 수 없는 경우 등에 대하여 자세히 설명해 주었다.

실제로는 연간 공급대가가 1억 400만 원(부동산임대업, 과세유흥장소는 4,800만 원)에 미달하더라도, 다음의 사업을 영위하는 사업자는 간이과세자로 등록할 수 없고 일반과세자로 등록하여야 한다.

- 일반과세가 적용되는 다른 사업장을 보유하고 있는 사업자
  - 다만, 개인택시 운송업, 용달 및 개별화물자동차 운송업, 그 밖의 도로 화물 운송업, 이 · 미용업 등은 제외
- 일반과세자로부터 사업포괄양수 받은 사업자
- 간이과세 배제업종을 영위하는 사업자
  - '간이과세 배제업종' 참조
- 사업의 종류 · 규모, 사업장소재지 등을 감안하여 국세청장이 정하는 기준에 해당되는 사업자
  - '국세청장이 정한 기준(간이과세 배제기준)' 참조

● 간이과세 배제업종

① 광업

② 제조업(다만, 주로 최종소비자에게 직접 재화를 공급하는 사업으로서 기획재정부령으로 정하는 것*은 제외)

* (간이 허용) 과자점업, 도정업, 제분업 및 떡류 제조업 중 떡방앗간, 양복점업, 양장점업, 양화점, 기타 국세청장이 인정하여 고시하는 사업('간이과세를 적용받을 수 있는 제조업 고시' 참조)

③ 도매업(소매업을 겸영하는 경우 포함하되, 재생용 재료수집 및 판매업은 제외) 및 상품중개업

④ 부동산매매업

⑤「개별소비세법」 제1조제4항에 해당하는 과세유흥장소(이하 "과세유흥장소"라 한다)를 경영하는 사업으로서 기획재정부령으로 정하는 것

⑥ 부동산임대업으로서 기획재정부령으로 정하는 것

⑦ 변호사, 변리사, 법무사, 세무사 등 전문직 사업자

⑧ 일반과세자로부터 사업을 양수한 사업자

⑨ 사업장의 소재 지역과 사업의 종류ㆍ규모 등을 고려하여 국세청장이 정하는 기준에 해당하는 것

⑩ 전전년도 기준 복식부기의무자가 경영하는 사업

⑪ 전기ㆍ가스ㆍ증기 및 수도 사업

⑫ 건설업(다만, 주로 최종소비자에게 직접 재화를 공급하는 사업으로서 기획재정부령으로 정하는 것*은 제외)

* (간이 허용) 도배, 실내 장식 및 내장 목공사업, 배관 및 냉ㆍ난방 공사업, 기타 국세청장이 인정하여 고시하는 사업('간이과세를 적용받을 수 있는 제조업 고시' 참조)

⑬ 전문 · 과학 · 기술서비스업, 사업시설 관리 · 사업지원 및 임대 서비스업 (다만, 주로 최종소비자에게 직접 재화를 공급하는 사업으로서 기획재정부령으로 정하는 것*은 제외)

* (간이 허용) 개인 및 가정용품 임대업, 인물사진 및 행사용 영상 촬영업, 복사업, 기타 국세청장이 인정하여 고시하는 사업('간이과세를 적용받을 수 있는 제조업 고시' 참조)

● 국세청장이 정한 기준

◆ 종목기준

서울특별시와 광역시 및 수도권 외 시 지역(읍 · 면 지역 제외)에서 다음 종목의 사업을 영위하는 경우에는 간이과세를 적용 받을 수 없다.

① 초기 투자비용이 큰 업종: 골프연습장, 주유소, 예식장, 백화점, 볼링장 등

② 주로 사업자와 거래하는 업종: 자료처리업, 산업폐기물 수집 처리업 등

③ 고가품, 전문품 취급업종: 골프장비 소매업, 의료용품 소매업, 귀금속점 등

④ 1회 거래가액이 큰 품목 취급업종: 피아노, 컴퓨터, 정수기, 대리점 가구, 가전제품 등

⑤ 기타 신종 호황업종: 음식출장 조달업 등

※ 수도권 외 시 지역: 수원시, 성남시, 의정부시, 안양시, 부천시, 광명시, 안산시, 시흥시, 고양시, 과천시, 군포시, 의왕시, 하남시, 구리시, 남양주시, 용인시, 평택시

◆ 지역기준

간이과세 배제지역*으로 지정된 건물이나 장소에서 사업을 영위하는 경우에는 간이과세를 적용 받을 수 없다.

– 외판원, 개인용달 · 택시, 가로가판점, 무인자동판매기업자 등 예외

* 전국 세무서별로 지역(건물), 적용범위 지정

◆ 부동산임대업기준

특별시, 광역시 및 시(읍 · 면지역 제외) 지역에 소재한 임대용 건물 중 건물연면적이 일정규모 이상인 경우에는 간이과세를 적용받을 수 없다.

◆ 과세유흥장소기준

서울특별시, 광역시 및 시 지역에 소재한 모든 과세유흥장소와 기타 지역 중 국세청장이 간이과세 적용 배제지역으로 지정한 지역에서 과세유흥장소를 영위하는 경우에는 간이과세 적용을 배제한다.

※ 과세유흥장소: 룸살롱, 스탠드바, 극장식식당, 카바레, 나이트클럽, 디스코클럽, 고고클럽, 관광음식점, 요정 등

※ 자세한 「간이과세 배제기준」은 국세청 누리집 (www.nts.go.kr) 「알림 · 소식 – 고시 · 공고 · 행정예고 – 고시」 참조

▣ 관련 법규: 「부가가치세법」 제61조제1항 및 같은 법 시행령 제109조
국세청고시 제2023-20호 [간이과세 배제기준]

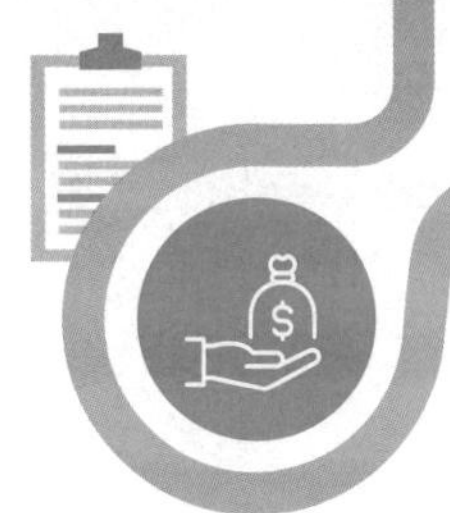

5. 다른 사람이 사업하는데 명의를 빌려주면 큰 손해를 볼 수 있다.

농사를 천직으로 알고 농사 이외에는 한 눈을 판 적이 없는 정농부 씨는, 며칠 전 세무서로부터 「과세자료 해명 안내문」을 받았다.

내용을 보니, 작년도에 중기사업을 하면서 5천만 원의 수입이 발생하였으나, 이에 대한 부가가치세와 소득세를 신고하지 않았으니 10일 내로 해명자료를 제출하라는 것이었다.

정농부 씨는 사업이라고는 해 본 적이 없기 때문에 자료가 잘못 나왔겠거니 하고 세무서를 방문하여 내용을 알아보았다. 그런데 자료에는 분명히 정농부씨 명의로 사업자등록과 중기등록이 되어 있었고, 세금계산서도 정농부 씨가 발급한 것으로 되어 있는 게 아닌가?

그제서야 정농부 씨는 2년 전 중기사업을 하는 사촌형이 주민등록 등본을 몇 통 떼어달라고 해서 떼어 준 것이 이렇게 된 것임을 알았다.

다행히 정농부 씨는 담당직원의 도움을 받아 실질사업자가 사촌형이라는 사실을 입증하여 세금문제는 해결하였지만, 이번 일로 큰 교훈을 얻었다.

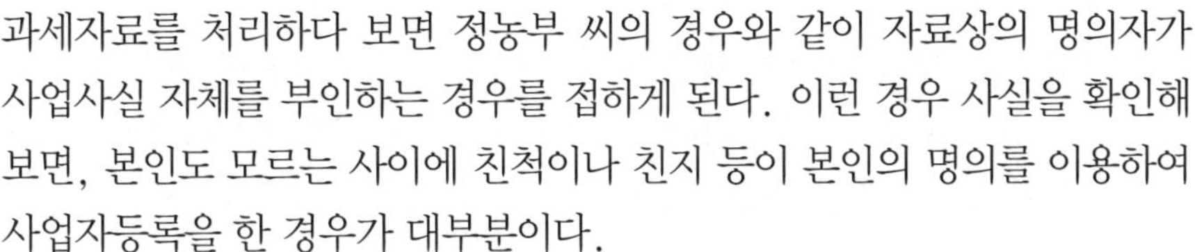

과세자료를 처리하다 보면 정농부 씨의 경우와 같이 자료상의 명의자가 사업사실 자체를 부인하는 경우를 접하게 된다. 이런 경우 사실을 확인해 보면, 본인도 모르는 사이에 친척이나 친지 등이 본인의 명의를 이용하여 사업자등록을 한 경우가 대부분이다.

다른 사람이 사업을 하는데 명의를 빌려주면 다음과 같은 불이익을 받게 되므로, 주민등록증을 빌려주거나 주민등록등본을 떼어 주는 행위는 절대로 하지 않는 것이 좋다.

1) 명의대여사업자의 처벌 형량을 강화

조세의 회피 또는 강제집행의 면탈을 목적으로 자신의 성명을 사용하여 타인에게 사업자등록을 할 것을 허락하거나 자신 명의의 사업자등록을 타인이 이용하여 사업을 영위하도록 허락한 자는 1년 이하의 징역 또는 1천만 원 이하의 벌금에 처한다.

※ 조세의 회피 또는 강제집행의 면탈을 목적으로 타인의 성명을 사용하여 사업자등록을 하거나 타인 명의의 사업자등록을 이용하여 사업을 영위한 자는 2년 이하의 징역 또는 2천만 원 이하의 벌금에 처한다.

2) 명의를 빌려간 사람이 내야 할 세금을 대신 내야 한다.

명의를 빌려주면 명의대여자 명의로 사업자등록이 되고 모든 거래가 이루어진다. 그러므로 명의를 빌려간 사람이 세금을 신고하지 않거나 납부를 하지 않으면 명의대여자 앞으로 세금이 고지된다.

물론, 실질사업자가 밝혀지면 그 사람에게 과세를 한다. 그러나 실질사업자가 따로 있다는 사실은 명의대여자가 밝혀야 하는데, 이를 밝히기가 쉽지 않다. 특히 명의대여자 앞으로 예금통장을 개설하고 이를 통하여 신용카드매출대금 등을 받았다면 금융실명제 하에서는 본인이 거래한 것으로 인정되므로, 실사업자를 밝히기가 더욱 어렵다.

3) 소유 재산을 압류당할 수도 있다.

명의를 빌려간 사람이 내지 않은 세금을 명의대여자가 내지 않고 실질 사업자도 밝히지 못한다면, 세무서에서는 체납된 세금을 징수하기 위해 명의대여자의 소유재산을 압류하며, 그래도 세금을 내지 않으면 압류한 재산을 공매처분하여 세금에 충당한다.

4) 건강보험료 부담이 늘어난다.

지역가입자의 경우 소득과 재산을 기준으로 보험료를 부과한다. 그런데 명의를 빌려주면 실지로는 소득이 없는데도 소득이 있는 것으로 자료가 발생하므로 건강보험료 부담이 대폭 늘어나게 된다.

■ 관련 법규: 「조세범 처벌법」 제11조

사례로 보는 세금 절약 Guide – 신규사업자 관련

6. 사업장을 임차한 경우에는 확정일자를 받아 놓도록 하자.

그동안 건물을 빌려서 사업을 할 때 임대료 인상, 임대기간 연장, 보증금 반환 등 건물임대인과 임차인 사이에 분쟁이 있는 경우에는 대부분 상대적으로 약자의 지위에 있는 임차인들이 불이익을 감수하여 왔다.

이에 정부에서는 상가건물 임대차의 공정한 거래질서를 확립하고, 영세 임차상인들이 안정적으로 생업에 종사할 수 있도록 하기 위하여 「상가건물임대차보호법」을 제정, 2002년 11월 1일부터 시행하고 있는데, 그 주요 내용을 살펴보면 다음과 같다.

상가건물을 빌린 모든 임차인에 대하여 적용하는 것이 아니라 환산보증금(보증금+월세의 보증금 환산액)이 지역별로 다음 금액 이하인 경우에만 적용한다.

지역	환산 보증금
서울특별시	9억 원
수도권정비계획법에 의한 수도권 중 과밀억제권역(서울특별시 제외), 부산광역시	6억 9천만 원
광역시(수도권 중 과밀억제권역에 포함된 지역과 군지역, 부산광역시 제외), 안산시, 용인시, 김포시, 광주시, 세종특별자치시, 파주시, 화성시	5억 4천만 원
기타지역	3억 7천만 원

※ 월세의 보증금 환산 : 월세 × 100

임차인이 상가임대차보호법의 적용을 받기 위해서는 건물의 인도와 사업자등록이 반드시 되어 있어야 하며, 확정일자를 받아야 하는 경우가 있다.

● 임차인이 보호받는 사항

◆ 대항력이 생긴다.

건물의 소유권이 제3자에게 이전되는 경우에도 건물을 인도 받아 사업자등록을 마친 임차인은 새로운 소유자에게 임차권을 주장할 수 있다. (확정일자가 없어도 됨)

◆ 보증금을 우선변제 받을 권리가 있다.

건물을 인도 받아 사업자등록을 마치고 확정일자를 받은 임차인은 경매 또는 공매 시 임차건물의 환가대금에서 후순위권리자나 그 밖의 채권자보다 우선하여 보증금을 변제받을 수 있다(확정일자를 받아야 함).

◆ 소액임차인은 최우선변제권이 있다.

환산보증금이 일정액 이하인 소액임차인이 사업자등록을 마친 경우(즉, 대항력 요건을 갖춘 경우)에는 건물이 경매로 넘어가는 경우에도 경매가액의 1/2범위 내에서 다른 권리자보다 최우선하여 보증금의 일정액을 변제받을 수 있다.

최우선변제를 받을 수 있는 소액임차인 및 보증금의 한도는 다음과 같다.

지역	우선 변제받을 보증금의 범위 (환산보증금)	보증금 중 최우선 변제를 받을 금액 (보증금)
서울특별시	6,500만 원 이하	2,200만 원까지
수도권정비계획법에 의한 수도권 중 과밀억제권역 (서울특별시 제외)	5,500만 원 이하	1,900만 원까지
광역시(수도권 과밀억제권역과 군지역 제외), 안산시, 용인시, 김포시, 광주시(경기)	3,800만 원 이하	1,300만 원까지
기타지역	3,000만 원 이하	1,000만 원까지

※ 월세의 보증금 환산: 월세 × 100

◆ 10년 범위 내에서 계약갱신요구권이 생긴다.

임차인이 임대차기간 만료 전 6월부터 1월까지 사이에 계약갱신을 요구하면 정당한 사유 없이 임대인은 이를 거절하지 못하므로 전체 임대차기간이 10년을 넘지 않은 범위에서 이전 임대차 기간과 동일하게 임대차기간을 갱신할 수 있다.

◆ 지나친 임대료 인상이 억제된다.

임대료인상 한도가 5%로 제한되며, 보증금을 월세로 전환할 때 전환율도 연 12% 이내로 제한된다.

● 임대인의 권리

◆ 임대료 인상을 요구할 수 있다.

임대료 조정이 필요한 경우 5% 이내에서 인상을 요구할 수 있으며, 계약기간은 최소 1년 단위로 체결이 가능하다.

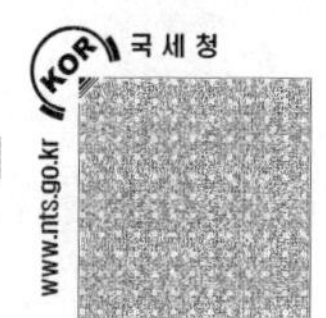

◆ 계약갱신 요구를 거절할 수 있다.

임차인이 임대료를 3회 이상 연체하거나 임대인의 동의 없이 임의로 전대하는 등의 특별한 사유가 있으면 임대인은 계약갱신 요구를 거절할 수 있다.

● 확정일자

'확정일자'란 건물소재지 관할 세무서장이 임대차계약서의 존재사실을 인정하여 임대차계약서에 기입한 날짜를 말한다.

건물을 임차하고 사업자등록을 한 사업자가 확정일자를 받으면 등기를 한 것과 같은 효력을 가지므로 임차한 건물이 경매나 공매로 넘어갈 때 확정일자를 기준으로 보증금을 우선변제 받을 수 있다. 만약, 확정일자를 받아놓지 않으면 임대차계약 체결 후 당해 건물에 근저당권 등이 설정된 경우 우선순위가 밀려 보증금을 받을 수 없는 경우가 생길 수 있다.

따라서 건물을 임차하여 사업을 하는 경우에는 사업자등록을 신청할 때 임대차계약서에 확정일자를 받아 두는 것이 좋다.

※ 상가임대차보호법 관련 문의 및 해석은 아래 법무부 및 대한법률구조공단에 문의하시기 바랍니다.

- 법무부(법무심의관실): 02-2110-3164 (www.moj.go.kr)
- 대한법률구조공단: 국번없이 132 (www.klac.or.kr)

▣ 관련 법규: 「부상가건물임대차보호법」
「상가건물임대차보호법 시행령」

사례로 보는 세금 절약 Guide – 신규사업자 관련

7. 개업 전에 비품 등을 구입할 때도 반드시 세금계산서를 받아 두자.

김공제 씨는 대학졸업 후 2년 동안 취업을 위해 백방으로 뛰어다녀 보았으나, 아무리 해도 취직이 안되자 부모의 도움을 받아 카페를 운영해 보기로 하였다.

대학가 인근에 점포를 얻은 다음 개업준비를 하면서 김공제 씨는 2023년도에 실내장식비로 3,000만 원, 비품구입비로 2,000만 원을 지출하였으나, 당시에는 사업자등록을 하지 않았으므로 세금계산서를 받아 두지 않았다.

다행히 사업은 잘 되었는데, 얼마 후 부가가치세를 신고하려고 세금을 계산해 보니 3개월치 부가가치세가 무려 400만 원이나 되었다.

김공제 씨는 세금이 너무 많은 것 같아 세무서 납세자보호담당관을 찾아가 상담을 해 보았더니 납세자보호담당관은 개업준비를 위해 지출한 비용도 매입세액을 공제 받을 수 있지만 세금계산서를 받아 두지 아니하여 공제를 받을 수 없다고 한다.

김공제 씨의 경우 매입세액을 공제 받을 수 있는 방법은 없나?

사업을 처음 시작하는 신규사업자들은 대부분 사업준비 단계에서는 사업자등록을 하지 않고 있다가 사업을 개시한 후에 등록을 하는 경우가 많다.

사업준비 단계에서 지출한 사업장 인테리어비, 비품 구입비 등도 사업을 위하여 지출한 비용이므로 당연히 그 매입세액은 공제를 받을 수 있다.

그러나 비품 등을 구입하는 시점에서는 사업자등록을 하지 않았으므로 사업자등록번호가 기재된 세금계산서를 교부받을 수는 없으며, 이 때에는 사업자등록번호 대신 사업자의 주민등록번호를 기재하여 세금계산서를 교부받으면 매입세액을 공제받을 수 있다.

위 사례의 경우 김공제 씨가 비품 등의 구입시점에서 주민등록번호를 기재하고 세금계산서를 발급받았다면 4,545,455원의 매입세액을 공제 받아 오히려 50만 원 정도를 환급 받을 수 있었을 것이며, 간이과세자에 해당된다 하더라도 수취한 매입세금계산서에 대한 250,000원의 세액공제를 받을 수 있었을 것이다.

그러므로 위와 같은 불이익을 당하지 않기 위해서는 사업자등록을 하기 전에 공사대금을 지급하거나 비품 등을 구입하는 경우에도 사업자의 주민등록번호를 기재하여 세금계산서를 받아야 한다.

그러나 이 경우에도 공급 시기가 속하는 과세기간이 끝난 후 20일이 지나서 사업자등록을 신청한 경우에는 매입세액을 공제 받지 못하므로 사업장이 확보되는 즉시 사업자등록을 하여야 한다.

■ 관련 법규: 「부가가치세법」 제8조제1항, 제39조제1항제8호

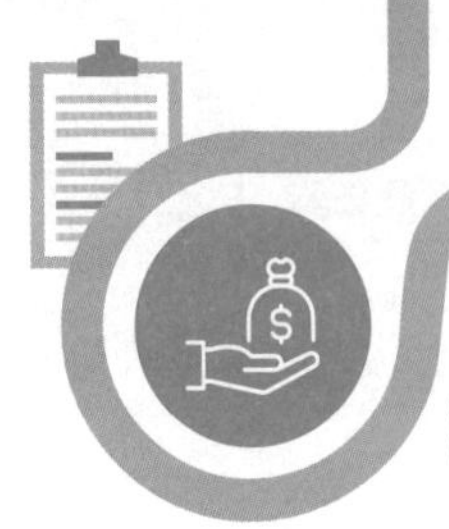

사례로 보는 세금 절약 Guide – 신규사업자 관련

8. 중소기업을 창업하는 경우에는 조세지원 규정을 잘 활용하면 세금을 줄일 수 있다.

대학을 졸업한 후 15년 동안 직장생활을 해 온 신창업 씨는, 더 늦기 전에 자신의 사업을 하려고 준비 중에 있다.

그동안 나름대로 치밀하게 준비를 해 온 터라 제품생산 및 판매에 대하여는 구체적으로 계획이 세워져 있으나, 아직까지 세금문제에 대하여는 전혀 모르고 있다.

그래서 이번 기회에 중소기업을 창업하면 어떤 세금혜택이 있는지 구체적으로 알아 보기로 했다.

중소기업을 창업하는 경우에는 다음과 같은 세금혜택을 받을 수 있다.

● 창업 후 5년간 매년 납부세액의 50% ~ 고용 증가 시 최대 100%를 감면받을 수 있다.

창업중소기업 등에 대한 세액감면율

<table>
<tr><th colspan="6">창업중소기업</th><th rowspan="3">창업벤처 중소기업[3]</th><th rowspan="3">창업보육 센터 사업자</th><th rowspan="3">에너지 신기술 중소기업</th></tr>
<tr><th colspan="3">수도권과밀억제권역 외</th><th colspan="3">수도권과밀억제권역</th></tr>
<tr><th>청년창업</th><th>수입금액 8,000만 원 이하[2]</th><th>그 외[3]</th><th>청년창업</th><th>수입금액 8,000만 원 이하[3]</th><th>그 외</th></tr>
<tr><td>5년 100%[1]</td><td>5년 100%</td><td>5년 50%</td><td>5년 50%[1]</td><td>5년 50%</td><td>–</td><td>5년 50%</td><td>5년 50%</td><td>5년 50%</td></tr>
</table>

1) 2018년 5월 29일 이후 창업부터 적용, 2018년 5월 28일 이전 수도권 외의 지역에서 창업한 청년창업중소기업은 3년간 75%, 그 후 2년간 50% 감면

2) 2018년 5월 29일 이후 창업부터 최초 소득발생 과세연도와 그 다음 4년 과세연도 중 수입금액이 연간 기준 8,000만 원(2022년 1월 1일 이전 개시 사업연도부터 4,800만 원) 이하인 과세연도에 적용

3) 신성장 서비스업을 영위하는 기업은 3년간 감면, 그 후 2년간 50% 감면(2018년 1월 1일 이후 창업 · 확인 · 해당하는 경우부터)

1) 창업중소기업이란

- 제조업 등 아래 감면 대상업종으로 창업한 중소기업
  - 광업, 제조업, 수도, 하수 및 폐기물 처리, 원료 재생업, 건설업, 통신판매업, 물류산업, 음식점업, 정보통신업(비디오물 감상실 운영업 등 제외), 금융 및 보험업 중 정보통신을 활용하여 금융서비스를 제공하는 업종, 전문 과학 및 기술 서비스업(변호사업 등 제외), 사업시설 관리 및 조경 서비스업, 사업 지원 서비스업, 사회복지 서비스업, 예술, 스포츠 및 여가관련 서비스업(자영예술가 등 제외), 개인 및 소비용품 수리업, 이용 및 미용업, 직업기술 분야를 교습하는 학원을 운영하는 사업 또는 직업능력개발훈련시설을 운영하는 사업, 관광숙박업, 국제회의업, 유원시설업 및 관광객 이용시설업, 노인복지시설을 운영하는 사업, 전시산업
- 창업 후 3년 내에 벤처확인을 받은 기업으로서
  - 위와 같은 업종을 영위하는 벤처투자기업, 기술평가 보증 · 대출기업, 연구개발비가 당해 사업연도의 수입금액의 5% 이상인 중소기업

    ※ 벤처기업확인은 중소벤처기업부(www.mss.go.kr, 국번없이 1357)
- 창업보육센터사업자로 지정받은 자
  - 창업자에게 작업장 등 시설을 저렴하게 제공하는 창업보육센터(Business Incubator) 사업자로 지정받은 내국인

• 에너지신기술 중소기업

– 「에너지이용합리화법」 제15조에 따른 에너지소비효율 1등급 제품 및 같은 법 제22조에 따라 고효율에너지 기자재로 인증받은 제품을 제조하는 중소기업으로서 창업일이 속하는 과세연도와 그 다음 3개 과세연도가 지나기 전에 인증을 받은 기업

– 「신에너지 및 재생에너지 개발·이용·보급 촉진법」 제13조에 따라 신·재생에너지 설비로 인증받은 제품을 제조하는 중소기업으로서 창업일이 속하는 과세연도와 그 다음 3개 과세연도가 지나기 전에 인증을 받은 기업

2) 청년창업중소기업이란

• 개인사업자로 창업하는 경우

– 창업 당시 15세 이상 34세 이하인 사람. 다만, 병역을 이행한 경우에는 그 기간(6년 한도)을 창업 당시 연령에서 빼고 계산한 연령이 34세 이하인 사람을 포함한다.

• 법인으로 창업하는 경우

– 개인사업자로 창업하는 경우의 요건과 지배주주 등으로서 해당 법인의 최대주주 또는 최대출자자이어야 한다는 요건을 모두 충족해야 한다.

3) 감면기간 및 감면비율

• 창업 후 최초로 소득이 발생한 연도(사업개시 후 5년이 되는 날까지 소득이 발생하지 않는 경우 5년이 되는 날이 속하는 과세연도)와 그 다음 과세연도의 개시일부터 4년 이내에 끝나는 과세연도까지 해당 사업에서

발생한 소득에 대한 소득세 또는 법인세의 50~100%에 상당하는 세액을 감면한다.

- 창업벤처중소기업의 경우 창업 후 3년 내 벤처기업으로 확인 받은 날 또는 에너지신기술중소기업에 해당하는 날 이후 최초로 소득이 발생한 과세연도(사업개시 후 5년이 되는 날까지 소득이 발생하지 않는 경우 5년이 되는 날이 속하는 과세연도)와 그 후 4년간 감면을 받게 되며,

- 또한 업종별 최소 고용인원(제조업 · 광업 · 건설업 · 운수업: 10인 이상, 기타 업종: 5인 이상)이 넘는 경우 고용증가율에 따라 최대 50%(청년창업중소기업 등이 75% 감면받는 경우 추가감면율은 25%) 추가감면 받을 수 있어 최대 100% 세액감면이 가능하다.

※ 다만, 고용증가에 따른 추가감면 적용 시 고용을 증대시킨 기업에 대한 세액공제(조세특례제한법 제29조의7) 규정과 중복적용은 배제된다.

Guide

수도권 과밀억제권역

(수도권정비계획법 시행령 제9조 관련[별표 1])

- 서울특별시, 인천광역시(강화군, 옹진군, 서구 대곡동 · 불로동 · 마전동 · 금곡동 · 오류동 · 왕길동 · 당하동 · 원당동, 인천경제자유구역 및 남동 국가산업단지 제외)
- 의정부시, 구리시, 남양주시(호평동 · 평내동 · 금곡동 · 일패동 · 이패동 · 삼패동 · 가운동 · 수석동 · 지금동 및 도농동만 해당), 하남시, 고양시, 수원시, 성남시, 안양시, 부천시, 광명시, 과천시, 의왕시, 군포시, 시흥시[반월특수 지역(반월특수지역에서 해제된 지역포함)은 제외]

■ 관련 법규: 「조세특례제한법」 제6조

사례로 보는 세금 절약 Guide – 신규사업자 관련

9. 개인에서 법인으로 전환할 때 고정자산 명의를 이전하는 방법은?

개인으로 중소 제조업을 운영하고 있는 강성실 씨는 사업규모가 커지자 대외신인도와 세율 측면에서 유리한 법인으로 전환할 것을 검토하고 있다.

법인으로 전환하면 개인기업에서 사용하고 있던 부동산과 기계장치 등을 법인 명의로 이전해야 하는데, 이러한 경우에도 양도소득세와 부가가치세 등 세금을 내야 하는 걸까?

● 법인전환 방법

법인으로 전환하는 방법에는 개인기업의 사업주가 사업용 유형자산 및 무형자산을 법인에 현물출자 하는 방법과 사업을 양도양수 하는 방법이 있다.

◆ 현물출자 방법

개인기업의 사업주가 금전이 아닌 부동산 · 채권 · 유가증권 등으로 출자하는 것을 말한다. 현금으로 출자하는 것이 아니기 때문에 출자하는 자산의 평가문제가 대단히 까다롭다. 현물출자의 경우 법원이 선임한 검사인 또는 공인된 감정평가기관의 조사를 받아야 하므로 절차가 복잡하고 비용도 만만치 않게 든다.

◆ 양도양수 방법

개인기업의 모든 자산과 부채를 법인에 포괄적으로 양도하는 것을 말한다. 쌍방간에 적정한 가격이 형성되기만 하면 용이하게 전환할 수 있으므로 실무적으로도 양도양수 방법을 많이 선호하고 있는 편이다.

● 법인전환 시 세금문제

개인기업을 법인으로 전환하게 되면 개인에서 사용하던 부동산이나 기계장치 등을 법인 명의로 이전하여야 한다. 그런데 개인과 법인은 실체가 다르므로 개인에서 법인으로 기계장치 등을 이전하게 되면 이에 대하여도 세금을 내야 한다.

즉, 부동산을 이전하는 경우 양도소득세가, 기계장치를 이전하는 경우 부가가치세가 발생한다. 다만, 아래와 같은 일정요건을 충족한 방법으로 전환하는 경우에는 이전 시점에 세금이 발생하지 않는다.

◆ 양도소득세 이월과세

사업용 유형자산 및 무형자산을 현물출자하거나 사업 양도 · 양수의 방법으로 개인기업을 법인으로 전환하는 경우, 이전 시점에서는 양도소득세를 과세하지 않고 이월과세를 적용받을 수 있다.

※ 소비성 서비스업 제외, 주택 또는 주택을 취득할 수 있는 권리 제외

◆ 부가가치세 과세 제외

사업용 자산을 비롯한 물적 · 인적시설 및 권리, 의무 등을 포괄적으로 승계하는 '사업양도양수 방법'에 의하여 개인기업 자산을 법인으로 이전하는 경우에는 재화의 공급으로 보지 아니한다.

즉, 사업양수도 방법에 의하여 법인으로 전환하는 경우에는 부가가치세를 과세하지 않는다.

Guide

이월과세

현물출자나 사업양수도 방법에 의하여 개인기업을 법인으로 전환하면서 사업용 유형자산 및 무형자산을 법인 명의로 이전하는 경우, 이전시점에서는 양도소득세를 과세하지 않고, 이를 양수한 법인이 나중에 당해 자산을 처분할 때 개인이 종전사업용 유형자산 및 무형자산 등을 법인에게 양도한 날이 속하는 과세기간에 다른 양도자산이 없다고 보아 계산한 양도소득세 산출세액상당액을 법인세로 납부하는 것을 말한다.

▣ 관련 법규: 「부가가치세법」 제10조제9항제2호
「조세특례제한법」 제32조 및 같은 법 시행령 제29조

01

사업 운영 단계 (사업자의 세금 신고·납부)

부가가치세 신고 · 납부

부가가치세란 어떤 세금인가?

- 상품(재화)의 거래나 서비스(용역)의 제공과정에서 얻어지는 부가가치(이윤)에 대하여 과세하는 세금이며, 사업자가 납부하는 부가가치세는 매출세액에서 매입세액을 차감하여 계산합니다.

부가가치세 = 매출세액 – 매입세액

- 부가가치세는 물건값에 포함되어 있기 때문에 실제로는 최종소비자가 부담하는 것입니다. 이렇게 최종소비자가 부담한 부가가치세를 사업자가 세무서에 납부하는 것입니다.

부가가치세 신고 · 납부는?

1) 일반사업자

- 부가가치세는 6개월을 과세기간으로 하여 신고 · 납부하게 되며 각 과세기간을 다시 3개월로 나누어 중간에 예정신고기간을 두고 있습니다.

과세기간	과세대상기간		신고납부기간	신고대상자
제1기 1. 1. ~ 6. 30.	예정신고	1. 1. ~ 3. 31.	4. 1. ~ 4. 25.	법인사업자
	확정신고	1. 1. ~ 6. 30.	7. 1. ~ 7. 25.	개인사업자
		4. 1. ~ 6. 30.	7. 1. ~ 7. 25.	법인사업자
제2기 7. 1. ~ 12. 31.	예정신고	7. 1. ~ 9. 30.	10. 1. ~ 10. 25.	법인사업자
	확정신고	7. 1. ~ 12. 31.	다음 해 1. 1. ~ 1. 25.	개인사업자
		10. 1. ~ 12. 31.	다음 해 1. 1. ~ 1. 25.	법인사업자

※ 일반적인 경우 법인사업자는 1년에 4회, 개인사업자는 2회 신고

- 개인 일반사업자와 직전 과세기간 공급가액의 합계액이 1억 5천만 원 미만인 법인사업자는 4월 · 10월에 직전 과세기간 납부세액의 50%(징수해야 할 금액이 50만 원 이상일 경우)가 예정고지되고, 고지된 금액은 확정신고 시 납부세액에서 차감됩니다.

2) 간이과세자(1년에 1회 신고)

과세(대상)기간	신고납부기간
1. 1. ~ 12. 31.	다음 해 1. 1. ~ 1. 25.

※ 다만, 7. 1. 기준 과세유형전환 사업자(간이 → 일반)와 예정부과기간(1. 1.~6. 30.)에 세금계산서를 발급한 간이과세자는 1. 1.~6. 30.을 과세기간으로 하여 7. 25.까지 신고·납부하여야 합니다.

일반과세자 · 간이과세자의 구분

구분	기준금액	세액계산
일반과세자	1년간의 매출액 10,400만 원(부동산임대업 및 과세유흥장소는 4,800만 원) 이상	매출세액(공급가액 × 10%) - 매입세액 = 납부세액
간이과세자	1년간의 매출액 10,400만 원(부동산임대업 및 과세유흥장소는 4,800만 원) 미만	(공급대가 × 업종별 부가가치율×10%) - 공제세액 = 납부세액

※ 매입 시에 세금계산서를 받지 않으면 그 세액을 공제 받지 못하므로 세부담이 그만큼 늘어납니다.

간이과세자의 업종별 부가가치율

1) 2021. 7. 1. 전

업종	부가가치율
전기 · 가스 · 증기 · 수도사업	5%
소매업 재생용 재료수집 및 판매업 음식점업	10%
제조업, 농 · 임 · 어업 숙박업, 운수 및 통신업	20%
건설업, 부동산임대업 기타 서비스업	30%

2) 2021. 7. 1. 이후

구분	부가가치율
1. 소매업, 재생용 재료수집 및 판매업, 음식점업	15%
2. 제조업, 농업 · 임업 및 어업, 소화물 전문 운송업	20%
3. 숙박업	25%
4. 건설업, 운수 및 창고업(소화물 전문 운송업은 제외한다), 정보통신업	30%
5. 금융 및 보험 관련 서비스업, 전문 · 과학 및 기술서비스업(인물사진 및 행사용 영상 촬영업은 제외한다), 사업시설관리 · 사업지원 및 임대서비스업, 부동산 관련 서비스업, 부동산임대업	40%
6. 그 밖의 서비스업	30%

사례로 보는 세금 절약 Guide – 매출 관련

1. 매출액 신고누락, 되로 받으려다 말로 준다.

나배짱 씨는 20년 넘게 음식점을 운영해 오면서 5층짜리 상가건물도 하나 마련했고 자녀 명의로 아파트를 2채나 취득하는 등 꽤 많은 재산을 모은 알부자다. 그런 그가 얼마 전 국세청으로부터 세무조사를 받고 부가가치세와 소득세로 2억 5천만 원 상당의 세금을 추징당했다.

사실 그동안 나배짱 씨는 매출액의 절반도 채 신고하지 않았으며, 최근에는 신용카드매출액이 크게 증가하여 현금매출액은 일부만 신고를 하고 대부분을 누락시켰던 게 사실이다. 나배짱 씨는 누락시킨 사실을 세무서에서 파악하지 못할 것이라고 믿고 있었던 것이다.

하지만 지금까지 습관적으로 적게 신고해 왔던 것들이 이번 조사에서 전부 밝혀졌다. 그래서 그동안 누락시켰던 세금을 일시에 추징당한 것이다.

그렇다면 국세청에서는 어떻게 사업자를 관리하고 있으며, 매출 누락 사실이 적발되면 어떠한 불이익을 받게 되는지 알아보자.

● 사업자 관리

요즈음은 세무행정이 전산화되어 있어, 사업자의 모든 신고상황 및 거래 내역은 전산처리 되어 다양하게 분석되고 있다. 즉, 사업자별로 지금까지의 신고추세는 어떠한지, 신고한 소득에 비하여 부동산 등 재산취득 상황은 어떠한지, 동업자에 비하여 부가가치율 및 신용카드매출비율은 어떠한지, 신고내용과 세금계산서합계표의 내용은 일치하는지 등이 종합적으로 전산분석 되고 있는 것이다.

또한, 전국의 모든 세무관서에는 수많은 탈세제보와 신용카드관련 고발 서류가 접수되고 있고, 인터넷을 통해서도 많은 제보 및 고발이 들어오고 있다.

위와 같이 수집된 각종 자료는 각 사업자별로 모아져 관리되고 있으며, 이에 의하여 신고성실도를 분석하고 있다.

● 매출누락자에 대한 조치

◆ 세무조사 실시

납세자가 매 과세기간마다 제출한 신고서 및 수집된 과세자료 등에 대한 신고성실도 전산분석 결과 불성실하게 신고한 혐의가 있는 사업자는 조사대상자로 선정하여 세무조사를 실시한다.

◆ 탈루세액 과세

현금매출액 등을 신고 누락한 것이 세무조사에서 확인될 경우, 당초 납부하여야 할 부가가치세, 법인세, 종합소득세(상여 포함)에 가산세* (과소신고, 납부지연, 세금계산서, 현금영수증 발급 불성실 등)가 추가로 부과된다. 따라서 원래 납부하여야 하는 세금에 추가적으로 가산세가 부과되므로 성실하게 세금을 신고하여야 할 것이다.

* 과소신고가산세(초과환급신고가산세): 통상적으로 과소신고납부세액 × 10%
* 납부지연가산세(환급지연가산세): 과소납부(초과환급)세액 × 0.022% × 경과일수

※ 자세한 가산세 내용은 P235~237 참조

◆ 조세범으로 처벌

조사결과, 사기나 그 밖의 부정한 방법으로 탈세한 경우에는 조세범 처벌법에 의하여 조세범으로 처벌된다. 이런 경우에는 세금 부과와 별도로 2년 이하의 징역 또는 포탈세액등의 2배 이하에 상당하는 벌금에 처해진다(포탈세액등이 5억 원 이상인 경우 등은 3년 이하의 징역 또는 포탈세액등의 3배 이하 벌금).

● 성실신고의 중요성

이와 같이 사업자에 대한 대부분의 과세정보는 국세청에 수집되어 관리되고 있다. 신용카드 사용 활성화, 현금영수증제도 시행, 「과세자료 수집 및 제출에 관한 법률」의 시행, 주류구매전용카드에 의한 주류 구입, 고액현금거래 보고제도 시행 등으로 앞으로 사업자의 사업실적은 세무관서에서 더욱 더 면밀히 파악하게 될 것이다.

또한, 사업자에 대한 과세정보는 누적관리하고 있다가 세무조사를 할 때 한꺼번에 추징한다는 것이 국세청의 기본방침이다.

따라서, 지금 당장 세무조사가 나오지 않는다고 불성실하게 신고하였다가는 나중에 크게 후회하는 일이 생길 수도 있음을 명심하여야 한다.

■ 관련 법규: 「조세범 처벌법」 제3조

사례로 보는 세금 절약 Guide – 매출 관련

2. 영세율이 적용되는 수출의 경우 환급을 받으려면 반드시 영세율 첨부서류를 제출하여야 한다.

부가가치세 영세율 제도는 수출 촉진 및 조세정책적 목적으로 매출세액이 '0'이 되게 만든 제도이다. 그러므로 부가가치세법에서는 영세율 적용요건이 충족되었는지 여부를 검증하기 위해 각종 증빙서류를 제출토록 하고 있다.

제출서류는 각 경우마다 다르다. 신고기간에 임박해서 증빙서류를 수집하려면 어려움이 많으므로, 영세율이 적용되면 제출해야 할 서류가 무엇인지를 정확히 알아두고 미리미리 준비하는 것이 좋다.

● 영세율 제도

영세율 제도는 수출하는 재화 등에 대하여 매출세액 산출 시 영(0)의 세율을 적용하여 재화 또는 용역을 구입할 때 부담한 매입세액을 전액 환급해주는 완전면세제도를 말한다. 이는 국제적인 이중과세 방지 및 수출을 촉진시키기 위한 목적으로 영세율 적용에 따른 매입세액을 환급받기 위해서는 반드시 영세율과세표준의 신고와 더불어 수출사실 등을 입증할 첨부서류를 반드시 제출하여야 한다.

● 수출하는 경우의 영세율 첨부서류

유형	법 규정 첨부서류
직수출 대행수출	– 수출실적 명세서 – 소포수령증

유형	법 규정 첨부서류
중계무역 위탁가공무역 외국인도수출 외국판매수출	- 수출계약서 사본 - 외화입금증명서
내국신용장, 구매확인서에 의한 수출 (로컬수출)	- 내국신용장 사본 - 내국신용장 · 구매확인서 전자발급명세서

● 영세율 첨부서류 미제출 시

영세율 과세표준 신고 시 영세율을 입증할 첨부서류를 제출하지 않으면 매입세액을 환급받을 수 없을 뿐만 아니라, 영세율이 신고된 것으로 보지 아니하므로 영세율 과세표준 불성실가산세(과세표준의 0.5%)가 적용된다.

> * 조세특례제한법에 의한 영세율이 적용되는 과세표준을 신고함에 있어 같은 법 시행령 제106조제12항제1호의 서류를 제출하지 아니한 경우에는 영세율 과세표준 불성실가산세를 적용하는 것임(부가-992, 2013. 10. 24.)

▣ 관련 법규: 「부가가치세법」 제56조
「부가가치세법 시행령」 제101조, 「국세기본법」 제47조의 3
국세청 고시 제2024-1호 「영세율 적용사업자가 제출할 영세율 첨부서류 지정」

사례로 보는 세금 절약 Guide – 매출 관련

3. 사업을 포괄적으로 양도하면 부가가치세가 과세되지 않는다.

금융회사에 다니다 정년퇴직을 한 김재산 씨는, 노후생활을 위해 퇴직금과 예금을 합쳐 임대용 건물로 사용되고 있는 상가를 6억 원(건물가액 10억 원 + 부가가치세 1억 원 + 토지가액 3억 원 - 보증금 8억 원)에 매입하여 부동산임대사업으로 사업자등록 후 임대사업을 하기로 결정하였다.

그런데 약간의 문제가 생겼다. 부가가치세 1억 원은 환급을 받을 것이기 때문에 5억 원만 준비하면 된다고 생각했는데, 막상 계약을 하려니 잔금일까지 6억 원을 모두 지불해야 하며, 부가가치세 1억 원은 나중에 환급 받게 된다고들 한다.

김재산 씨에게는 여유자금이 없는 상태다.
무슨 좋은 해결방법이 없을까?

● 사업의 양도

사업의 양도란 사업장별로 그 사업에 관한 모든 권리와 의무를 포괄적으로 승계시키는 것으로 재화의 공급으로 보지 않기 때문에 부가가치세가 과세되지 않는다. 부가가치세를 과세하지 않는 이유는 양수자가 사업을 인수할 때 불필요한 자금부담을 덜어주기 위함이다. 그 사업에 관한 권리와 의무 중 다음 각 호의 것을 포함하지 아니하고 승계시킨 경우에도 사업의 양도로 본다.

① 미수금에 관한 것

② 미지급금에 관한 것

③ 해당 사업과 직접 관련이 없는 토지 · 건물 등에 관한 것

● 사업의 양도에 해당하는 경우와 해당하지 않는 경우는 다음과 같다.

◆ 사업의 양도에 해당하는 사례

① 개인사업자가 법인설립을 위하여 사업장별로 그 사업에 관한 모든 권리와 의무를 포괄적으로 현물출자하는 경우

② 과세사업과 면세사업을 겸영하는 사업자가 사업장별로 과세사업에 관한 모든 권리와 의무를 포괄적으로 양도하는 경우

③ 둘 이상의 사업장이 있는 사업자가 그 중 하나의 사업장에 관한 모든 권리와 의무를 포괄적으로 양도하는 경우

◆ 사업의 양도에 해당되지 아니하는 사례

① 사업과 직접 관련이 있는 토지와 건물을 제외하고 양도하는 경우

② 부동산매매업자 또는 건설업자가 일부 부동산 또는 일부 사업장의 부동산을 매각하는 경우

③ 종업원 전부, 기계설비 등을 제외하고 양도하는 경우

④ 부동산임대업자가 임차인에게 부동산임대업에 관한 일체의 권리와 의무를 포괄적으로 승계시키는 경우

● 사업을 포괄적으로 양도하면 부가가치세가 과세되지 않는다.

위 사례의 경우 김재산 씨가 건물을 매입한 후에도 부동산임대업을 계속

하고 사업 양도 · 양수계약서상에 임차인의 변경 없이 보증금도 그대로 인수함이 확인된다면, 이는 사업의 양도에 해당하여 부가가치세 1억 원은 과세되지 않기 때문에 자금부담을 덜게 된다. 이 경우 양도인은 부가가치세 폐업 확정신고 시 사업양도신고서 및 사업양도양수계약서를 작성하여 제출하여야 한다.

▣ 관련 법규: 「부가가치세법」 제10조제9항제2호
「부가가치세법 시행령」 제23조

4. 유흥음식업의 경우 종업원이 받은 봉사료를 잘못 처리하면 사업자가 세금을 대신 내는 경우가 발생할 수 있다.

룸살롱을 운영하는 강주량 씨는 손님의 술값과 종업원이 실지 받은 봉사료(팁)를 구분하지 않고 두 금액을 합하여 신용카드매출전표를 발행하였고 이에 대한 매출을 신고누락하였다.

관할세무서는 강주량 씨에 대한 세무조사를 실시하여 종업원이 받은 봉사료가 포함된 신용카드 매출액 전액에 대하여 세금 7천 5백만 원을 추징하였다.

종업원이 받은 봉사료의 올바른 처리방법에 대하여 알아보자.

● 봉사료

유흥음식점 등을 운영하는 경우 종업원이 봉사료(팁)을 받는 경우가 있는데 손님이 종업원에게 직접 봉사료를 지급하면 사업자는 음식값만 매출로 신고하면 된다.

그런데 음식값과 봉사료를 합한 전체금액을 신용카드로 결제하면 사업자가 종업원이 받은 봉사료에 대해 부가가치세를 내는 경우가 발생할 수 있다. 따라서 종업원에게 지급한 봉사료에 대해 세무상 처리방법을 정확히 알고 있어야 한다.

● 과세표준에서 제외되는 봉사료

사업자가 음식 · 숙박 용역이나 개인서비스 용역을 공급하고 그 대가와 함께 받는 종업원의 봉사료를 세금계산서 · 영수증 또는 신용카드매출전표 등에 그 대가와 구분하여 기재한 경우로서 봉사료를 해당 종업원에게 지급한 사실이 확인되는 경우 그 봉사료는 부가가치세 과세표준에 포함하지 아니한다.

즉, 종업원에게 지급한 봉사료는 사업자가 세금을 내지 않아도 되나 아래 요건을 모두 갖추어야 한다.

【부가가치세 과세표준에서 제외되는 봉사료의 요건】

① 음식업, 숙박업 및 개인 서비스업의 경우 용역의 대가와 함께 받는 종업원의 봉사료를 과세표준에서 제외시킬 수 있다.

② 세금계산서 · 영수증 · 신용카드매출전표 등을 발급할 때는 용역 대가와 봉사료를 구분 기재하여 발급하여야 한다.

③ 구분기재한 봉사료가 해당 종업원에게 지급된 사실이 확인되어야 한다.

④ 구분기재한 봉사료가 공급가액(간이과세자는 공급대가)의 20%를 초과하는 경우에는, 봉사료 지급액에 대하여 5%의 소득세를 원천징수하고 봉사료 지급대장을 작성하여야 한다.

⑤ 봉사료지급대장에는 봉사료를 받는 사람이 직접 받았다는 서명을 하여야 하며, 받는 사람 본인의 서명임을 확인할 수 있도록 봉사료를 받는 사람별로 주민등록증 또는 운전면허증 등 신분증을 복사하여 그 여백에 받는 사람이 자필로 성명, 주민등록번호, 주소 등을 기재하고 서명하여 5년간 보관하여야 한다.

또한 봉사료를 받는 사람이 봉사료지급대장에 서명을 거부하거나 확인서 작성 등을 거부하는 경우에는, 무통장입금영수증 등 지급사실을 직접 확인할 수 있는 다른 증빙을 대신 첨부하여야 한다.

● 봉사료 원천징수

신용카드매출전표 등에 음식값과 구분하여 적는 경우 구분 기재한 봉사료 금액이 음식값의 20%를 초과하는 때에는 당해 봉사료 전체 금액에 대하여 사업자가 소득세 5%를 원천징수하여야 한다.

매월 원천징수한 세액은 원천징수이행상황신고서와 사업소득원천징수 영수증을 첨부하여 원천징수한 달의 다음달 10일까지 세무서에 제출하고 납부하여야 한다.

이와 같이 봉사료는 술값이나 음식값과 별도로 구분 기재하여 영수증 등을 발급하여야 하며 귀찮다고 전체금액을 함께 처리한다면 봉사료에 대해서도 부가가치세, 개별소비세, 소득세 등을 내게 되는 결과를 초래할 수 있다.

▣ 관련 법규: 「부가가치세법 시행령」 제61조제4항
「소득세법 시행령」 제184조의 2
국세청고시 제2021-38호 「봉사료를 과세표준에서 제외하고자하는 사업자가 지켜야 할 사항」

5. 세금계산서를 정확히 발급하자.

일반과세자(2021년 7월 1일 공급분부터 세금계산서 교부의무가 있는 간이과세자 포함)가 과세대상이 되는 재화 또는 용역을 공급하는 때에는 세금계산서를 발급하여야 하는데, 이를 잘못 발급하면 공급자는 안 물어도 될 가산세를 물어야 하고 매입자는 가산세를 물거나 매입세액을 공제받지 못하게 되어 자칫 거래관계가 끊어지는 일이 생길 수도 있다.

세금계산서를 발급할 때는 다음과 같은 사항을 주의하여 정확히 발급해야 불이익을 받지 않는다.

● 세금계산서 제도를 시행하는 이유

세금계산서는 재화 또는 용역의 공급 시기에 발급하는 것이 원칙이다. 공급 시기가 도래하기 전에 대가의 전부 또는 일부를 받고 세금계산서를 발급하는 경우에는 그 발급하는 때를 공급 시기로 보므로, 공급 시기가 도래하기 전에 발급하는 것은 무방하다.

그러나 재화 또는 용역의 공급 시기 이후 해당 공급 시기가 속하는 과세기간에 대한 확정신고기한까지 세금계산서를 발급하는 경우 공급자는 공급가액의 1%에 상당하는 '세금계산서 지연발급 가산세'를, 공급받는 자는 공급가액의 0.5%에 상당하는 '세금계산서 지연수취 가산세'를 물게 된다.

또한, 재화 또는 용역의 공급 시기가 속하는 과세기간에 대한 확정신고기한이 지난 후 세금계산서를 발급 받았더라도 그 세금계산서의 발급일이 확정신고기한 다음 날부터 1년 이내이고, 다음 각 목의 어느 하나에 해당하는 경우에도 매입세액공제를 받을 수 있다.

가. 「국세기본법 시행령」 제25조제1항에 따른 과세표준수정신고서와 같은 영 제25조의 3에 따른 경정 청구서를 세금계산서와 함께 제출하는 경우

나. 해당 거래사실이 확인되어 법 제57조에 따라 납세지관할세무서장, 납세지관할지방국세청장 또는 국세청장이 결정 또는 경정하는 경우

다만, 공급자는 공급가액의 2%에 상당하는 세금계산서 미발급 가산세를, 공급받는 자는 공급가액의 0.5%에 상당하는 세금계산서 지연수취 가산세를 물게 된다.

예를 들어 5월 25일 재화를 공급하였으나, 6월 15일에 세금계산서를 발급하였다면, 공급자와 공급받는 자 모두 가산세를 물어야 한다. 또한 과세기간을 달리하여 위 각 목의 요건을 충족하여 다음 해 1월 31일에 세금계산서를 발급하였다면, 공급자와 공급받는 자 모두 가산세를 물고 공급받는 자는 매입세액을 공제 받을 수 있다. 그러나 다음 해 7월 27일에 세금계산서를 발급하였다면 공급자는 가산세를 물고 공급받는 자는 매입세액을 공제받을 수 없다.

● 필요적 기재사항

세금계산서에 기재하는 내용 중 잘못 기재되었을 경우 가산세 등 불이익을 받게되는 것을 '필요적 기재사항'이라 하는데, 필요적 기재사항은 다음과 같다.

- 공급하는 사업자의 등록번호와 성명 또는 명칭
- 공급받는 자의 등록번호. 다만, 공급받는 자가 사업자가 아니거나 등록한 사업자가 아닌 경우에는 고유번호 또는 공급받는 자의 주민등록번호
- 공급가액과 부가가치세액
- 작성 연월일

필요적 기재사항의 전부 또는 일부가 기재되지 않았거나 사실과 다르게 기재된 때에는 그 공급가액에 대해 공급자는 1%, 공급받는 자는 0.5%를 가산세로 물어야 한다.

그러므로 세금계산서를 발급할 때는 재화 또는 용역의 공급 시기에 특히 필요적 기재사항을 정확히 기재하여 발급하여야 한다.

● 세금계산서 발급특례

다음의 경우에는 재화 또는 용역의 공급일이 속하는 달의 다음달 10일(그 날이 공휴일 또는 토요일인 경우에는 바로 다음 영업일)까지 세금계산서를 발급할 수 있다.

① 거래처별로 1역월의 공급가액을 합하여 해당 달의 말일을 작성 연월일로 하여 세금계산서를 발급하는 경우

② 거래처별로 1역월 이내에서 사업자가 임의로 정한 기간의 공급가액을 합하여 그 기간의 종료일을 작성 연월일로 하여 세금계산서를 발급하는 경우

③ 관계 증명서류 등에 따라 실제거래사실이 확인되는 경우로서 해당 거래일을 작성 연월일로 하여 세금계산서를 발급하는 경우

■ 관련 법규: 「부가가치세법」 제32조, 제34조제3항, 제60조제2항 · 제7항
「부가가치세법 시행령」 제75조제3호 · 제7호

사례로 보는 세금 절약 Guide – 매입 관련

6. 매입세액이 공제되지 않는 경우를 정확히 알고 대처하자.

부가가치세 납부세액은 사업자가 공급한 재화 또는 용역에 대한 '매출세액'에서 자기의 사업을 위하여 사용되었거나 사용될 재화 또는 용역을 공급받을 때 부담한 '매입세액'을 공제하여 계산한다.

따라서 재화 또는 용역을 공급받을 때 부가가치세를 부담했다 하더라도 사업과 관련이 없거나 세금계산서에 의하여 입증되지 않는 경우에는 매입세액으로 공제 받지 못한다.

매출세액에서 공제 받지 못하는 매입세액은 다음과 같다.

● 매입처별세금계산서합계표 미제출 또는 부실기재된 경우

◆ 예정 또는 확정신고 시 아래의 매입세액은 공제하지 아니한다.

- 매입처별세금계산서합계표를 제출하지 아니한 경우의 매입세액
- 제출한 매입처별세금계산서합계표의 기재사항 중 거래처별 등록번호 또는 공급가액의 전부 또는 일부가 적히지 아니하였거나 사실과 다르게 적힌 경우 그 기재사항이 적히지 아니한 부분 또는 사실과 다르게 적힌 부분의 매입세액

◆ 다만 아래의 경우의 매입세액은 공제가능하다.

- 적법하게 발급받은 세금계산서에 대한 매입처별세금계산서합계표 또는 신용카드매출전표 등의 수령명세서를 수정신고, 경정청구, 기한 후 신고 시 제출하는 경우

- 매입처별세금계산서합계표의 거래처별 등록번호 또는 공급가액이 착오로 사실과 다르게 적힌 경우로서 발급받은 세금계산서에 의하여 거래사실이 확인되는 경우
- 적법하게 발급받은 세금계산서 또는 신용카드매출전표 등을 경정기관의 확인을 거쳐 정부에 제출하는 경우

● 세금계산서 미수취 또는 사실과 다르게 적힌 매입세금계산서

◆ 세금계산서를 발급받지 아니한 경우 또는 발급받은 세금계산서에 필요적 기재사항의 전부 또는 일부가 기재되지 아니하였거나 사실과 다르게 적힌 경우의 매입세액은 공제하지 아니한다.

【세금계산서 필요적 기재사항】

① 공급자의 등록번호와 성명 또는 명칭
② 공급받는 자의 등록번호
③ 공급가액과 부가가치세액
④ 작성연월일

◆ 다만 아래의 경우의 매입세액은 공제가능하다.

- 사업자등록을 신청한 사업자가 사업자등록증 발급일까지의 거래에 대하여 해당 사업자 또는 대표자의 주민등록번호를 적어 발급하는 경우
- 발급받은 세금계산서의 필요적 기재사항 중 일부가 착오로 사실과 다르게 적혔으나 그 세금계산서에 적힌 나머지 필요적 기재사항 또는 임의적 기재사항으로 보아 거래사실이 확인되는 경우

- 재화 또는 용역의 공급 시기 이후에 발급받은 세금계산서로서 해당 공급 시기가 속하는 과세기간에 대한 확정신고기한(1. 25., 7. 25.)까지 발급받은 경우

- 재화 또는 용역의 공급시기가 속하는 과세기간에 대한 확정신고기한이 지난 후 세금계산서를 발급받았더라도 그 세금계산서의 발급일이 확정신고기한 다음 날부터 1년 이내이고 다음 ㉠,㉡중 어느 하나에 해당하는 경우
  - ㉠ 과세표준수정신고서와 경정청구서를 세금계산서와 함께 제출하는 경우
  - ㉡ 해당 거래사실이 확인되어 납세지 관할 세무서장 등이 결정 또는 경정하는 경우

- 발급받은 전자세금계산서로서 국세청장에게 전송되지 아니하였으나 발급한 사실이 확인되는 경우

● 사업과 직접 관련 없는 지출에 대한 매입세액

◆ 사업과 직접 관련이 없는 매입세액은 매출세액에서 공제하지 아니하며 그 범위는 아래와 같다.

【사업과 직접 관련 없는 매입세액의 범위】

① 사업자가 그 업무와 관련 없는 자산을 취득 · 관리함으로써 발생하는 취득비 · 유지비 · 수선비와 이와 관련되는 필요경비

② 사업자가 그 사업에 직접 사용하지 아니하고 타인(종업원 제외)이 주로 사용하는 토지 · 건물 등의 유지비 · 수선비 · 사용료와 이와 관련되는 지출금

③ 사업자가 그 업무와 관련 없는 자산을 취득하기 위하여 차입한 금액에 대한 지급이자

④ 사업자가 사업과 관련 없이 지출한 접대비

◆ 사례

- 법인 회장이 사용하는 아파트의 냉장고, 홈시어터 등 비품 구입비는 매입세액공제를 받지 못한다.
- 주식의 매각은 부가가치세 과세대상인 재화 또는 용역의 공급에 해당하지 아니하므로 주식 매각과 관련하여 지출한 법무수수료, 중개수수료 등에 대한 매입세액은 사업과 관련이 없는 매입세액으로 보나, 주식의 발행 · 취득 관련 비용의 과세사업 확장이나 자금조달을 위한 비용으로 사업관련성이 있는 경우에는 매입세액이 공제된다.
- 사업자가 골프회원권을 취득한 경우, 그 회원권의 사용실태 등을 고려하여 사업상 종업원의 복리후생을 목적으로 취득한 때에는 매입세액공제가 가능하나, 거래처 등을 접대하기 위하여 취득한 경우에는 사업과 관련이 없는 지출에 대한 매입세액으로 보아 공제되지 아니한다.

● 개별소비세 과세대상 자동차의 구입과 임차 및 유지에 관한 매입세액

◆ 개별소비세법에 따른 자동차의 구입과 임차 및 유지에 관한 매입세액은 공제되지 아니한다. 매입세액 공제가 가능한 차량과 불공제 차량은 다음과 같다.

매입세액 불공제 차량 (개별소비세 과세되는 차량)	매입세액 공제 차량 (개별소비세 과세되지 않는 차량)
① 8인승 이하 승용차(SUV 포함) ② 캠핑용 자동차 (캠핑용 트레일러 포함) ③ 125cc 초과 오토바이	① 9인승 이상 승용차 / 승합차 ② 배기량 1,000cc 이하인 경차 ③ 길이 3.6미터 이하, 폭 1.6미터 이하인 전기차 ④ 화물자동차, VAN 차량 ⑤ 125cc 이하 오토바이

- ◆ 다만, 운수업, 자동차판매업, 자동차임대업, 운전학원업, 경비업(경비업법에 따른 출동차량에 한함) 및 이와 유사한 업종을 영위하는 자가 직접 영업용으로 사용하기 위하여 취득한 차량과 매입세액 공제 가능 차량에 대한 주유비, 수선비 등의 유지비용은 매입세액 공제가 가능하다.

● 접대비 및 이와 유사한 비용의 지출에 관련된 매입세액

◆ 골프회원권 매입 후 접대목적으로 사용된 경우

골프회원권을 임 · 직원의 복리후생목적으로 취득하였다하더라도 동 골프회원권이 접대목적으로 사용되고 있다면 매입세액이 불공제된다.

◆ 골프연습장 운영하면서 회원들과 골프장 이용한 경우의 매입세액

골프연습장을 운영하면서 특정회원들과 골프장을 이용한 것은 특정인의 이익을 위한 지출행위에 해당하므로 신용카드매출전표에 기재된 부가가치세는 접대와 관련된 매입세액으로 불공제된다.

◆ 대리점에 무상공급한 재화를 접대비로 볼 수 있는지 여부

불특정다수인이 아닌 특정 대리점에 무상공급한 재화는 접대 등의 행위에 해당되는 것으로 매입세액이 불공제된다.

◆ 특정거래처에 사전약정 없이 매출할인한 경우 접대비 해당 여부

공급가액이 확정되어 판매된 특정거래처에 대하여 사전약정 없이 임의적인 판단에 따라 일정률을 매출할인한 것은 접대비에 해당한다.

● 면세사업 등에 관련된 매입세액

◆ **국민주택 공급과 관련된 매입세액**

부가가치세가 면제되는 국민주택 공급과 관련하여 매입세액을 부담한 경우 해당 매입세액은 매출세액에서 공제되지 아니한다.

◆ **고유목적사업 관련 매입세액**

국가로부터 출연금을 받아 운영되는 연구원의 고유목적사업이 과세대상이 아닌 경우 관련 매입세액은 공제되지 아니한다.

● 토지에 관련된 매입세액

◆ 토지 관련 매입세액은 토지의 취득가액에 산입되어 자산으로 계상되어야 하는 것으로 매입세액에서 공제하지 아니한다. 토지 관련 매입세액을 공제하지 않는 취지는 토지의 공급에 대해 과세사업 사용 여부에 관계 없이 면세되므로 토지원가를 구성하는 비용 관련 매입세액의 공제를 인정할 경우 현행 부가가치세법의 취지에 맞지 않기 때문이다.

◆ 토지에 관련된 매입세액이란 토지의 조성 등을 위한 자본적 지출에 관련된 매입세액으로 다음 중 어느 하나에 해당하는 경우를 말한다.

- 토지의 취득 및 형질변경, 공장부지 및 택지의 조성 등에 관련된 매입세액
- 건축물이 있는 토지를 취득하여 그 건축물을 철거하고 토지만을 사용하는 경우에는 철거한 건축물의 취득 및 철거비용과 관련된 매입세액
- 토지의 가치를 현실적으로 증가시켜 토지의 취득원가를 구성하는 비용에 관련된 매입세액

● 사업자등록 전 매입세액

◆ 사업자등록을 신청하기 전의 매입세액은 매출세액에서 공제하지 아니한다. 다만 공급 시기가 속하는 과세기간이 끝난 후 20일 이내에 등록을 신청한 경우 등록신청일로부터 공급 시기가 속하는 과세기간 기산일(1월 1일 또는 7월 1일)까지 역산한 기간 이내의 것은 매입세액 공제가 가능하다. 이 경우 해당 사업자 또는 대표자의 주민등록번호를 적어 세금계산서를 발급받아야 한다.

【등록 전 주민번호 기재 세금계산서 등 수취 시 매입세액공제 가능 판단】

① 1기(1월 1일 ~ 6월 30일) 중 매입세액은 7월 20일까지 등록 신청 시 매입세액공제 가능

② 2기(7월 1일 ~ 12월 31일) 중 매입세액은 익년 1월 20일까지 등록 신청 시 매입세액공제 가능

■ 관련 법규: 「부가가치세법」 제39조
「부가가치세법 시행령」 제74조~제75조, 제77조~제80조

사례로 보는 세금 절약 Guide – 매입 관련

7. 거래상대방과 첫 거래 하면서 세금계산서를 받을 때는 사업자등록 및 휴 · 폐업 여부 확인하자.

왕성실 씨는 모든 일을 규정대로 처리하는 사람으로, 물건을 구입할 때마다 세금계산서를 철저히 받고 있다.

그런 그가 며칠 전 세무서로부터 1년 전 부가가치세를 신고할 때 공제 받은 매입세액 중 1백만 원은 폐업자로부터 받은 세금계산서이기 때문에 공제 받을 수 없으니 이를 해명하라는 「과세자료 해명 안내문」을 받았다.

왕성실 씨는 그럴 리가 없다고 생각하여 내용을 확인해 보니, 지난해 평소 거래관계가 없던 사람으로부터 시가보다 싼 가격에 물건을 한 번 구입했던 것이 문제가 된 것이다. 그러나, 이제 와서 달리 해명할 방법이 없으므로 꼼짝없이 세금을 낼 수밖에 없게 되었다.

이와 같이 거래상대방이 정상사업자인지 여부가 의심스러울 땐 어떻게 해야 하나?

● 세금계산서 수취 시 유의사항

사업을 하다 보면 평소 거래를 하지 않던 사람으로부터 시세보다 싸게 물품을 대 줄 테니 사겠냐는 제의를 받아 이를 구입하는 경우가 있다.

이런 경우에는 거래상대방이 정상사업자인지, 세금계산서는 정당한 세금계산서인지 여부를 우선 확인해 보아야 한다. 왜냐하면 거래 상대방이 폐업자이거나, 세금계산서가 다른 사업자 명의로 발급된 때에는 실제

거래를 하였더라도 매입세액을 공제 받을 수 없기 때문이다.

그러므로 거래상대방이 의심스러우면 세금계산서를 받을 때 다음 사항을 반드시 확인해 보는 것이 좋다.

◆ 사업자등록 진위 여부 확인

물건을 판 사업자가 발급하는 사업자등록증이 정상인지 확인하여야 한다.

Guide

사업자 등록 진위 여부 확인 방법

최근에는 물건을 판매하는 사람이 자신의 매출을 숨기기 위해 다른 사람 명의로 세금계산서를 발급하는 경우가 많은데, 이런 세금계산서를 '거짓세금계산서'라 한다. 거짓세금계산서를 받은 경우에는 매입세액을 공제받을 수 없다. 따라서 사업자등록증의 진위 여부를 확인해야 한다. 먼저 거래상대방으로부터 사업자등록증과 신분증을 제출 받아 사업자등록증상의 대표자가 일치하는지를 확인하고 아래 방법으로 사업자등록의 위조 여부를 확인하여야 한다.

앱스토어 · 플레이스토어 접속 → '마크애니' 검색 · 설치 → 사업자등록증 상단 또는 하단 바코드 인식 → 표출문구와 음성을 통해 사업자등록증 확인 · 대조

◆ 휴 · 폐업 여부 확인

휴업이나 폐업자가 아닌 세금계산서 발급이 가능한 정상사업자인지 확인하여야 한다.

Guide

휴 · 폐업 여부 조회방법

휴업자나 폐업자는 세금계산서를 발급할 수 없기 때문에 이들이 발급한 세금계산서는 세금계산서로서의 효력이 없어 매입세액을 공제받을 수 없다.

특히, 폐업자가 폐업신고를 하고 난 후 재고품을 처리하는 과정에서 종전의 사업자등록번호로 세금계산서를 발급하는 경우가 종종 있으므로, 거래상대방이 의심스러울 때는 반드시 확인해 보는 것이 좋다.

거래상대방이 일반과세자인지 여부와 폐업자인지 여부는 홈택스 누리집을 통하여 확인해 볼 수 있다.

> 홈택스(www.hometax.go.kr)에서
> 상담 · 불복 · 고충 · 제보 · 기타 → 기타 → 사업자상태
> → 사업자 상태 조회(사업자등록번호)

사례로 보는 세금 절약 Guide – 매입 관련

8. 세금계산서를 철저히 받아 두는 것이 절세의 지름길이다.

종로에서 음식점을 하고 있는 이사돌 씨는 2023년 7월 1일부터 일반과세자로 전환되었다.

그동안 간이과세자로 있을 때는 부가가치세에 대하여 그다지 신경쓰지 않았는데, 신용카드 사용이 급격히 증가하여 매출액이 대부분 노출되고 있는 데다 일반과세자로 전환까지 되었으므로 이제부터는 세금에 신경을 쓰지 않을 수 없게 되었다.

이사돌 씨가 취할 수 있는 가장 좋은 세금절약 방법은 무엇일까?

부가가치세는 매출세액에서 물건을 구입할 때 부담한 매입세액을 공제하여 계산한다.

부가가치세 = 매출세액 – 매입세액

따라서 부가가치세 부담을 줄이기 위해서는 매출세액을 줄이거나 매입세액을 늘려야 하는데, 매출세액은 매출액이 이미 정해져 있으므로 임의로 줄이거나 늘릴 수 없다. 매출액을 고의로 누락시킨다면 이는 탈세 행위로서 법에 어긋나는 일일뿐만 아니라, 나중에 누락사실이 발견되면 훨씬 무거운 세금을 부담하여야 하는 위험이 있다.

그러므로 세금을 합법적으로 줄이기 위해서는 매입세액을 늘릴 수 밖에 없다. 하지만 매입세액 또한 임의로 줄이거나 늘릴 수 없으므로 방법은

한가지! 물건을 구입하면서 매입세액을 공제받을 수 있는 세금계산서를 빠짐없이 받는 방법 뿐이다.

많은 사업자들이 매입금액이 적은 경우에는 세금계산서를 받지 않거나, 주변에 있는 간이과세자로부터 물건을 구입하고 영수증을 받는 경우가 있는데, 이렇게 매입하는 것은 매입세액을 공제받을 수 없다.

물건을 구입하고 세금계산서를 받으면 일반과세자는 매입세액 전액을, 간이과세자는 세금계산서 등을 발급받은 재화와 용역의 공급대가에 0.5%를 곱한 금액을 공제받는다.

예를 들어 음식점을 하는 일반과세자 이사돌 씨의 2023년 2기 과세기간(6개월)의 총매입액이 3,300만 원이라고 가정할 경우 세금계산서 수취비율에 따른 매입세액 공제액을 보면 다음과 같다.

세금계산서 수취비율	매입세액 공제액
100 %	3,000,000
50 %	1,500,000
0 %	0

따라서 비록 적은 금액이라도 물건을 구입할 때는 일반과세자로부터 구입을 하고, 물건을 구입하면 세금계산서를 빠짐없이 받아 두는 것이 부가가치세를 절약하는 지름길이다.

■ 관련 법규: 「부가가치세법」 제37조제2항, 제63조제3항

사례로 보는 세금 절약 Guide – 매입 관련

9. 세금계산서를 제때 받지 아니하면 매입세액을 공제받지 못할 수도 있다.

방문일 씨는 건축업자와 공사비 11억 원에 상가건물을 신축하기로 계약한 다음 건축을 완료하여 2023년 4월에 준공검사까지 마쳤으나, 자금사정이 여의치 않아 2024년 2월에야 공사비를 지급하고 이 때를 작성일자로 하여 세금계산서도 발급받았다.

그 후 방문일 씨는 부가가치세를 환급 받기 위해 1억 원의 환급신고를 하였으나, 세무서에서는 사실과 다른 세금계산서라고 하여 환급을 거절하고, 오히려 가산세 1천 5백만 원까지 부과하였다.

방문일 씨가 부가가치세를 환급 받지 못한 이유는 무엇일까?

세금계산서는 사업자가 재화나 용역을 공급하고 거래상대방으로부터 부가가치세를 징수하였음을 증명하는 증빙자료로서, 송장 및 영수증의 기능을 하고 있는 중요한 서류이다.

그렇기 때문에 부가가치세법에서는 재화 또는 용역의 공급 시기에 세금계산서를 주고 받도록 규정하고 있으며, 이를 어길 때에는 다음과 같은 불이익을 주고 있다.

● 공급 시기가 속한 과세기간의 확정신고기한 내에 발급받는 경우

예를 들어 2023년 4월에 물품을 구매하고 세금계산서는 2023년 6월에 받는 경우, 판매자에게는 공급가액의 1%, 매입자에게는 0.5%의 가산세가 부과된다.

● 공급 시기가 속한 과세기간의 확정신고기한이 지나서 발급받는 경우

예를 들어 2023년 4월에 물품을 구매하고 세금계산서는 과세기간의 확정신고기한이 지난 후인 다음 해인 2024년 2월에 발급받는 경우, 원칙적으로 판매자에게는 공급가액의 2%의 가산세를 물리고, 매입자에게는 매입세액을 공제해 주지 않는다.

다만, 공급 시기가 속하는 확정신고기한의 다음 날부터 1년 이내에 세금계산서를 발급받으면 수정신고·경정청구 또는 과세관청의 결정·경정으로 매입세액 공제가 가능하다.

만약 매입자가 매입세액을 공제 받을 수 없는 데도 매입세액을 공제하여 신고하면, 매입세액의 10%에 해당하는 신고불성실 가산세 및 공급가액의 0.5%에 상당하는 매입처별 세금계산서합계표 불성실 가산세와 함께 과소 납부금액에 대한 납부지연가산세가 부과된다.

위 사례의 경우, 건물을 신축하는 경우에는 준공검사를 마치면 용역의 제공이 완료된 것으로 보므로, 방문일 씨는 준공검사를 마친 2023년 4월에 세금계산서를 발급받았어야 했다.

그런데, 방문일 씨는 과세기간이 다른 2024년 2월에 세금계산서를 발급받았기 때문에 매입세액 공제를 받지 못한 것이다.

또한, 매입세액을 공제 받을 수 없는 데도 이를 공제하여 환급신청을 하였으므로 신고불성실가산세 1천만 원과 매입처별 세금계산서합계표 불성실가산세 5백만 원까지 부과된 것이다.

위에서 보는 바와 같이 세금계산서는 반드시 재화 또는 용역의 공급 시기에 주고 받아야 불이익을 받지 않는다.

설령 재화 또는 용역의 공급 시기에 대금을 지급하지 못하더라도 세금계산서는 제때에 주고받아야 한다.

Guide

재화 및 용역의 공급 시기

1. 재화의 공급 시기
   ① 현금판매, 외상판매, 할부판매: 재화가 인도되거나 이용가능하게 되는 때
   ② 1년 이상 장기할부판매: 대가의 각 부분을 받기로 한 때
   ③ 반환조건부판매, 동의조건부판매, 기타 조건부 및 기한부판매: 조건이 성취되거나 기한이 경과되어 판매가 확정되는 때
   ④ 완성도기준지급 또는 중간지급조건부로 재화를 공급하거나 전력 기타 공급단위를 구획할 수 없는 재화를 계속적으로 공급하는 경우: 대가의 각 부분을 받기로 한 때

2. 용역의 공급 시기
   ① 통상적인 경우: 역무가 제공되거나 재화 · 시설물 또는 권리가 사용되는 때
   ② 완성도기준지급, 중간지급, 1년 이상 장기할부, 기타 조건부로 용역을 공급하거나 그 공급단위를 구획할 수 없는 용역을 계속적으로 공급하는 경우: 대가의 각 부분을 받기로 한 때

3. 위의 공급 시기 도래 전에 세금계산서를 발급하고 그 세금계산서 발급일로부터 7일 이내에 대가를 지급받는 경우에는 세금계산서를 발급하는 때를 공급 시기로 본다.

■ 관련 법규: 「부가가치세법」 제15조, 제16조, 제17조, 제32조, 제60조
「부가가치세법 시행령」 제28조, 제29조, 제30조, 제75조, 제108조

사례로 보는 세금 절약 Guide – 매입 관련

10. 공급자가 세금계산서를 발급하여 주지 않는 경우에는 매입자발행 세금계산서 제도를 활용할 수 있다.

의류 소매업을 하고 있는 최성실 씨는 다른 업자보다 좀 더 싼 가격으로 판매한다는 의류 도매업자 강배짱 씨로부터 330만 원(공급대가)의 의류를 구입하고 세금계산서 발급을 요구하였지만 거절 당하였다.

최성실 씨는 세금계산서를 발급받지 못하여 매입세액을 공제받지 못하게 되었다.

이 경우 매입세액 공제를 받을 수 있는 방법은 없는 것일까?

2007년 7월 1일부터 시행된 매입자발행세금계산서 제도에 의하여 최성실 씨는 매입세액 공제를 받을 수 있다.

● 매입자발행세금계산서 제도

세금계산서 발급의무가 있는 사업자가 재화 또는 용역을 공급하고 그에 대한 세금계산서를 발급하지 않는 경우, 재화 또는 용역을 공급받은 사업자(매입자)가 관할세무서장의 확인을 받아 세금계산서를 발급할 수 있는 제도다.

● 입법취지

경제적으로 우월한 지위에 있는 재화 또는 용역의 공급자가 과세표준이 노출되지 않도록 하기 위하여 세금계산서를 발급하지 않는 사례를 방지하기 위한 것이다.

● 매입자발행세금계산서를 발급할 수 있는 사업자

일반과세자(2021년 7월 1일 공급분부터 세금계산서 교부의무가 있는 간이과세자 포함)로부터 재화나 용역을 공급받는 자는 매입자발행세금계산서를 발행할 수 있다.

● 매입자발행세금계산서 발급절차

1) 세금계산서 발급의무가 있는 사업자가 세금계산서를 발급하지 않는 경우(사업자의 부도 · 폐업, 공급계약의 해제 · 변경 등으로 사업자가 수정세금계산서 또는 수정전자세금계산서를 발급하지 아니한 경우 포함) 매입자(신청인)는 그 재화 또는 용역의 공급 시기가 속하는 과세기간의 종료일로부터 1년 이내에* 거래사실확인신청서에 대금결제 등 거래사실 입증자료를 첨부하여 신청인의 관할 세무서장에게 거래사실의 확인을 신청하여야 한다.

   - 거래사실 입증책임은 매입자에게 있으므로 대금 결제 등 증빙자료(영수증, 거래명세표, 거래사실 확인서 등)를 확보하여야 한다.

   * 2024년 2월 29일 이후 거래 사실의 확인을 신청하는 경우부터 적용(2024년 2월 28일 이전: 6개월 이내 신청)

2) 신청인 관할세무서장은 신청인이 제출한 자료를 공급자 관할세무서장에게 송부한다.

3) 공급자 관할세무서장은 신청일의 다음 달 말일까지 공급자의 거래사실여부를 확인하고 그 결과를 공급자와 신청인 관할세무서장에게 통보한다.

4) 공급자 관할세무서장으로부터 거래사실확인 통지를 받은 신청인 관할 세무서장은 즉시 신청인에게 그 결과를 통지하고, 그 통지를 받은 신청인은 매입자발행세금계산서를 발행하여 공급자에게 교부하여야 한다. 다만, 신청인 및 공급자가 관할세무서장으로부터 거래사실 확인 통지를 받은 경우에는 매입자발행세금계산서를 교부한 것으로 본다.

5) 신청인이 부가가치세 신고 또는 경정청구 시 매입자발행세금계산서 합계표를 제출한 경우, 매입자발행세금계산서에 기재된 매입세액을 공제받을 수 있다.

● 거래사실확인신청에 대한 금액 제한 유무

매입자가 세금계산서를 발급하기 위하여 세무서장에게 거래사실 확인 신청하는 경우에는 다음과 같은 제한이 있다.

- 거래건당 공급대가(부가가치세 포함)가 5만 원 이상이어야 한다.

▣ 관련 법규: 「부가가치세법」 제34조의 2,
「부가가치세법 시행령」 제71조의 2

사례로 보는 세금 절약 Guide – 매입 관련

11. 신용카드매출전표나 현금영수증을 받은 경우에도 매입세액을 공제 받을 수 있다.

일반과세자 김국세씨는 사업과 관련한 물품을 구입하면서 신용카드로 대금을 결재하고 세금계산서 대신 부가가치세가 별도로 기재된 신용카드매출전표를 받았다.

이 경우 신용카드매출전표의 매입세액을 공제받을 수 있는지?

● 신용카드 매출전표 등에 의한 매입세액 공제

사업자가 사업과 관련하여 재화 또는 용역을 공급받고 부가가치세액이 별도로 구분되는 신용카드매출전표, 현금영수증 등을 사업자 명의로 발급 받은 경우 그 부가가치세액은 공제할 수 있는 매입세액에 해당한다.

【다음 중 하나에 해당하는 사업자로부터 받은 신용카드매출전표 등은 매입세액 공제되지 않는다】

① 직전연도 공급대가 합계액이 4,800만 원 미만인 간이과세자

② 간이 신규자

③ 면세사업자

④ 일반과세자 중 ㉠ 미용, 욕탕 및 유사서비스업 ㉡ 여객운송업(전세버스 제외) ㉢ 입장권 발행 경영사업자 ㉣ 미용 목적 성형수술 ㉤ 수의사가 제공하는 동물 진료용역 ㉥ 무도학원, 자동차운전학원

● 사업용 신용카드 등록제도를 활용해라

◆ 개인사업자는 사업관련 경비 지출용으로 쓰는 사업자 본인 명의의 신용카드를 홈택스에 등록할 수 있다(법인의 경우 법인명의의 신용카드는 별도의 등록절차 없음).

◆ 이 경우 개인사업자는 부가가치세 신고 시 "신용카드매출전표 등 수령명세서"에 거래처별 합계 자료가 아닌 등록한 신용카드로 매입한 합계 금액만 기재하면 매입세액공제를 받을 수 있어 편리하다.

◆ 법인사업자의 경우 법인명의의 신용카드는 그 자체가 사업용 신용카드에 해당하므로 홈택스에 별도로 등록할 필요가 없다.

● 사업자 본인 카드 이외 매출전표 수취 시 공제 가능 여부

◆ 신용카드매출전표 등에 의하여 매입세액을 공제받으려면 사업자 본인 명의로 발급받아야 하고, 타인 명의의 신용카드매출전표는 매입세액을 공제받을 수 없다.

◆ 다만, 종업원 및 가족 명의의 신용카드매출전표를 수취하는 경우에도 당해 사업자의 사업을 위하여 사용되었거나 사용될 재화 또는 용역의 공급에 대한 세액임이 객관적으로 확인되는 경우에는 매입세액을 공제받을 수 있다.

◆ 또한, 법인 소속 임직원 명의의 개인카드로 사업용 물품을 구입하는 경우에는 신용카드매출전표 등 수령명세서에 거래처별 합계자료를 제출하여야 매입세액을 공제받을 수 있다.

▣ 관련 법규: 「부가가치세법」 제46조
「부가가치세법 시행령」 제88조

12. 음식점을 경영하면 농 · 수산물 매입분에 대해서도 세액을 공제 받을 수 있다.

음식점을 운영하고 있는 유신용 씨는, 세련미 넘치는 인테리어와 뛰어난 음식 맛 등으로 매출이 크게 증가하여 부가가치세 부담이 늘어나자 세무사에게 기장을 의뢰하였다.

세무사는 유신용 씨의 지금까지 신고상황을 살펴본 후, 음식업을 운영하는 사업자는 농산물 등을 구입하는 금액에 대해서도 매입세액을 공제받을 수 있으니, 앞으로는 계산서를 철저히 챙겨 받으라고 당부하면서 다음과 같이 의제매입세액에 대하여 알려 주었다.

의제매입세액 공제제도

부가가치세 납부세액은 매출세액에서 사업자가 물품 등을 구입할 때 부담한 부가가치세, 즉 매입세액을 공제하여 계산하는 것이 원칙이다.

그러나 예외적으로 부가가치세가 면제되는 농산물 · 축산물 · 수산물 · 임산물 등의 원재료를 구입, 이를 제조 · 가공하여 부가가치세가 과세되는 재화 또는 용역을 공급하는 사업자에 대하여는 원재료를 구입할 때 직접 부담한 부가가치세는 없지만, 한도액 내에서 그 구입가액의 일정율에 해당하는 금액을 매입세액으로 의제하여 매출세액에서 공제받을 수 있도록 하고 있는데, 이를 '의제매입세액 공제제도'라 한다.

공제한도액

법인사업자의 경우 해당 과세기간에 공급하는 면세 농산물 등과 관련된 사업에 대한 과세표준의 30퍼센트(2025년 12월 31일까지 50%)에 해당하는 금액에 공제율을 곱한 금액으로 하고, 개인사업자 중 음식업자의 경우에 2025년 12월 31일까지 과세표준이 1억 원 이하인 경우 75%, 1억 원 초과 2억 원 이하인 경우 70%, 2억 원 초과인 경우 60%에 해당하는 금액에 공제율을 곱한 금액으로 한다.
(개인사업자 중 기타업종은 과세표준 2억 원 이하 65%, 2억 원 초과 55%)

● 공제요건

일반과세자가 부가가치세 면제를 받고 구입한 농산물 · 축산물 · 수산물 또는 임산물을 원재료로 사용하여, 제조 · 가공한 재화 또는 용역의 공급이 부가가치세가 과세되는 경우에 적용한다.

※ 음식점업 및 제조업을 영위하는 간이과세자는 2021년 6월 30일 이전 공급 받거나 수입 신고하는 분까지 적용

◆ 면세농산물 등을 구입하여 사용할 경우 의제매입세액의 공제요건

- 사업자 등록된 부가가치세 과세사업자이어야 함
- 부가가치세 면세로 공급받은 농산물, 축산물, 수산물, 임산물이어야 함
- 농산물 등을 원재료로 하여 재화를 제조 · 가공 또는 용역을 창출하여야 함
- 제조 · 가공한 재화 또는 창출한 용역의 공급이 부가가치세가 과세되어야 함

◆ 면세농산물 등 의제매입세액의 공제대상이 되는 원재료

- 재화를 형성하는 원료와 재료이어야 함
- 재화를 형성하지는 아니하나 해당 재화의 제조 · 가공에 직접적으로 사용되는 것으로서 화학반응을 하는 물품이어야 함
- 재화의 제조· 가공과정에서 해당 물품이 직접적으로 사용되는 단용 원자재이어야 함
- 용역을 창출하는데 직접적으로 사용되는 원료와 재료이어야 함

● 공제액

면세로 구입한 농산물 등의 가액에 2/102를 곱하여 계산한 금액을 공제한다. 다만, 음식점업자가 공급받는 농산물 등에 대하여는 법인은 6/106, 개인은 8/108을 적용한다.

(단, 제조업자 중 과자점업, 도정업, 제분업, 떡류 제조업 중 떡방앗간을 경영하는 개인사업자는 6/106, 그 외 제조업을 영위하는 중소기업 및 개인 4/104, 개인음식점업자 중 과세표준 2억 원 이하인 경우는 2026년 12월 31일까지 9/109)

의제매입세액을 공제 받기 위해서는 공급받은 사실을 증명하는 서류를 제출하여야 하므로 면세사업자로부터 원재료를 구입하여야 하고, 계산서나 신용카드영수증(또는 직불카드영수증)을 받아야 한다. 제조업의 경우에는 농어민으로부터 직접 구입하는 경우에도 의제매입세액을 공제 받을 수 있으나, 의제매입세액공제신고서를 제출해야 한다.

따라서, 의제매입세액공제 대상이 되는 사업을 영위하는 사업자라면 의제매입세액공제제도를 적극 활용하는 것도 절세의 한 방법이다.

예를 들어 음식점을 운영하는 개인사업자인 유신용 씨가 6개월간 채소류 · 생선 · 육류 등을 3천만 원어치 구입했다고 하면 2,222,222원을 공제 받을 수 있으므로 그 만큼의 세금을 줄일 수 있다.

■ 관련 법규: 「부가가치세법」 제42조
「부가가치세법 시행령」 제84조

사례로 보는 세금 절약 Guide – 매입 관련

13. 거래처가 부도나서 물품대금을 받지 못한 경우에도 그 부가가치세액을 공제 받을 수 있다.

수입 가전제품 판매업을 하고 있는 장보고 씨는, 2022년 12월 거래처 A에 어음을 받고 5천 5백만 원 상당의 상품을 외상으로 판매하였으며, 2023년 1월 부가가치세 확정신고를 할 때 위 거래분에 대한 부가가치세 5백만 원도 함께 신고 · 납부하였다.

그런데 2023년 8월 거래처 A가 부도나는 바람에 상품대금을 회수할 수 없게 되었고, 결국 부가가치세 5백만 원은 받지도 못한 채 세금만 납부한 결과가 되었다.

● 대손세액 공제

사업자가 공급한 재화 또는 용역에 대한 외상매출금 및 기타 매출채권(부가가치세가 포함된 것)의 전부 또는 일부가 거래상대방의 부도 · 파산 등으로 대손되어 부가가치세를 회수할 수 없게 된 경우에는, 그 징수하지 못한 부가가치세액을 대손이 확정된 날이 속하는 과세기간의 매출세액에서 공제하여 주는데, 이를 '대손세액 공제'라 한다.

대손세액 공제제도는 거래상대방으로부터 부가가치세를 회수하지 못한 경우에 기업의 세부담을 완화시켜 주기 위한 제도이므로, 부가가치세를 신고 · 납부하지 아니한 부분에 대하여는 대손세액 공제를 받을 수 없다.

● 대손세액공제의 범위

사업자가 부가가치세가 과세되는 재화 또는 용역을 공급한 후 그 공급일로부터 10년이 지난 날이 속하는 과세기간에 대한 확정신고기한까지 확정되는 대손세액에 한하여 공제받을 수 있다.

● 대손세액공제 사유

대손세액공제를 받기 위해서는 다음 각 호의 사유에 해당하여야 한다.

① 「채무자 회생 및 파산에 관한 법률」에 따른 회생계획인가의 결정 또는 법원의 면책결정에 따라 회수불능으로 확정된 채권

② 법원의 회생계획인가 결정에 따라 채무를 출자전환하는 경우

③ 상법 · 어음법 · 수표법 · 민법에 따른 소멸시효가 완성된 채권

④ 채무자의 파산, 강제집행, 형의집행, 사업의 폐지, 사망, 실종 또는 행방불명으로 회수할 수 없는 채권

⑤ 부도발생일로부터 6개월 이상 지난 수표 또는 어음상의 채권 및 외상매출금

⑥ 중소기업의 외상매출금 및 미수금으로서 회수기일이 2년 이상 지난 외상매출금 등

⑦ 회수기일이 6개월 이상 지난 채권 중 채권가액이 30만 원 이하(채무자별 채권가액의 합계액을 기준)인 채권

대손세액공제 신고

대손세액공제를 받으려는 사업자는 위의 대손사유가 발생한 과세기간의 부가가치세 확정신고서에 대손세액공제신고서와 대손사실을 증명하는 서류를 첨부하여 관할세무서장에게 제출하여야 한다.

【대손세액공제 신청 시 구비서류】

① 파산: 매출세금계산서, 채권배분명세서

② 강제집행: 매출세금계산서, 채권배분명세서, 배당표

③ 사망, 실종: 매출세금계산서, 가정법원 판결문, 채권배분계산서

④ 회생계획인가의 결정: 매출세금계산서, 법원이 인가한 회생계획인가 결정문

⑤ 부도발생일로부터 6개월이 경과한 어음: 매출세금계산서, 부도어음

⑥ 상법상의 소멸시효: 매출세금계산서, 인적사항 · 거래품목 · 거래금액 · 거래대금의 청구내역 등 거래사실을 확인할 수 있는 서류

위 사례에서 장보고 씨의 경우는, 2024년 2월에 대손이 확정되므로 2024년 제1기 과세기간의 매출세액에서 5백만 원을 공제받을 수 있다.

▣ 관련 법규: 「부가가치세법」 제45조
「부가가치세법 시행령」 제87조

사례로 보는 세금 절약 Guide – 매입 관련

14. 폐지 · 고철 등을 수집하는 사업자는 매입액의 3/103을, 중고자동차를 수집하는 사업자는 10/110을 세액공제 받을 수 있다.

고물수집상을 운영하고 있는 김팔봉 씨는 모든 일을 긍정적으로 생각하고 묵묵히 자기 일에 최선을 다하는 사람이지만, 부가가치세를 신고할 때면 좀 억울하다는 생각을 가끔 한다.

고물을 팔 때는 제지회사나 제철소 등에 팔기 때문에 부가가치세를 꼬박꼬박 내야 하지만, 살 때는 소규모 수집상이나 개인들로부터 매입하기 때문에, 세금계산서를 받지 못해 매입세액을 거의 공제받지 못하기 때문이다.

김팔봉 씨가 매입세액을 공제받을 수 있는 방법은 없을까?

● 재활용폐자원 등에 대한 매입세액공제

정부에서는 폐자원의 수집을 원활하게 하여 환경보전을 도모할 목적으로 재활용폐자원 및 중고자동차를 수집하는 사업자가 면세사업자, 간이과세자(2021년 7월 1일 이후부터는 영수증을 발급하여야 하는 간이과세자), 개인 등 세금계산서를 발급할 수 없는 자로부터 폐자원 및 중고자동차를 매입하여 제조 가공하거나 이를 공급하는 경우,

재활용폐자원은 매입가액의 3/103(다만, 2014년 1월 1일부터 2015년 12월 31일까지 취득하는 경우에는 5/105, 중고자동차는 10/110)을 매출세액에서 공제할 수 있도록 하고 있는데, 이를 '재활용폐자원 등에 대한 매입세액공제'라 한다.

재활용폐자원 등의 매입세액공제를 받을 수 있는 사업자와 범위는 다음과 같다.

● 공제대상 사업자

- 「폐기물관리법」에 의하여 폐기물중간처리업 허가를 받은 자 또는 폐기물 재활용 신고를 한 자
- 「자동차관리법」에 따라 자동차매매업 등록을 한 자
- 「한국환경공단법」에 따른 한국환경공단
- 조세특례제한법 시행령 제110조제4항제2호의 중고자동차를 수출하는 자
- 기타 재활용폐자원을 수집하는 사업자로서 재생재료 수집 및 판매를 주된 사업으로 하는 자

● 재활용폐자원의 범위

고철, 폐지, 폐유리, 폐합성수지, 폐합성고무, 폐금속캔, 폐건전지, 폐비철금속류, 폐타이어, 폐섬유, 폐유, 중고자동차

● 공제신고 시 제출서류

① 재활용폐자원 등의 매입세액공제 신고서
② 매입처별계산서합계표 또는 영수증

● 재활용폐자원 등의 매입세액 공제율은 다음과 같다.

◆ 재활용폐자원: 취득가액 × 3/103

☞ 취득가액 공제한도액: 해당 과세기간 재활용폐자원과 관련한 과세표준 × 80% - 세금계산서를 교부받고 매입한 재활용폐자원 매입가액

【재활용폐자원 공제한도액 계산 사례】

- 당기 과세표준: 2억 원 - 세금계산서 수취 폐자원 매입금액: 5천만 원
- 면세사업자로부터 매입한 재활용폐자원 금액: 1억 4천만 원

☞ 공제한도액 계산: 2억 원 × 80% - 5천만 원 = 1억 1천만 원
재활용폐자원 매입세액: 1억 1천만 원 × 3/103 = 3,203,883원(재활용폐자원 매입금액은 1억 4천만 원이나 한도 1억 1천만 원을 초과하므로 한도 초과분 3천만 원은 매입세액을 공제받을 수 없음)

◆ 중고자동차: 취득가액 × 10/110

● 재활용폐자원의 부당공제 유형

- 일반규모 미등록자로부터 매입하여 공제받는 경우
- 사망자, 노숙자, 해외이주자 등으로부터 매입하여 부당공제받는 경우
- 일반과세자로부터 매입하여 공제받는 경우
- 재활용폐자원 매입세액 공제한도를 초과한 경우
- 공제 신고서상 공급자의 주민등록번호가 사실과 다른 경우

▣ 관련 법규: 「조세특례제한법」 제108조
「조세특례제한법 시행령」 제110조

사례로 보는 세금 절약 Guide – 매입 관련

15. 간이과세자에서 일반과세자로 변경되는 경우에는 재고품을 신고하여 매입세액을 공제 받도록 하자.

그동안 간이과세자로 화장품 소매업을 경영하여 오던 정소매 씨는 일반과세자로 전환된다는 통지서를 받았다.

통지서를 보니, 일반과세자로 전환되는 경우에는 전환 당시에 보유하고 있는 재고품 및 감가상각자산에 대하여 재고매입세액을 공제 받을 수 있으니 신고하라고 한다.

재고매입세액이란 무엇이며, 재고품을 신고하면 어떠한 혜택이 있는 것일까?

● 재고매입세액 공제

재고매입세액은 재고납부세액의 반대의 경우로 간이과세자에서 일반과세자로 변경되는 경우 신고한 재고품, 건설중인 자산 및 감가상각자산의 재고매입세액신고 후, 관할세무서장의 승인을 얻은 날이 속하는 예정신고기간 또는 확정신고기간의 매출세액에서 공제하여 주는 제도이다.

즉, 간이과세자이었을 때 공급대가의 0.5%(2021년 6월 30일 이전 수취분은 매입세액의 부가율)만큼만 공제받았으므로 이를 일반과세자이었을 경우로 간주하여 공제받지 못한 부분을 추가 공제해 주는 것이다.

● 재고매입세액 공제대상

① 상품, 제품(반제품 및 재공품 포함)

② 재료, 부재료

③ 건설중인 자산

④ 감가상각자산(건물 · 구축물은 10년 이내의 것, 기타 감가상각자산은 2년 이내의 것)

● 재고매입세액의 계산

【2021년 6월 30일 이전 수취분 재고매입세액 계산 산식】

① 재고품: 재고금액 × 10/110 × (1 - 당해 업종 부가율)

② 건설중인 자산: 해당 건설중인 자산과 관련된 공제대상 매입세액 × (1 - 당해 업종 부가율)

③ 감가상각자산(취득)

㉠ 건물 또는 구축물: 취득가액(VAT 포함) × [1 - 10/100 × 경과된 과세기간수] × 10/110 × (1 - 당해 업종 부가율)

㉡ 그 밖의 감가상각자산: 취득가액(VAT 포함) × [1 - 50/100 × 경과된 과세기간수] × 10/110 × (1 - 당해 업종 부가율)

④ 감가상각자산(자체 제작)

㉠ 건물 또는 구축물: 공제대상 매입세액 × [1 - 10/100 × 경과된 과세기간수] × (1 - 당해 업종 부가율)

㉡ 그 밖의 감가상각자산: 공제대상 매입세액 × [1 - 50/100 × 경과된 과세기간수] × (1 - 당해 업종 부가율)

【2021년 6월 30일 이전 업종별 부가가치율】

- 전기 · 가스 · 수도 5%, 소매업 · 재생용 재료수집 및 판매업 · 음식점업 10%
- 제조업 · 농업 · 어업 · 임업 · 숙박업 · 운수 및 통신업 20%, 건설업 · 부동산 임대업 · 기타 서비스업 30%

【2021년 7월 1일 이후 수취분 재고매입세액 계산 산식】

① 재고품: 재고금액 × 10/110 × (1 - 0.5% × 110/10)

② 건설중인 자산: 해당 건설중인 자산과 관련된 공제대상 매입세액 × (1 - 0.5% × 110/10)

③ 감가상각자산(취득)

㉠ 건물 또는 구축물: 취득가액(VAT 포함) × [1 - 10/100 × 경과된 과세기간수] × 10/110 × (1 - 0.5% × 110/10)

㉡ 그 밖의 감가상각자산: 취득가액(VAT 포함) × [1 - 50/100 × 경과된 과세기간수] × 10/110 × (1 - 0.5% × 110/10)

④ 감가상각자산(자체 제작)

㉠ 건물 또는 구축물: 공제대상 매입세액 × [1 - 10/100 × 경과된 과세기간수] × (1 - 0.5% × 110/10)

㉡ 그 밖의 감가상각자산: 공제대상 매입세액 × [1 - 50/100 × 경과된 과세기간수] × (1 - 0.5% × 110/10)

● 재고매입세액의 신고

간이과세자가 일반과세자로 변경되는 경우에는 그 변경되는 날 현재에 있는 재고품(상품, 제품, 재료), 건설중인 자산 및 감가상각자산에 대하여 일반과세 전환 시의 재고품등 신고서를 작성하여 그 변경되는 날의 직전 과세기간에 대한 신고와 함께 각 납세지 관할세무서장에게 신고하여야 한다.

■ 관련 법규: 「부가가치세법」 제44조
「부가가치세법 시행령」 제86조, 제111조

사례로 보는 세금 절약 Guide – 매입 관련

16. 면세사업자가 수출을 하는 경우 면세포기를 하면 매입세액을 환급받을 수 있다.

농산물 도매업을 하는 오종자 씨는 10개월 전부터 대만으로 사과를 수출하고 있다. 그동안 수출을 하면서 운송료, 창고사용료, 포장비 등으로 1억 1천만 원을 지출하였으나, 면세사업자이기 때문에 이에 대한 매입세액 1천만 원을 공제받거나 환급을 받지 못했다.

면세사업자도 매입세액을 환급받을 수 있다고 하는데 어떤 경우인가?

부가가치세가 면제되는 재화나 용역을 공급하는 사업자를 '면세사업자'라 하는데, 면세사업자는 부가가치세를 내지 않는 반면에, 물건 등을 구입할 때 부담한 매입세액도 공제 받지 못한다.

따라서 매입세액이 원가에 산입되기 때문에 가격경쟁력 면에서 그만큼 불리하게 된다.

이러한 불이익을 제거하기 위하여 부가가치세법에서는 특정한 재화 또는 용역을 공급하는 경우 면세를 포기하고 과세사업자로 적용받을 수 있도록 하고 있다.

● 면세포기

부가가치세가 면제되는 재화나 용역을 공급하는 사업자를 면세사업자라 하는데 면세사업자는 운송료, 포장비 등 매입할 때 부담한 부가가치세를 공제 받지 못하기 때문에 부가가치세를 원가에 산입하여 가격경쟁력이 불리하게 된다. 이러한 불이익을 제거하기 위하여 부가가치세법에서는 수출하는 경우와 같이 영세율이 적용되는 경우에 한하여 면세를 포기하고 과세사업자로 적용받을 수 있도록 하고 있다.

● 면세포기의 신고

◆ 면세포기를 원하는 사업자는 다음 각 호의 사항을 적은 면세포기신고서를 관할세무서장에게 제출하여야 하며, 이 경우 관할세무서장은 지체없이 사업자등록을 하여야 한다.

① 사업자의 인적사항 ② 면세를 포기하려는 재화 또는 용역 ③ 그 밖의 참고사항

◆ 면세포기의 효력은 사업자등록을 한 이후 거래분부터 적용되며 사업자등록 신청과 함께 면세포기를 신청한 경우에는 사업개시일부터 적용된다.

◆ 면세포기를 하면 3년간은 부가가치세 면제를 받지 못하므로 일시적으로 수출을 하는 경우에는 면세포기를 하는 것이 유리한지 아니면 면세적용을 받는 것이 유리한지를 따져보고 판단하여야 한다.

● 면세 재적용 신고의 절차

면세포기를 신고한 사업자는 신고한 날로부터 3년간 부가가치세를 면제받지 못하며 3년이 지난 뒤 부가가치세를 면제받으려면 면세적용신고서를 제출하여야 하며 면세적용신고서를 제출하지 아니하면 계속하여 면세를 포기한 것으로 본다.

▣ 관련 법규: 「부가가치세법」 제28조
「부가가치세법 시행령」 제57조

납세자가 자주 묻는 상담사례 Top10 – 부가가치세

Q1

[사업자등록]

인터넷을 통해서 물품을 판매할 경우에 사업자등록 신청을 반드시 해야 하나요?

A1

일회성이 아닌 계속적 · 반복적으로 재화 또는 용역을 공급하는 경우에는 사업자에 해당하는 것으로서 사업자등록 및 세금 신고 등 세법에서 규정하고 있는 의무를 이행하여야 합니다.

온라인 통신망 및 SNS 채널 등을 통하여 계속 · 반복적으로 물품을 판매하는 경우 통신판매업 신고 여부와 관계없이 사업자등록을 하여야 하며, 사업자등록을 신청하지 않고 사업을 영위하는 경우에는 가산세 부과 등 불이익을 받게 되므로 사업을 시작한 날로부터 20일 이내에 사업자등록을 신청하여야 합니다.

판매할 재화나 용역이 부가가치세 면세 대상인 경우에는 면세사업자로 등록하며, 부가가치세 과세대상에 해당하는 경우에는 일반과세자와 간이과세자 중 적합한 유형을 확인하여 사업자등록을 하여야 합니다.

길라잡이

● 사업자등록 관련 업종구분

업종구분	업종코드	적용범위
통신판매업 (전자상거래 소매업)	525101	일반 대중을 대상으로 온라인 통신망(사회관계망 서비스(SNS) 채널은 제외)을 통하여 각종 상품을 소매하는 산업활동 (예시) 전자상거래, 오픈마켓 판매
통신판매업 (기타 통신판매업)	525102	온라인 통신망 이외의 기타 통신수단에 의하여 각종 상품을 소매하는 산업활동 (예시) 인쇄물 광고형 소매, 전화 소매, TV홈쇼핑 등
통신판매업 (전자상거래 소매중개업)	525103	개인 또는 소규모업체가 온라인상에서 재화나 용역을 판매할 수 있도록 중개업무를 담당하는 산업활동 (예시) 소셜커머스, 전자상거래 소매중개(오픈마켓 사업자)
통신판매업 (SNS마켓)	525104	블로그 · 카페 등 각종 사회관계망서비스(소셜네트워크서비스, SNS) 채널을 이용하여 물품판매, 구매 알선, 중개 등을 통해 수익을 얻는 산업활동 (예시) 소셜커머스

▶ 관련 법규

- 납세의무자(「부가가치세법」 제3조)
- 사업자등록(「부가가치세법」 제8조, 동법 시행령 제11조)

Q2

[등록 전 매입세액]

사업을 운영하려고 준비 중입니다. 사업 준비 단계에서 발생한 비용에 대해서 매입세액 공제를 받을 수 있나요?

A2

사업자등록을 신청하기 전에 발생한 매입세액은 매출세액에서 공제하지 아니하나, 동 매입세액이 과세사업과 관련된 지출에 대한 매입세액에 해당하는 경우로서 공급시기가 속하는 과세기간이 끝난 후 20일 이내에 사업자등록을 신청한 경우에는 등록신청일부터 공급시기가 속하는 과세기간 기산일(1. 1. 또는 7. 1.)까지 역산한 기간 내의 것은 매입세액을 공제받을 수 있습니다.

이 경우 사업자등록증 발급일까지의 거래에 대하여는 해당 사업자 또는 대표자의 주민등록번호를 기재하여 세금계산서(신용카드 매출전표 등 포함)를 발급받아야 합니다.

길라잡이

- 등록 전 매입세액 공제 사례

· 1기(1. 1. ~ 6. 30.)에 매입이 발생한 경우: 7. 20.까지 사업자등록 신청 시 매입세액 공제 가능

· 2기(7. 1. ~ 12. 31.)에 매입이 발생한 경우: 익년 1. 20.까지 사업자등록 신청 시 매입세액 공제 가능

- 등록 전 매입세액 공제 적용시기

세금계산서를 수취한 날이 속하는 과세기간에 매출세액에서 공제하거나 환급세액에 가산합니다.
(예시) 사업개시일이 7. 1.이고 6. 30.을 작성일자로 하여 세금계산서를 발급받은 경우: 1기(1. 1. ~ 6. 30.) 신고 시 반영

▶ 관련 법규

- 공제하지 아니하는 매입세액(「부가가치세법」 제39조제1항제8호, 동법 시행령 제75조제1호)

Q3

[예정고지]
세무서에서 예정고지서를 받았는데 금액을 꼭 납부하여야 하는지 궁금합니다. 납부하지 않고 나중에 확정신고할 때 한꺼번에 반영해도 되나요?

A3

부가가치세 과세기간은 6개월 단위로 각 과세기간이 끝난 후 25일 이내에 관할세무서장에게 부가가치세를 신고 · 납부하여야 하며, 과세기간 앞부분 3개월(1. 1. ~ 3. 31., 7. 1. ~ 9. 30.)을 예정신고기간으로 구분하여 예정신고를 하도록 하고 있습니다.

개인사업자와 소규모 법인사업자*의 경우 사업규모가 영세한 점을 고려하여 예정신고 없이 관할세무서장이 직전 과세기간에 대한 납부세액에서 일정한 금액을 차감한 후 1/2 상당액을 예정고지서에 의하여 징수하며, 징수하여야 할 금액이 50만 원 미만인 경우 등 일부 사업자의 경우 예정고지 대상에서 제외됩니다.

* 소규모 법인사업자: 직전 과세기간 공급가액의 합계액이 1억 5천만 원 미만인 법인사업자

다만, 예정고지를 받은 사업자 중 사업부진 등으로 직전 과세기간 대비 공급가액 또는 납부세액이 1/3에 미달하거나 영세율 매출 · 사업설비 매입 등으로 조기환급을 받고자 하는 경우에는 예정신고를 할 수 있으며, 이 경우 예정고지 결정은 없었던 것으로 보게 되어 추후 예정고지가 취소되므로 예정고지세액을 납부하지 않아도 됩니다.

예정신고 대상에 해당하지 않는 경우 예정고지세액은 납부여부와 관계없이 확정신고 시 납부할 세액에서 차감하여 신고하는 것이며, 고지서상 납부기한이 경과하는 경우에는 체납세액에

해당하여 납부지연가산세를 추가로 부담하게 될 수 있으므로 유의하시기 바랍니다.

길라잡이

- 예정고지세액, 예정신고 대상자 여부 조회 방법

홈택스(www.hometax.go.kr) 〉 세금신고 〉 부가가치세 신고 〉 신고도움 자료 조회 〉 예정고지(부과) 대상자 조회

▶ 관련 법규

- 예정신고와 납부(「부가가치세법」 제48조, 동법 시행령 제90조)

Q4

[수정세금계산서, 대손세액공제]
건설업을 영위하고 있는 사업자입니다. 공사금액에 대해서 세금계산서를 발급했는데 거래처가 대금도 지급하지 않고 연락이 되지 않는 상황입니다. 이 경우 세금계산서를 수정 발급할 수 있나요?

A4

재화 또는 용역의 공급이 이루어진 경우에는 대금을 지급받지 못한 경우에도 계약 등에 따라 확정된 공급가액에 대하여 세금계산서를 발급하고 부가가치세를 신고 · 납부하여야 합니다.

실제 거래 후 대금을 지급받지 못했다고 하더라도 세금계산서를 수정할 수 없는 것이며, 공급자가 임의로 수정세금계산서를 발급하는 경우에는 추후 가산세 부과 등 불이익을 받을 수 있습니다.

다만 공급받는 자의 파산, 강제집행, 기타 사유 등으로 인하여 채권이 대손되어 회수할 수 없는 경우에는 그 대손확정일이 속하는 부가가치세 확정신고 시 「대손세액공제신고서」를 제출하여 대손세액을 공제할 수 있습니다.

길라잡이

- **수정세금계산서 발급사유**

· 처음 공급한 재화가 환입된 경우
· 계약의 해제로 재화 또는 용역이 공급되지 아니한 경우
· 계약의 해지 등으로 공급가액에 추가 또는 차감되는 금액이 발생한 경우
· 내국신용장 등이 사후에 개설된 경우
· 필요적 기재사항 등이 착오 또는 착오 외의 사유로 잘못 기재된 경우
· 착오로 전자세금계산서를 이중으로 발급한 경우
· 면세 등 발급대상이 아닌 거래 등에 대하여 발급한 경우
· 세율을 잘못 적용하여 발급한 경우

길라잡이

- 대손세액공제 사유

· 상법 · 어음법 · 수표법 · 민법에 따른 소멸시효가 완성된 채권

· 「채무자 회생 및 파산에 관한 법률」에 따른 회생계획인가의 결정 또는 법원의 면책결정에 따라 회수불능으로 확정된 채권

· 채무자의 파산, 강제집행, 형의 집행, 사업의 폐지, 사망, 실종 또는 행방불명으로 회수할 수 없는 채권

· 부도발생일로부터 6개월 이상 지난 수표 또는 어음상의 채권 및 외상매출금

· 중소기업의 외상매출금 및 미수금으로서 회수기일이 2년 이상 지난 외상매출금 등

· 회수기일이 6개월 이상 지난 채권 중 채권가액이 30만 원 이하(채무자별 채권가액 합계액 기준) 등

▶ 관련 법규

- 세금계산서 등(「부가가치세법」 제32조제7항, 동법 시행령 제70조)
- 대손세액의 공제특례(「부가가치세법」 제45조, 동법 시행령 제87조)

Q5

[과세사업자의 부동산 양도]

임대 목적으로 상가를 취득하면서 건물에 대한 부가가치세를 환급 받았습니다. 현재 임대중인 상가를 다른 사람에게 양도하려고 하는데 이전에 환급받았던 부가가치세를 다시 납부 해야 하나요?

A5

부가가치세가 과세되는 사업을 영위하던 사업자가 폐업 전에 부동산을 양도하는 경우에는 재화의 공급에 해당하는 것으로서, 당초 환급받은 부가가치세액과 관계없이 부동산 매각대금 중 건물가액 상당액을 공급가액으로 하여 부가가치세를 신고 · 납부하는 것입니다.

다만, 일정한 요건을 충족하는 사업의 양도*에 해당하는 경우에는 재화의 공급으로 보지 아니하므로 양도 · 양수자간에 부가가치세를 거래 징수하지 않는 것이며, 사업의 양도(사업의 양도에 해당하는지 여부가 불분명한 경우 포함) 시 양수받는 자가 부가가치세를 대리납부하는 경우에는 재화의 공급으로 봄에 따라 부가가치세를 거래 징수할 수 있습니다(양수자 대리납부제도).

* 사업의 양도: 사업장별로 그 사업에 관한 모든 권리와 의무를 포괄적으로 승계시키는 것

부동산을 양도하지 아니하고 폐업하게 되는 경우에는 실제 재화의 공급은 이루어지지 않았으나 사업자가 폐업할 때 자기생산 · 취득재화* 중 남아있는 재화는 자기에게 공급하는 것으로 보아 부가가치세가 과세됩니다.

* 자기생산 · 취득재화: ① 매입세액이 공제된 재화 ② 사업의 양도로 취득한 재화로서 사업 양도자가 매입세액을 공제받은 재화 ③ 내국신용장 또는 구매확인서에 따른 수출에 해당하여 영세율을 적용받는 재화

납세자가 자주 묻는 상담사례 Top10 – 부가가치세

길라잡이

● 과세사업에 사용하던 부동산을 양도하는 경우 과세 사례

<table>
<tr><th colspan="2">폐업 전에 부동산을 양도하는 경우
☞ 재화의 공급</th><th rowspan="2">폐업 이후 부동산을 양도하는 경우
☞ 간주공급(폐업 시 잔존재화)</th></tr>
<tr><th>일반적인 경우</th><th>사업의 양도에 해당하는 경우</th></tr>
<tr><td rowspan="2">양도가액 중
건물가액에
대하여
부가가치세 과세</td><td>부가가치세가 과세되지 않음
(재화의 공급으로 보지 않음)</td><td>폐업 시 남아있는 재화를 자기에게 공급한 것으로 보아 부가가치세 과세
· 과세표준 = 취득가액 ×
(1 – 5% × 경과된 과세기간의 수)</td></tr>
<tr><td>양수자 대리납부 제도를
이용하는 경우에는
재화의 공급에 해당</td><td>다음의 경우 부가가치세가 과세되지 않음
· 재화가 사업에 실제 사용된 날로부터 10년 이상 경과한 경우
· 당초 매입세액을 공제받지 아니한 경우</td></tr>
</table>

▶ 관련 법규

- 재화의 공급(「부가가치세법」 제9조)
- 재화 공급의 특례(「부가가치세법」 제10조, 동법 시행령 제23조)

Q6

[단순가공식료품 면세]
당사에서 제조한 김치 및 게장을 상품 종류 및 규격별로 고유상표를 부착하여 용기에 포장하고 있습니다. 이 경우 김치 및 게장의 판매는 면세인지요?

A6

독립된 거래단위로 관입, 병입 또는 이와 유사한 형태로 포장되어 판매하는 경우에는 부가가치세 과세대상이었으나,

민생안정 지원 대책의 일환으로 부가가치세법 시행규칙 별표1 개정(2022.7.1. 시행)됨에 따라 제조시설을 갖추고 단순가공식료품(데친 채소류 · 김치 · 단무지 · 장아찌 · 젓갈류 · 게장 · 두부 · 메주 · 간장 · 된장 · 고추장)을 독립된 거래단위로 관입, 병입 또는 이와 유사한 형태로 포장되어 판매하는 경우 2025. 12. 31. 까지 공급분에 대하여는 부가가치세가 면제되는 것입니다.

길라잡이

● 면세하는 미가공식료품 등의 범위

부가가치세법 시행규칙 [별표 1]

면세하는 미가공식료품 분류표(제24조제1항 관련)

구분	관세율표 번호	품 명
12. 그 밖에 식용으로 제공되는 농산물, 축산물, 수산물 또는 임산물과 단순가공 식료품		⑤ 데친 채소류 · 김치 · 단무지 · 장아찌 · 젓갈류 · 게장 · 두부 · 메주 · 간장 · 된장 · 고추장 (제조시설을 갖추고 판매목적으로 독립된 거래단위로 관입 · 병입 또는 이와 유사한 형태로 포장하여 2026년 1월 1일부터 공급하는 것은 제외하되, 단순하게 운반편의를 위하여 일시적으로 관입 · 병입 등의 포장을 하는 경우를 포함한다)

▶ 관련 법규

- 면세하는 미가공식료품 등의 범위(「부가가치세법 시행령」 제34조, 같은 법 시행규칙 제24조 및 같은 법 시행규칙 별표 1)

Q7

[동물진료용역 면세]

반려견을 키우는 견주입니다. 반려견의 골절이 의심되어 동물병원에서 X-ray 촬영을 하려는데요, 최근 법령 개정으로 X-ray 촬영이 부가가치세 면세로 바뀐 것이 맞는 것인지요?

A7

반려동물의 영상진단의학적 검사(X-ray, 초음파, CT, MRI 등) 용역을 공급받는 경우 기존에는 부가가치세가 과세되었던 것이나,

반려동물 양육가구의 동물 진료비 부담을 완화하고자, 2023. 10. 1. 이후 영상진단의학적 검사(X-ray, 초음파, CT, MRI 등)용역을 공급받는 경우 부가가치세가 면제되는 것입니다.

상기 영상진단의학적 검사 외 진찰, 입원 등 다수의 항목이 당초 과세에서 면세로 변경된 점 참고하시기 바랍니다.

길라잡이

● 반려동물 진료비 부가가치세 면제 확대

진료용역의 분류	당초 (질병 예방 목적의 진료용역)	2023.10.1. 이후 면세 확대 (질병 예방 목적외 치료 목적 추가)
진찰 및 입원	-	▸ 진찰, 입원관리
접종 및 투약	▸ 예방접종: - DHPPL(종합백신) - 광견병 - 신종플루 - 전염성기관지염 - 코로나장염 - FVRC(고양이종합백신) - 전염성복막염 - 고양이백혈병바이러스 - 고양이ringworm백신 ▸ 약: - 심장사상충, 회충약 등 예방약 투약 - 옴, 진드기, 벼룩, 사상균증 등 피부 질환 및 외부기생충 예방제 도포	▸ 예방접종, 조제/투약 ※ 예방접종, 조제/투약은 항목 신설로 산정(기존 제한적 범위를 삭제) ※ 완제품 형태의 제제를 동물병원 내 단순 구입하는 경우는 과세

진료용역의 분류	당초 (질병 예방 목적의 진료용역)	2023.10.1. 이후 면세 확대 (질병 예방 목적외 치료 목적 추가)
검사	▸ 검사: 병리학적 검사	▸ (기존)병리학적 검사(혈액, 조직, 세포, 뇨, 분변, 항생제감수성, 전염병키트검사 등)
		▸ 영상진단의학적 검사(X-ray, 초음파, CT, MRI 등)
		▸ 계통별 기능검사(순환기계, 신경계, 안과계, 근골격계 등)
		▸ 내시경검사(내시경, 검이경 등)
증상에 따른 처치	–	▸ 구토, 설사, 기침, 소양증, 발작, 황달, 파행, 호흡곤란, 혈변, 혈뇨, 마비 증상에 따른 처치
질병의 예방 및 치료	▸ 수술: 중성화 수술	▸ 내과/피부과: 외이염, 아토피성 피부염, 위장염, 식이 알러지, 기관지염, 방광염, 췌장염, 피부사상균증, 점액성 이첨판막변성, 만성 신부전, 비심인성 폐수종, 부신피질기능 항진증, 고혈압, 당뇨병, 단두종증후군, 간질, 폐렴, 급성신부전, 심장사상충증
		▸ 안과: 결막염, 유루증, 고양이 허피스 각막염, 각막궤양, 백내장, 건성각결막염, 안검염, 각막염(비궤양성), 포도막염, 녹내장, 각막이상증, 제3안검 탈출증, 고양이 호산구성 각결막염, 첩모중생, 초자체변성, 상공막염, 안검종양, 첩모난생, 안검내번 · 외번
		▸ 외과: (기존)중성화 수술, 무릎뼈 탈구, 고양이 회음 요도루 창냄술, 유선 종양, 추간판 질환, 위내 이물, 제대 탈장, 자궁축농증, 전방십자 인대 파열, 항문낭염, 고관절 이형성증, 장내 이물, 담낭점액낭종, 비장종양, 골절, 방광결석, 식도 이물, 담석증, 드레싱
		▸ 응급중환자의학과: 위장관 출혈(혈토, 혈변), 심인성 폐수종, 빈혈, 백혈구 이상, 고양이 비대성 심근병증, 고혈당, 복막염, 흉수, 혈소판 감소증, 중독, 저혈당, 위장관 폐색, 핍뇨, 부정맥, 급성호흡곤란증후군, 응고장애, 혈전질환, 심폐소생술, 쇼크처치, 산소공급
		▸ 치과: 구내염, 치은염, 고양이치아흡수성병변, 치근단농양, 발치, 스케일링

▶ 관련 법규

- 면세하는 동물진료용역 범위(「부가가치세법 시행령」 제35조)
- 농림축산식품부 고시 부가가치세 면제대상인 동물의 진료용역 및 별표

Q8

[미용실 간이과세 적용 여부]

미용실을 운영하는 간이과세자입니다. 도매업 사업자를 신규로 발급받고자 하는데, 도매업은 간이과세가 불가하여 일반과세로 사업자등록 시 기존 미용실 간이과세자도 일반과세자로 전환되는 것인지요?

A7

일반적으로 간이과세가 적용되지 아니하는 다른 사업장(일반)을 보유하고 있는 사업자는 일반과세자로 전환되어야 하는 것이나,

미용업의 경우에는 일반과세자의 신설에도 불구하고 직전연도 공급대가 합계액이 1억 400만 원에 미달하는 경우에는 간이과세자로 과세유형이 유지되는 것입니다.

길라잡이

- 일반과세 다른 사업장 보유 등에 따른 일반과세 전환 예외 업종
  (직전연도 공급대가 합계액 1억 400만 원 미달 전제)

  개인택시운송업, 용달 및 개별화물자동차운송업, 그 밖의 도로화물 운송업, 이용업 및 미용업

▶ 관련 법규

- 간이과세의 적용 범위(「부가가치세법」 제61조제1항, 같은 법 시행령 제109조1항 및 「조세특례제한법」 제106조제5항)

Q9

[간이과세자 부가가치세액 거래징수 미적용]
세금계산서 발급 의무가 있는 공인중개사 간이과세자입니다. 손님에게 중개보수에 따른 세금계산서 발급 시 법정 중개보수 내에서 부가가치세액을 거래징수 할 수 있는지요?

A9

일반과세자의 거래징수 규정은 간이과세자에게는 적용되지 않습니다. 세금계산서 발급의무가 있는 간이과세자의 경우에도 마찬가지인 것입니다.

다만, 간이과세자의 부가가치세 과세표준은 부가가치세가 포함된 공급대가인 것이므로, 거래상대방과 계약 시 귀 사업자가 납부하게 될 세액을 포함하여 중개보수를 결정할 수는 있는 것입니다. (해당 거래금액이 법정 중개보수를 초과하는 지 여부는 공인중개사법에 따라 결정될 사항입니다.)

길라잡이

- 간이과세자인 공인중개사의 부가가치세액 거래징수 미적용

서면-2016-법령해석부가-5318[법령해석과-4061], 생산일자: 2016.12.14.
기획재정부 부가가치세제과-415, 생산일자: 2016.08.30.
서면-2016-부가-2959[부가가치세과-234], 생산일자: 2016.02.02.
기획재정부 부가가치세제과-70, 생산일자: 2015.01.19.
(회신) 부가가치세법 제61조에 따른 간이과세자인 공인중개업자는 부가가치세가 포함된 중개보수를 수령하는 것이며, 부가가치세법 제31조에 따른 거래징수 규정이 적용되지 않는 것임.

▶ 관련 법규

- 부가가치세 거래징수(「부가가치세법」 제31조)
- 간이과세의 과세표준과 세액(「부가가치세법」 제61조 및 제63조)

Q10 [간이과세자 납부의무 면제]

간이과세자는 연매출액이 4,800만 원 미만이면 부가가치세 납부의무가 없다는데, 신고를 꼭 해야 하는지요?

A10 간이과세자는 납부의무가 면제되더라도 부가가치세 신고를 하여야 합니다. 다만, 과세유형전환에 따른 재고품등 재고납부세액과 사업자미등록가산세는 납부의무 면제 규정이 적용되지 아니하여 해당 세액 및 가산세는 납부하여야 하는 것입니다.

※ 간이과세자가 예정부과기간(1월~6월)에 대한 예정신고 시 공급대가 4,800만 원 미만이면 납부의무가 면제됩니다.

길라잡이

- 간이과세자 납부의무 면제

해당 과세기간 공급대가 합계액이 4,800만 원 미만이면 납부의무를 면제하여 신규사업자, 휴업자, 폐업자 및 과세유형전환 간이과세자의 경우 공급가액 합계액을 12개월로 환산하여 판단합니다.

(예시) [환산공급대가] 해당간이과세기간 공급대가가 2,000만 원인 경우

구분	환산공급대가(공급대가 × 12개월/사업개월수)	납부의무 면제
8월 1일 사업개시	4,800만 원(2,000만 원 × 12개월/5개월)	×
4월 1일 ~ 9월 30일 휴업	4,000만 원(2,000만 원 × 12개월/6개월)	○
4월 30일 폐업	6,000만 원(2,000만 원 × 12개월/4개월)	×
과세유형전환(간이 · 일반) (7월 1일 전환)	4,000만 원(2,000만 원 × 12개월/6개월)	○

▶ 관련 법규

- 간이과세자 신고납부(「부가가치세법」 제67조)
- 간이과세자 납부의무면제(「부가가치세법」 제69조제1항)

02

사업 운영 단계 (사업자의 세금 신고 · 납부)

종합소득세 확정신고 · 납부

| 종합소득세 확정신고 개요

2024년 5월은 지난 해(2023년 귀속)의 종합소득에 대한 소득세를 신고 · 납부하는 달입니다. 법에서 정한 종합소득(이자 · 배당 · 사업 · 근로 · 연금 · 기타소득)이 있는 사람은 5월 1일부터 5월 31일까지 신고서를 작성하여 주소지 관할세무서장에게 신고 · 납부하여야 합니다.

- 성실신고확인대상자로서 성실신고확인서를 제출하는 경우는 5월 1일부터 6월 30일까지 신고 · 납부

● 신고대상자

- 거주자: 국내 · 외에서 발생한 소득 중 종합소득금액이 있는 사람 및 법인으로 보는 단체 외의 법인 아닌 단체
- 비거주자: 국내에서 발생한 원천소득 중 종합소득금액이 있는 사람 및 법인으로 보는 단체 외의 법인 아닌 단체

● 신고대상 소득

- 종합소득금액: 이자 · 배당 · 사업 · 근로 · 연금 · 기타소득금액을 합계하여 종합소득세 확정신고(별지 제40호 서식)*를 합니다.
- 퇴직 · 양도소득: 종합소득과 구분하여 별개로 확정신고(별지 제40호의2 및 제84호 서식)**를 하여야 합니다.

* 서식은 p146 자료 참고

* * 서식은 p147, p149 자료 참고

● 신고기간(2024년 신고분)

구분	과세기간	신고기간
일반적인 경우	2023. 1. 1. ~ 12. 31.	2024. 5. 1. ~ 5. 31.
성실신고확인 대상자*로서 성실신고 확인서를 제출하는 경우	2023. 1. 1. ~ 12. 31.	2024. 5. 1. ~ 7. 1.
과세기간 중 사망(출국) 시	2023. 1. 1. ~ 사망(출국)일	상속개시일이 속하는 달의 말일부터 6개월이 되는 날 (또는 출국일 전날)까지
2024. 1. 1. ~ 5. 31. 중 사망(출국**) 시	2023. 1. 1. ~ 12. 31. 2024. 1. 1. ~ 사망(출국)일	

* p145 참고

* * (출국자 구분신고) 사업소득이 있는 거주자가 사업장을 폐업하지 아니하고 이민 등으로 출국하는 경우에 출국일이 속하는 과세기간의 과세표준은 출국일 전날까지 신고해야 하며, 출국하는 다음날부터 국내사업장을 폐업하는 날까지는 비거주자로서 국내원천소득을 종합하여 신고하여야 합니다.

확정신고를 하지 않아도 되는 경우

- 근로소득, 퇴직소득, 공적연금소득만 있는 자에 대하여 원천징수의무자가 법에 따라 소득세를 원천징수한 경우(단, 근로소득 및 공적연금소득 연말정산 시 공제 등을 적용받지 못한 경우 증빙서류를 첨부하여 소득세 확정신고를 통하여 추가로 공제받을 수 있음)
- 보험모집인 · 방문판매원 · 음료품배달원의 사업소득으로서 연말정산을 완료한 경우(단, 간편장부대상자로서 해당 과세기간에 다른 소득이 없을 경우에 한함)
- 원천징수되는 기타소득으로서 종교인소득만 있는 자(2018년 1월 1일부터)
- 원천징수된 이자 · 배당소득만 있는 사람으로 금융소득종합과세 기준금액 미달 소득자
- 일용근로소득만 있는 자

확정신고를 반드시 해야 하는 경우

- 일용근로자 외의 자로서 2인 이상으로부터 받는 근로소득 · 공적연금소득 · 종교인소득(2018년 1월 1일부터) 또는 연말정산대상 사업소득이 있는 자로서 연말정산 시에 합산신고하지 아니한 자 및 2인 이상으로부터 받는 퇴직소득을 합산신고하지 아니한 자
- 보험모집인 · 방문판매원 · 음료품배달원 사업소득이 있는 사람이 연말정산 방법으로 신고하지 않았거나, 2인 이상의 사업자로부터 소득을 받았으나 합산하여 연말정산하지 않은 경우
- 근로소득(일용근로소득 제외), 연금소득, 퇴직소득 · 종교인소득 또는 연말정산대상 사업소득이 있는 자에 대하여 원천징수의무자가 연말정산에 의하여 소득세를 납부하지 아니한 경우

개인지방소득세 신고

2020년 1월 1일부터 개인지방소득세는 지방자치단체의 장에게 별도로 신고하여야 합니다. 홈택스로 소득세를 신고하시면 홈택스(국세) · 위택스(지방세) 실시간 연계시스템을 통해 개인지방소득세까지 한번에 편리하게 신고할 수 있습니다.

종합소득세 납부 및 환급

납부

자진납부계산서(영수증서)에 납부할 종합소득세액을 기재하여 5월 1일 ~ 5월 31일(성실신고확인대상자로서 성실신고확인서를 제출한 경우에는 5월 1일 ~ 6월 30일)에 은행 또는 우체국에 납부하여야 하며, 홈택스 등을 통해 전자납부도 가능합니다.

분할납부(자진납부세액이 1천만 원을 초과하는 경우)

납부할 세액	분납할 세액	분납기한
1천만 원 초과 2천만 원 이하	1천만 원 초과금액	납부기한이 지난 후 2개월 이내
2천만 원을 초과	납부할 세액의 50%이하 금액	

환급

환급세액이 발생한 경우에는 신고기한 종료일부터 30일 이내에 신고서에 기재한 은행(우체국)의 예금계좌로 환급금을 송금받거나 환급통지서를 통해 환급금을 수령할 수 있습니다.

Guide

성실신고확인 대상자

• **성실신고확인대상사업자의 범위**(「소득세법」 제70조의2①, 「소득세법 시행령」 제133조①)

해당 과세기간의 수입금액이 아래 기준수입금액(사업용 유형자산 양도금액 제외) 이상인 사업자

업종별	(2023년) 기준수입금액
1. 농업 · 임업 및 어업, 광업, 도매 및 소매업(상품중개업 제외), 부동산매매업, 그 밖에 아래에 해당되지 아니하는 사업	15억 원
2. 제조업, 숙박 및 음식점업, 전기 · 가스 · 증기 및 공기조절공급업, 수도 · 하수 · 폐기물처리 · 원료재생업, 건설업(비주거용 건물 건설업 제외, 주거용 건물 개발 및 공급업 포함), 운수업 및 창고업, 정보통신업, 금융 및 보험업, 상품중개업	7억 5천만 원
3. ㉠ 부동산임대업, 부동산업, 전문 과학 및 기술서비스업, 사업시설관리 · 사업지원 및 임대서비스업, 교육서비스업, 보건업 및 사회복지서비스업, 예술 · 스포츠 및 여가 관련 서비스업, 협회 및 단체, 수리 및 기타 개인 서비스업, 가구 내 고용활동 ㉡ 위 제1호 및 제2호에 해당하는 업종을 영위하는 사업자 중 아래에 해당하는 전문직 사업자 – 변호사업, 회계사업, 세무사업, 변리사업, 건축사업, 법무사업, 심판변론인업, 경영지도사업, 기술지도사업, 감정평가사업, 손해사정인업, 통관업, 기술사업, 측량사업, 공인노무사업(별표 3의3의 사업서비스업)	5억 원

■ 소득세법 시행규칙 [별지 제40호서식] 〈개정 2023. 3. 20.〉

관리번호	-

(　년 귀속)종합소득세·농어촌특별세 과세표준확정신고 및 납부계산서

거주구분	거주자1 /비거주자2
내·외국인	내국인1 /외국인9
외국인단일세율적용	여 1 / 부 2
분리과세	여 1 / 부 2
거주지국	거주지국코드

❶ 기본사항

① 성 명		② 주민등록번호	-
③ 주 소			
④ 주소지 전화번호		⑤ 사업장 전화번호	
⑥ 휴 대 전 화		⑦ 전자우편주소	
⑧ 기 장 의 무	1복식부기의무자 2간편장부대상자 3비사업자		
⑨ 신 고 유 형	11자기조정 12외부조정 14성실신고확인 20간편장부 31추계-기준율 32추계-단순율 35분리과세 40비사업자		
⑩ 신 고 구 분	10정기신고 20수정신고 30경정청구 40기한후신고 50추가신고(인정상여)		

❷ 환급금 계좌신고 (5천만원 미만인 경우)	⑪ 금융기관/체신관서명	⑫ 계좌번호

❸ 세무대리인	⑬성 명	⑭ 사업자등록번호 - -	⑮ 전화번호
	⑯대리구분 1기장 2조정 3신고 4성실확인	⑰ 관리번호 -	⑱ 조정반번호 -

❹ 세액의 계산

구 분			종합소득세		농어촌특별세
종합소득금액		⑲			
소득공제		⑳			
과세표준(⑲-⑳)		㉑		㊶	
세율		㉒		㊷	
산출세액		㉓		㊸	
세액감면		㉔			
세액공제		㉕			
결정세액	종합과세(㉓-㉔-㉕)	㉖		㊹	
	분리과세	㉗		㊺	
	합계(㉖+㉗)	㉘		㊻	
가산세		㉙		㊼	
추가납부세액 (농어촌특별세의 경우에는 환급세액)		㉚		㊽	
합계(㉘+㉙+㉚)		㉛		㊾	
기납부세액		㉜		㊿	
납부(환급)할 총세액(㉛-㉜)		㉝		51	
납부특례세액	차감	㉞		52	
	가산	㉟			
분납할세액	2개월 내	㊱			
신고기한 이내 납부할 세액(㉝-㉞+㉟-㊱)		㊲		53	

신고인은 「소득세법」 제70조, 「농어촌특별세법」 제7조 및 「국세기본법」 제45조의3에 따라 위의 내용을 신고하며, **위 내용을 충분히 검토하였고 신고인이 알고 있는 사실 그대로를 정확하게 적었음을 확인합니다.** 위 내용 중 과세표준 또는 납부세액을 신고하여야 할 금액보다 적게 신고하거나 환급세액을 신고하여야 할 금액보다 많이 신고한 경우에는 **「국세기본법」 제47조의3에 따른 가산세 부과 등의 대상이 됨을 알고 있습니다.**

년　월　일　　　신고인　　　(서명 또는 인)

세무대리인은 조세전문자격자로서 위 신고서를 성실하고 공정하게 작성하였음을 확인합니다.
무기장·부실기장 및 소득세법에 따른 성실신고에 관하여 불성실하거나 허위로 확인된 경우에는 **「세무사법」 제17조에 따른 징계처분 등의 대상이 됨을 알고 있습니다.**

세무대리인　　　(서명 또는 인)

접수(영수)일

세무서장 귀하

■ 소득세법 시행규칙 [별지 제40호의2서식] 〈개정 2023. 3. 20.〉 (3쪽 중 제1쪽)

관리번호	-

(　　　년 귀속) 퇴직소득세 과세표준확정신고 및 정산계산서

❶ 기본사항					
① 성　명		② 주민등록번호	-		
③ 주　소					
④ 신고구분	10 정기신고　20 수정신고　30 경정청구　40 기한후신고			⑤ 전화번호	
⑥ 종교관련종사자 여부	여 1 / 부 2				

❷ 환급금 계좌신고	⑦ 은행명		⑧ 계좌번호	

❸ 세무 대리인	⑨ 성명	⑩ 전화번호	⑪ 대리구분	3 신고
	⑫ 관리번호 -		⑬ 조정반번호 -	

❹ 퇴직소득명세	⑭ 지급처명 / ⑮ 사업자등록번호	⑯ 입사일 / ⑰ 퇴사일	⑱ 지급일 / ⑲ 근속월수	⑳ 퇴직급여	㉑ 비과세 퇴직급여	㉒ 과세대상 퇴직급여
	합　계					

❺ 근속연수계산	㉓ 제외월수	㉔ 가산월수	㉕ 중복월수	㉖ 정산근속연수	㉗ 2012.12.31. 이전 근속연수	㉘ 2013.1.1.이후 근속연수(㉖-㉗)

❻2020년 이후 퇴직소득세액 계산방법

		계 산 내 용		퇴직소득세 금　액
개정 규정에 따른 계산방법	과세표준 계산	퇴직소득(㉒)	㉙	
		근속연수공제	㉚	
		환산급여 [(㉙-㉚) × 12배/정산근속연수]	㉛	
		환산급여별공제	㉜	
		퇴직소득과세표준(㉛-㉜)	㉝	
	세액계산	계 산 내 용		금　액
		환산산출세액(㉝× 세율)	㉞	
		산출세액(㉞× 정산근속연수/12배)	㉟	
		세액공제	㊽	
		가산세	㊾	
		기납부 세액	㊿	
차감		납부(환급)할 총세액(㉟-㊽+㊾-㊿)	51	
		분납할 세액(2월내)	52	
		신고기한 내 납부할 세액(51-52)	53	

❼ 2016~2019년간 퇴직소득세액 계산방법 (※ 개정규정 및 종전 규정에 따른 산출세액에 퇴직연도별 비율을 적용하여 계산합니다)

		계 산 내 용		퇴직소득세 금　액		
개정 규정에 따른 계산방법	과세표준 계산	퇴직소득(㉒)	㉙			
		근속연수공제	㉚			
		환산급여　[(㉙-㉚) × 12배/정산근속연수]	㉛			
		환산급여별공제	㉜			
		퇴직소득과세표준(㉛-㉜)	㉝			
	세액계산	계 산 내 용		금　액		
		환산산출세액(㉝× 세율)	㉞			
		산출세액(㉞× 정산근속연수/12배)	㉟			
종전 규정에 따른 계산방법	과세표준 계산	계 산 내 용		금　액		
		퇴직소득(㉒)	㊱			
		퇴직소득정률공제	㊲			
		근속연수공제	㊳			
		퇴직소득과세표준(㊱-㊲-㊳)	㊴			
	세액계산	계 산 내 용		2012.12.31.이전	2013.1.1.이후	합계
		과세표준안분 (㊴× 각근속연수/정산근속연수)	㊵			
		연평균과세표준(㊵/각근속연수)	㊶			
		환산과세표준(㊶× 5배)	㊷			
		환산산출세액(㊷× 세율)	㊸			
		연평균산출세액 (12.12.31.이전: ㊶× 세율, 13.1.1.이후: ㊸/5배)	㊹			
		산출세액(㊹× 각 근속연수)	㊺			

퇴직소득 세액계산	퇴직일이 속하는 과세연도	㊻	
	퇴직소득세 산출세액 (㉟× 퇴직연도별 비율) + [㊺× (100%-퇴직연도별 비율)]	㊼	
	세액공제	㊽	
	가산세	㊾	
	기납부 세액	㊿	
차감	납부(환급)할 총세액(㊼-㊽+㊾-㊿)	51	
	분납할 세액(2월내)	52	
	신고기한 내 납부할 세액(51-52)	53	

신고인은 「소득세법」 제71조 및 「국세기본법」 제45조의3에 따라 위의 내용을 신고하며, 위 내용을 충분히 검토하였고 신고인이 알고 있는 사실 그대로를 정확하게 적었음을 확인합니다.	접수(영수) 일 자 인
년 월 일 신고인 (서명 또는 인)	

※ 첨부서류: 연금계좌지급명세서 퇴직소득계산명세 부표(소득이연연금계좌의 퇴직소득확정신고 시)

■ 소득세법 시행규칙 [별지 제84호서식] 〈개정 2023. 3. 20.〉

※ 2010. 1. 1. 이후 양도분부터는 양도소득세 예정신고를 하지 않으면 가산세가 부과됩니다.

관리번호	-

(년 귀속)양도소득(국외전출자)과세표준 신고 및 납부계산서

([ ]예정신고, [ ]확정신고, [ ]수정신고, [ ]기한 후 신고)

① 신 고 인 (양도인)	성 명		주민등록번호		내·외국인	[ ]내국인, [ ]외국인	
	전자우편주소		전화번호		거주구분	[ ]거주자, [ ]비거주자	
	주 소				거주지국		거주지국코드
					국 적		국적코드
② 양 수 인	성 명	주민등록번호	양도자산 소재지		지 분	양도인과의 관계	

③ 세율구분 코드	양도소득세 합계	국내분 소계	-	-	-	국외분 소계
④ 양도소득금액						
⑤ 기신고·결정·경정된 양도소득금액 합계						
⑥ 소득감면대상 소득금액						
⑦ 양도소득기본공제						
⑧ 과세표준 (④+⑤-⑥-⑦)						
⑨ 세율						
⑩ 산출세액						
⑪ 감면세액						
⑫ 외국납부세액공제						
⑬ 원천징수세액공제						
⑭ 전자신고세액공제						
⑮ 가산세 - 무(과소)신고						
⑮ 가산세 - 납부지연						
⑮ 가산세 - 기장불성실 등						
⑮ 가산세 - 계						
⑯ 기신고·결정·경정세액, 조정공제						
⑰ 납부할세액 (⑩-⑪-⑫-⑬-⑭+⑮-⑯)						
⑱ 분납(물납)할 세액						
⑲ 납부세액						
⑳ 환급세액						

농어촌특별세 납부계산서	
㉑ 소득세 감면세액	
㉒ 세율	
㉓ 산출세액	
㉔ 수정신고가산세등	
㉕ 기신고·결정·경정세액	
㉖ 납부할세액	
㉗ 분납할세액	
㉘ 납부세액	
㉙ 환급세액	

신고인은 「소득세법」 제105조(예정신고)·제110조(확정신고), 「국세기본법」 제45조(수정신고)·제45조의3(기한 후 신고), 「농어촌특별세법」 제7조에 따라 신고하며, 위 내용을 충분히 검토하였고 신고인이 알고 있는 사실 그대로를 정확하게 적었음을 확인합니다.

년 월 일

신고인 (서명 또는 인)

환급금 계좌신고 (환급세액 5천만원 미만인 경우)	
㉚ 금융기관명	
㉛ 계좌번호	

세무대리인은 조세전문자격자로서 위 신고서를 성실하고 공정하게 작성하였음을 확인합니다.

세무대리인 (서명 또는 인)

세무서장 귀하

붙임서류	1. 양도소득금액계산명세서(부표 1, 부표 2, 부표 2의2, 부표 2의3 중 해당하는 것) 1부 2. 매매계약서(또는 증여계약서) 1부 3. 필요경비에 관한 증빙서류 1부 4. 감면신청서 및 수용확인서 등 1부 5. 그 밖에 양도소득세 계산에 필요한 서류 1부	접수일인
담당공무원 확인사항	1. 토지 및 건물등기사항증명서 2. 토지 및 건축물대장 등본	

세무대리인	성명(상호)		사업자등록번호		전화번호	

사례로 보는 세금 절약 Guide – 소득 관련

1. 금융소득이 2천만 원 초과되는 경우 금융소득 종합과세에서 제외되는 비과세 · 분리과세 금융소득을 이용하여 금융소득을 분산하자.

나금융 씨는 은행은 물론 증권회사, 보험회사에서 운영하는 금융상품에 가입하여 예금 · 적금 등의 이자소득과 주식에서 발생하는 배당소득이 연간 2천만 원이 초과되었다.

이자소득과 배당소득을 합친 금융소득이 연간 2천만 원이 초과되어 금융소득금액이 다른 사업소득 등과 합산되어 금융소득 종합과세로 과세되었다.

금융소득 종합과세를 적용받지 않는 방법이 있을까?

● 금융소득 종합과세란?

종전에는 금융회사 등에서 이자를 지급할 때 세금을 원천징수하면 그 이자소득에 대하여는 세금문제가 모두 종결되므로, 이자를 받는 사람 입장에서는 세금에 대하여 신경을 쓸 필요가 없었다.

그런데, 2001년부터는 일정금액 이상의 금융소득(이자소득과 배당소득)은 다른 종합소득(사업소득, 근로소득, 연금소득, 기타소득)과 합산하여 소득세를 과세하도록 하였는데, 이를 '금융소득 종합과세'라 한다.

금융소득을 종합과세하는 이유는, 소득계층간 · 소득종류간 과세의 형평성을 제고하여 공평과세를 실현하고 금융소득을 명의자에게 과세함으로써 차명거래의 소지를 축소하여 금융거래의 투명성을 제고하기 위해서이다.

종합과세를 하면 세금부담이 늘어나는가?

많은 국민들이 금융소득 종합과세로 인하여 세금부담이 늘어난다고 생각하는 경우가 있는데, 금융소득과 다른 소득이 많은 일부 고소득층의 경우는 세금부담이 늘어나지만, 1년간의 이자소득이 2,000만 원 이하인 대부분의 국민들은 오히려 세금부담이 줄어든다. 이는 종합과세를 실시하면서 원천징수 세율을 20%에서 14%로 낮추었기 때문이다.

종합과세 대상

금융소득이 연간 2,000만 원을 초과하는 경우 전체 금융소득이 종합과세된다. 다만, 2,000만 원까지는 원천징수세율 14%를 적용하여 산출 세액을 계산하므로 기준금액(2,000만 원) 이하의 금융소득은 실질적으로 분리과세 되는 것과 동일하다.

여기서 종합과세대상 기준이 되는 2,000만 원은 예금 원금이 아니라 이자를 말하므로, 금리가 연 2%라고 한다면 10억 원 이상의 예금이 있어야 종합과세대상자가 된다.

> 원천징수세율
> 20% → 15% (2001년부터) → 14% (2005년부터)

종합과세에서 제외되는 금융소득

다음에 해당하는 금융소득은 종합과세에서 제외한다. 따라서 종합과세에서 제외되는 금융소득은 금융소득이 2천만 원을 초과하는지 여부를 판단할 때에도 포함하지 않는다.

● 비과세 · 면제되는 금융소득

〈소득세법〉

• 공익신탁의 이익

〈조세특례제한법〉

• 65세 이상의 거주자 · 장애인 등의 비과세종합저축(1명당 저축원금이 5천만 원 이하)의 이자 · 배당(2025년 12월 31일까지 가입분)

• 조합 등에 대한 예탁금(1명당 예탁금 3천만 원 이하)의 이자(2007년~2025년까지 발생하는 이자소득) 및 출자금(1명당 출자금 2,000만 원 이하)의 배당(2025년 12월 31일까지 수령분)

• 우리사주 조합원이 1년 이상 보유한 우리사주의 배당(소액주주 등 일정 요건 충족 필요)
  – 우리사주 액면가액의 개인별 합계액이 1천 8백만 원 이하인 경우

• 영농조합법인의 배당(2026년 12월 31일까지 수령분)
  – 식량작물재배업소득에서 발생한 배당소득 전액과 식량작물재배업 소득 이외의 소득에서 발생한 배당으로 과세연도별 1,200만 원 이하

• 영어조합법인의 배당(2026년 12월 31일까지 수령분)
  – 과세연도별 1,200만 원 이하

• 농업회사법인으로부터 받은 식량작물재배업 소득에서 발생한 배당(2026년 12월 31일까지 수령분)

• 재형저축의 이자 · 배당(2015년 12월 31일까지 가입분)

• 농어가목돈마련저축(2025년 12월 31일까지 가입분)

• 개인종합자산관리계좌(ISA)에서 발생하는 금융소득(200만 원 또는 400만 원까지의 금액)

• 청년 우대형 주택청약종합저축(2025년 12월 31일까지 가입분으로 이자소득합계액 500만 원 이하), 장병내일준비적금 이자소득(2026년 12월 31일까지 가입분)

• 청년희망적금에 가입(2022년 12월 31일까지)하여 2024년 12월 31일까지 받은 이자소득

• 청년도약계좌에 가입(2025년 12월 31일까지)하여 받은 이자 · 배당소득
• 그 밖의 조세특례제한법상 비과세 이자 · 배당소득

● 분리과세되는 금융소득

〈소득세법〉

• 개인별 연간 금융소득이 2,000만 원 이하인 경우(14%)
• 10년 이상 장기채권으로 분리과세를 신청한 이자와 할인액(30%)
  – 10년 이내 전환 · 교환 · 중도상환 조건이 없는 것
  – 2013년 1월 1일 이후 발행되는 채권의 경우 그 장기채권을 3년 이상 계속하여 보유한 거주자가 장기채권을 매입한 날부터 3년이 지난 후에 발생하는 이자와 할인액

※ 2018년 1월 1일 이후 발생하는 소득분부터 해당 규정 폐지(단, 2018년 1월 1일 이전에 발행된 장기채권에 대한 이자와 할인율에 대해서는 종전 규정에 따름)

• 금융회사를 통하지 않은 비실명금융자산의 이자 · 배당소득(45%)
• 직장공제회 초과반환금(기본세율)
• 부동산 경매를 위해 법원에 납부한 보증금 및 경락대금에서 발생하는 이자(14%)
• 개인으로 보는 법인격 없는 단체의 이자 · 배당소득(14%)
  – 수익을 구성원에게 배분하지 않는 단체로서 단체명을 표기한 경우

〈조세특례제한법〉

• 발행일부터 최종상환일까지의 기간이 7년 이상인 사회기반시설채권의 이자(14%)
  – 2014년 12월 31일 발행분까지
• 세금우대 종합저축의 이자 · 배당(9%)
  – 2014년 12월 31일까지 가입하는 경우
• 영농조합법인의 배당(5%)

– 2026년 12월 31일까지 지급받는 배당소득으로 식량작물 재배업 소득 이외 배당소득으로 과세연도별로 1,200만 원 초과분

- 개인종합자산관리계좌(ISA)에서 발생한 금융소득 중 비과세 한도금액(200만 원 또는 400만 원)을 초과하는 금액(9%)

- 영어조합법인의 배당(5%)

  – 2026년 12월 31일까지 지급받는 배당소득으로 과세연도별로 1,200만 원을 초과하는 배당소득

- 고위험 · 고수익 채권 투자신탁 등에 대한 과세특례

  – 2024년 12월 31일까지 고위험 · 고수익 채권 투자신탁에 가입하는 경우로 1인당 투자금액이 3천만 원 이하인 경우 14% 분리과세

〈금융실명거래 및 비밀보장에 관한 법률〉

- 비실명금융자산으로서 금융회사를 통해 지급되는 이자 · 배당 (90%)

● 종합과세에 무조건 적용되는 금융소득

국외원천 이자 · 배당소득과 같이 국내에서 원천징수되지 아니하는 경우에는 지급받는 금액의 크기에 관계없이 종합과세 됩니다.

위 사례의 경우 종합과세에서 제외되는 금융소득(비과세 · 분리과세)를 이용하여 연간 금융소득금액이 2천만 원 이하가 되면 금융소득 종합과세를 적용받지 않는다.

■ 관련 법규: 「소득세법」 제12조, 제16조, 제17조, 제62조
「조세특례제한법」 제88조의2, 제88조의4 외

사례로 보는 세금 절약 Guide – 소득 관련

2. 장부에 매출과 매입 내역을 기록하여 소득금액을 계산하는 경우 종합소득세를 줄일 수 있다.

편의점을 각각 운영하는 김성실 씨와 이납부 씨는 수입금액과 필요경비가 유사하다. 다만, 김성실 씨는 매출과 매입내역 등을 장부에 기록하고 증빙을 갖추었으나 이납부 씨는 별도의 장부를 작성하지 않았다.

5월에 종합소득세 신고 결과, 두 명의 소득금액과 납부세액이 크게 차이가 났다. 왜 그럴까? (인적공제 등 공제내용은 동일하다.)

● 소득금액 계산방법

소득금액을 계산하는 방법에는 사업자가 비치 · 기장한 장부에 의하여 계산(기장)하는 방법과 정부에서 정한 방법에 의하여 소득금액을 추산하여 계산(추계)하는 방법이 있다.

1) 기장에 의한 소득금액 계산

'기장'이란 영수증 등 증명서류를 근거로 하여 거래내용을 일일이 장부에 기록하는 것을 말한다.

기장을 하면 총수입금액에서 수입금액을 얻기 위해 지급의무가 확정된 비용을 공제하여 소득금액을 계산하므로, 자기의 실질소득에 대해 세금을 내게 된다.

◆ 기장의 종류

구분	대상자	법 조문
복식부기 의무자	간편장부대상자 외 사업자 ※ 의사 · 변호사 등 전문직사업자는 무조건 복식부기의무자임	소득세법 제160조제3항
간편장부 대상자	• 해당 과세기간 신규사업자 • 직전 과세기간 수입금액의 합계액이 업종별 기준 수입금액에 미달하는 사업자	소득세법 제160조제2항, 제3항

◆ 간편장부 대상 업종별 기준수입금액

업종별로 직전 과세기간 수입금액의 합계액이 다음의 금액 미만인 자(단, 욕탕업은 1억 5천만 원 미만인 사업자)를 말한다.
(예: 2024년 귀속종합소득세의 기준 수입금액은 2023년 수입금액)

업종	직전 과세기간 수입금액
가. 농업 · 임업 및 어업, 광업, 도매 및 소매업(상품중개업 제외), 부동산매매업, 그 밖에 아래 '나' 및 '다'에 해당되지 아니하는 사업	3억 원
나. 제조업, 숙박 및 음식점업, 전기 · 가스 · 증기 및 공기조절 공급업, 수도 · 하수 · 폐기물처리 · 원료재생업, 건설업(비주거용 건물 건설업 제외), 부동산 개발 및 공급업(주거용 건물 개발 및 공급업에 한정), 운수업 및 창고업, 정보통신업, 금융 및 보험업, 상품중개업	1억 5,000만 원
다. 부동산임대업, 부동산업(부동산매매업 제외), 전문 · 과학 및 기술서비스업, 사업시설관리 · 사업지원 및 임대서비스업, 교육서비스업, 보건업 및 사회복지서비스업, 예술 · 스포츠 및 여가 관련 서비스업, 협회 및 단체, 수리 및 기타 개인서비스업 , 가구 내 고용활동	7,500만 원

※ 단, 전문직사업자는 수입금액에 상관없이 복식부기 의무가 부여됨

2) 추계에 의한 소득금액 계산

소득금액은 수입금액에서 필요경비를 공제하여 계산하는데, 필요경비는 장부에 의해 확인된 금액을 공제하는 것이 원칙이다. 그러나 장부가 없는 경우에는 필요경비를 계산할 수 없으므로 정부에서 정한 방법(기준경비율, 단순경비율)에 의하여 추계로 소득금액을 계산한다

◆ 추계소득금액 계산방법

구분	추계 소득금액 계산
기준경비율 적용 대상자	아래 ①, ②중 적은 금액 ① 수입금액 – 주요경비 – (수입금액 × 기준경비율[1]) ※ 주요경비 = 매입비용 + 임차료 + 인건비 ⇒ 관련 증빙서류에 의해 확인된 금액 ② {수입금액 – (수입금액 × 단순경비율)} × 배율[2]
단순경비율 적용 대상자	수입금액[3] × (1 – 단순경비율)

1) 복식부기의무자인 경우 기준경비율의 1/2을 적용하여 필요경비를 계산함
2) 간편장부대상자는 2.8배, 복식부기의무자 3.4배
3) 고용노동부장관이 지급하는 일자리안정자금은 수입금액에서 제외

◆ 기준경비율 적용대상자

직전연도 수입금액이 다음 금액 이상인 자로서 장부를 기장하지 않은 사업자는 기준경비율 적용대상자가 된다.

귀속연도 / 기준수입금액 / 업종구분	2023년 귀속
	2022년
가. 농업 · 임업 및 어업, 광업, 도매 및 소매업(상품중개업 제외), 부동산매매업, 그 밖에 아래 '나' 및 '다'에 해당되지 아니하는 사업	6,000만 원
나. 제조업, 숙박 및 음식점업, 전기 · 가스 · 증기 및 공기조절 공급업, 수도 · 하수 · 폐기물처리 · 원료재생업, 건설업(비주거용 건물 건설업 제외, 주거용 건물 개발 및 공급업 포함), 운수업 및 창고업, 정보통신업, 금융 및 보험업, 상품중개업, 인적용역사업자	3,600만 원
다. 부동산임대업, 부동산업(부동산매매업 제외), 전문 · 과학 및 기술서비스업, 사업시설관리 · 사업지원 및 임대서비스업, 교육서비스업, 보건업 및 사회복지서비스업, 예술 · 스포츠 및 여가 관련 서비스업, 협회 및 단체, 수리 및 기타 개인서비스업(인적용역사업자 제외), 가구 내 고용활동	2,400만 원

[적용례] 한식점을 운영하는 사업자의 2022년 귀속 수입금액이 5천만 원인 경우 2024년 5월(2023년 귀속) 신고 시 수입금액이 기준금액(3,600만 원) 이상이므로 기준경비율 적용대상임

◆ 단순경비율 적용대상자

해당 과세기간의 수입금액이 복식부기 기준 수입금액 미만인 사업자로서 ① 직전연도 수입금액이 위의 기준경비율 대상 수입금액에 미달하는 사업자와 ② 당해연도 신규사업자로서 장부를 기장하지 않은 사업자는 단순경비율 적용 대상자에 해당된다.

다만 약사, 의사, 변호사, 변리사 등 전문직사업자 및 현금영수증 미가맹사업자 및 발급거부자 등은 직전년도 수입금액 및 신규 사업자 여부에 상관없이 기준경비율 대상자에 해당된다.

위 사례의 경우 김성실 씨와 이납부 씨의 소득금액과 납부세액이 차이가 발생된 이유는 종합소득세 신고 시 소득금액을 계산하는 유형이 다르기 때문이다.

김성실 씨는 편의점 사업에 관한 모든 거래 사실을 장부에 기재하고 증빙서류를 갖추었기 때문에 기장에 의한 소득금액을 계산방법을 적용하였으며, 이납부 씨는 장부가 없기 때문에 추계에 의한 소득금액을 계산방법을 적용하였다.

따라서 기장과 증빙서류를 통해 각종 필요경비를 전부 인정받은 김성실 씨가 법정 경비율만 인정받은 이납부 씨보다 소득금액이 적기 때문에 종합 소득세 납부세액을 줄일 수 있다.

▣ 관련 법규: 「소득세법」 제160조, 「소득세법 시행령」 제143조, 제208조
「소득세법 시행규칙」 제67조, 제67조의2

사례로 보는 세금 절약 Guide - 소득 관련

3. 소규모 사업자는 간편장부를 활용하여 기장하면 소득세 절감과 더불어 다양한 혜택을 받을 수 있다.

조그마한 편의점을 운영하고 있는 노장부 씨는 지금까지 장부를 하지 않았으나, 매출과 매입 등을 체계적으로 관리하기 위해 장부에 기장하기로 마음먹었다.

그런데 가족끼리 가게를 운영하고 있는 노장부 씨로서는 기장을 하기 위해 직원을 새로 채용할 수도 없고 세무사에게 기장을 맡기자니 수수료도 만만치 않을 것 같아 고민이다.

노장부 씨가 걱정을 하고 있자 이웃 가게의 간편해 씨가 소규모 사업자가 손쉽게 작성할 수 있는 간편장부가 있으니 그것을 사용해 보라고 알려주었다.

간편장부는 어떤 것이며 간편장부로 기장하는 경우 혜택에 대해 알아보자.

● 간편장부란?

'간편장부'란 소규모 사업자를 위하여 국세청에서 특별히 고안한 장부로, 회계지식이 없는 사람이라도 쉽고 간편하게 작성할 수 있으며, 간편장부는 거래가 발생한 날짜 순서로 기록만 하면 된다.

간편장부는 국세청 누리집(www.nts.go.kr) ⇒ 국세신고 안내 ⇒ 종합소득세 ⇒ 간편장부 안내에 수록된 작성요령과 간편장부를 다운받아 작성하거나, 본인의 필요와 편리에 따라 가까운 문구점에서 구입하거나 시중에 판매되는 전산프로그램을 구입하여 사용할 수 있다.

◆ 간편장부 서식

① 일자	② 계정 과목	③ 거래 내용	④ 거래처	⑤수입(매출)		⑥비용(원가 관련 매입 포함)		⑦사업용 유형자산 및 무형자산 증감(매매)		⑧ 비고
				금액	부가세	금액	부가세	금액	부가세	

● 간편장부대상자 요건

간편장부를 통해 소득금액 계산할 수 있는 간편장부 대상자는
① 당해연도 신규로 사업을 개시하였거나
② 직전 과세기간 수입금액의 합계액이 다음의 금액에 미달하는 사업자인 경우 가능하다.

※ 업종별 기준수입금액

업종	직전 과세기간 수입금액
가. 농업 · 임업 및 어업, 광업, 도매 및 소매업(상품중개업 제외), 부동산매매업, 그 밖에 아래 '나' 및 '다'에 해당되지 아니하는 사업	3억 원
나. 제조업, 숙박 및 음식점업, 전기 · 가스 · 증기 및 공기조절 공급업, 수도 · 하수 · 폐기물처리 · 원료재생업, 건설업(비주거용 건물 건설업 제외), 부동산 개발 및 공급업(주거용 건물 개발 및 공급업에 한정), 운수업 및 창고업, 정보통신업, 금융 및 보험업, 상품중개업	1억 5,000만 원
다. 부동산임대업, 부동산업(부동산매매업 제외), 전문 · 과학 및 기술서비스업, 사업시설관리 · 사업지원 및 임대서비스업, 교육서비스업, 보건업 및 사회복지서비스업, 예술 · 스포츠 및 여가 관련 서비스업, 협회 및 단체, 수리 및 기타 개인서비스업 , 가구 내 고용활동	7,500만 원

단, 전문직사업자는 수입금액에 상관없이 복식부기 의무가 부여됨

● 간편장부 적용제외 대상자: 전문직 사업자

1) 의사업, 한의사업, 수의사업, 약사업, 한약사업

2) 변호사업, 심판변론인업, 변리사업, 법무사업, 공인회계사업, 세무사업, 경영지도사업, 기술지도사업, 감정평가사업, 손해사정인업, 통관업, 기술사업, 건축사업, 도선사업, 측량사업, 공인노무사업

● 간편장부 기장 시 혜택

간편장부대상자가 간편장부를 기장하고 소득금액을 신고하는 경우 다음과 같은 혜택이 있다.

- 장부의 기록 · 보관 불성실 가산세(20%) 적용 배제
- 결손금이 발생한 경우 15년간 이월결손금 공제 가능
  ※ 2008년 이전 발생 결손금은 5년간 공제, 2009~2019년 10년, 2020년 이후 발생 결손금은 15년간 공제
- 조세특례제한법에서 정한 각종 감면 및 세액공제 가능
- 부가가치세 매입 · 매출장 작성의무 면제

● 기장을 하지 않을 경우 불이익

사업자가 장부 기장을 하지 않고 추계로 소득금액을 신고하는 경우 다음과 같은 불이익이 있다.

- 장부의 기록 · 보관 불성실 가산세(20%) 적용
  ※ 단, 소규모사업자(직전년도 수입금액 4,800만 원 미만) 및 신규사업자는 적용 제외
- 결손금이 발생한 경우 이월결손금 공제 불가

- 조세특례제한법에서 정한 각종 감면 및 세액공제 불가
- 복식부기의무자는 추계로 신고하는 경우 신고를 하지 않은 것으로 간주하여 다음 중 큰 금액을 가산세로 부과한다.
  Max(무신고납부세액의 20%, 수입금액의 0.07%)

  ※ 단, 무신고가산세와 장부의 기록 · 보관 불성실가산세가 동시에 적용되는 경우 큰 금액에 해당하는 가산세를 적용하고 가산세액이 같은 경우 무신고가산세를 적용

▣ 관련 법규: 「소득세법」 제81조의 5, 제160조
「소득세법 시행령」 제208조
「국세기본법」 제47조의 2
국세청 고시 제2021-33호[간편장부 고시]

사례로 보는 세금 절약 Guide – 소득 관련

4. 기장을 하였으면 그에 대한 증명서류를 반드시 비치해 두자.

기장을 하고 이에 따라 소득세를 신고하고 있는 정교한 씨는, 최근 관할세무서로부터 세무조사를 받고 거액의 세금을 추징당했다. 추징 사유는 대부분이 증명서류를 제대로 갖춰 놓지 않아 비용을 인정해 줄 수 없다는 것이었다.

지출에 따른 증명서류가 없어
장부에 기록된 내용의 진위여부를 증명하기가
어렵다면 경비를 인정받지 못하나?

증명서류 필요성

'기장'이란 영수증 등 증명자료에 의하여 거래사실을 장부에 기록하는 것을 말한다. 따라서 장부의 가장 기초가 되는 것이 증명서류이다.

증명서류가 없어도 기장은 할 수 있으나, 이렇게 하면 장부에 기록된 내용이 사실인지 여부가 확인되지 않으므로 인정을 받을 수 없다. 따라서, 증명서류를 갖춰 놓지 않으면 세법상 비용으로 인정받지 못하여, 더 많은 세금을 낼 수도 있다.

장부는 경리직원이나 세무대리인에게 맡겨도 되지만, 증명서류는 다른 사람이 알아서 챙겨줄 수 없으므로 사업자 자신이 그때 그때마다 챙겨야 한다.

증명서류를 제때 챙겨 놓지 않고 있다가 나중에 지출금액에 맞추기 위하여 허위의 증명서류를 만들어 놓는다거나 금액을 부풀려 놓으면 실제 지출 내용과 맞지 않으므로 비용으로 인정 받지 못할 뿐만 아니라 허위 증명 서류를 만든 경우 불성실 가산세가 추가될 수도 있다.

따라서 증명서류는 비용이 발생될 때마다 잘 챙겨놓고 보관도 잘 해야 한다.

● 증명서류 보관

사업과 관련해서 사업자로부터 재화 또는 용역을 공급받고 그 대가를 지출하는 경우에는 아래에 해당하는 증명서류를 받아야 한다.

또한 증명서류는 소득세 확정신고기간 종료일로부터 5년간 보관하여야 한다.

● 증명서류 종류

사업과 관련해서 다른 사업자로부터 재화 또는 용역을 공급받고 그 대가를 지출하는 경우에는 세금계산서나 계산서 또는 신용카드매출전표 등 정규 증명서류를 받아야 한다. 특히 복식부기의무자의 경우 정규증명서류를 받지 아니한 경우에는 받지 아니한 금액의 2%에 해당하는 '증명서류수취 불성실가산세'를 내야하므로 반드시 정규증명서류를 받아야 한다.

다만, 건당 거래금액(부가가치세 포함)이 3만 원 이하, 농어민으로부터 재화 또는 용역을 직접 공급받은 경우 등 특수한 경우에는 정규증명서류 수취의무가 면제된다.

위 사례의 경우 장부에 기록된 내용에 대한 증명서류가 없거나 이를 인정할 수 있는 근거서류가 없다면 비용을 인정받을 수 없다. 따라서 꼭 지출에 관련된 증명서류를 수취하고 보관하자.

■ 관련 법규: 「소득세법」 제70조, 제81조의 6, 제160조의 2
「소득세법 시행령」 제132조, 제208조의 2

사례로 보는 세금 절약 Guide – 소득 관련

5. 기장을 하지 못했으면 증명서류라도 철저히 챙겨 놓자.

소득세를 계산하기 위해서는 우선 소득금액을 산출하여야 한다.

사업자가 장부를 기장하고 있으면 수입금액에서 장부와 증명서류에 의하여 확인되는 필요경비를 공제하여 소득금액을 산출하면 되지만, 장부가 없으면 정부에서 정한 방법으로 소득금액을 추계에 의해 계산할 수 밖에 없다.

다만, 기준경비율 적용 대상자인 경우에는 증명서류가 있다면 주요 경비를 인정받을 수 있어 소득세를 절감할 수 있다.

● 기준경비율에 의한 추계소득금액 계산

장부를 기장하지 않아 기준경비율로 추계 계산하는 경우 기장하는 사업자의 경우와 유사하게 수입금액에서 주요경비를 공제하여 소득금액을 계산한다.

다만, 기장하는 사업자는 증명서류에 의해 확인된 모든 필요경비를 인정받게 되지만, 기준경비율로 계산하는 사업자는 기본경비인 매입비용, 임차료, 인건비인 주요경비만 인정받게 된다.

① 소득금액 = 수입금액 – 주요경비(매입비용 + 임차료 + 인건비) – (수입금액 × 기준경비율*)

② 한도: 소득금액 = {수입금액 – (수입금액 × 단순경비율)} × 배율**

* 복식부기의무자는 기준경비율의 ½을 곱하여 계산

** 2023 귀속배율: 간편장부대상자 2.8배, 복식부기의무자 3.4배

◆ 기준경비율 적용대상자

직전연도 수입금액이 다음 금액 이상인 자로서 장부를 기장하지 않은 사업자는 기준경비율 적용대상자가 된다.

업종구분 \ 기준수입금액 \ 귀속연도	2023년 귀속
	2022년
가. 농업 · 임업 및 어업, 광업, 도매 및 소매업(상품중개업 제외), 부동산매매업, 그 밖에 아래 '나' 및 '다'에 해당되지 아니하는 사업	6,000만 원
나. 제조업, 숙박 및 음식점업, 전기 · 가스 · 증기 및 공기조절 공급업, 수도 · 하수 · 폐기물처리 · 원료재생업, 건설업(비주거용 건물 건설업 제외, 주거용 건물 개발 및 공급업 포함), 운수업 및 창고업, 정보통신업, 금융 및 보험업, 상품중개업	3,600만 원
다. 부동산 임대업, 부동산업(부동산매매업 제외), 전문 · 과학 및 기술서비스업, 사업시설관리 · 사업지원 및 임대서비스업, 교육서비스업, 보건업 및 사회복지 서비스업, 예술 · 스포츠 및 여가 관련 서비스업, 협회 및 단체, 수리 및 기타 개인 서비스업 , 가구 내 고용활동	2,400만 원

◆ 주요경비의 범위

1) 매입비용: 상품 · 제품 · 재료 · 소모품 · 전기료 등의 매입비용과 외주가공비 및 운송업의 운반비를 말한다. 따라서 음식대금, 보험료, 수리비 등의 금액은 제외된다.

2) 임차료: 사업에 직접 사용하는 건축물, 기계장치 등 사업용 유형자산 및 무형자산의 임차료를 말한다.

3) 인건비: 종업원의 급여 · 임금 및 일용근로자의 임금과 실지 지급한 퇴직금을 말한다.

◆ 갖추어야 할 증명서류

매입비용과 임차료는 세금계산서, 계산서, 신용카드매출전표 등 정규 영수증을 받아야 하며, 간이세금계산서나 일반영수증을 받은 경우에는 「주요경비지출명세서」*를 제출하여야 한다.

* 서식은 p169 참조

인건비는 원천징수영수증이나 지급명세서 또는 지급관련 증명서류를 비치 · 보관하여야 한다.

위 사례의 경우 기준경비율 적용대상자는 주요경비에 대한 증명서류를 보관하고 있다면 소득금액 계산 시 주요경비를 인정받아 소득세를 절감할 수 있다.

▣ 관련 법규: 「소득세법」 제160조의 2
「소득세법 시행령」 제143조, 제 208조의 2
「소득세법 시행규칙」 제67조
국세청 고시 제2021-54호[매입비용, 임차료의 범위와 증명서류의 종류 고시]

■ 소득세법 시행규칙 [별지 제20호의5서식] 〈개정 2023. 3. 20.〉

주요경비지출명세서

※ 뒤쪽의 작성요령을 참고하시기 바랍니다. (앞쪽)

제출자	상 호	사업자등록번호
	성 명	주민등록번호

주요경비지출명세 제출대상 거래내용

일련번호	거래처(공급자)		매수	거래품목	거래금액
	상호(성명)	사업자등록번호(주민등록번호)			

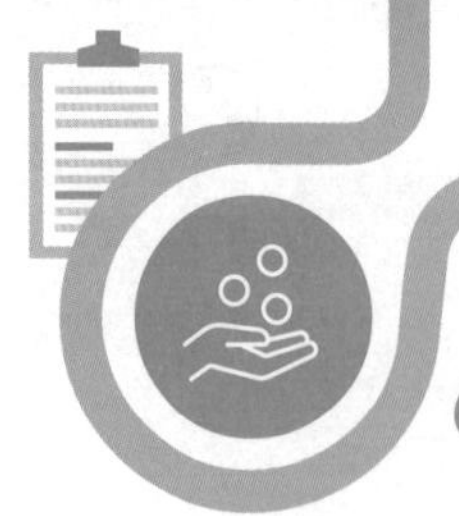

사례로 보는 세금 절약 Guide – 소득 관련

6. 부동산임대업을 영위하는 사업자도 기장에 의한 소득금액 계산방법이 유리하다.

3층짜리 상가를 신축하여 부동산임대를 시작한 임대업 씨는 세무사 사무실에 기장을 맡길 것인지, 아니면 기장을 하지 않고 추계로 신고할 것인지를 검토하고 있다.

세무사에 기장을 맡기자니 수수료를 주어야 하고, 추계로 신고하자니 기장하는 경우보다 세금을 더 많이 내야 한다고 한다.

부동산임대업의 경우 기장을 하는 경우와 추계로 신고하는 방법 중 어느 쪽이 더 유리할까?

개요

부동산임대업을 영위하는 사업자는 부가가치세와 소득세를 내야 하는데, 일반적으로 부가가치세보다는 소득세 부담이 훨씬 높다.

부동산임대업자의 수입금액은 월세의 합계액에 전세금 또는 임대보증금에 대한 간주임대료를 합하여 계산하는데, 월세는 기장에 의해 계산하든 추계로 계산하든 수입금액 차이가 없으나, 간주임대료는 기장에 의해 계산하는 경우와 추계로 계산하는 경우에 커다란 차이가 있다.

이를 구체적인 사례를 통해 알아보자.

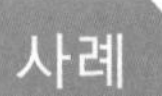

사례 임대업 씨의 임대현황이 아래와 같다고 가정할 때 소득세 차이를 비교해보자

• 임대기간 2023년 1월 1일 ~ 12월 31일

• 월세수입 5,000,000원 • 월 관리비수입 1,000,000원

- 임대보증금 5억 원
- 상가취득가액(건물분) 2억 원
- 건물기준시가 5천만 원
- 1년 만기 정기예금 이자율 1.2%
- 임대보증금의 은행예금 이자 18,500,000원
- 인건비 등 필요경비 합계액 30,000,000원(주요경비 1,500만 원)
- 가족상황 처와 미성년자 자녀 2명
- 기준경비율 19.9%(2023년 귀속)
- 정기예금 이자율

귀속연도	2017년	2018년	2019년	2020년	2021년	2022년	2023년
이자율	1.6%	1.8%	2.1%	1.8%	1.2%	1.2%	2.9%

① 기장에 의하여 소득금액을 계산하는 경우

▷ 수입금액 = 임대료 + 관리비 + 간주임대료

- 임대료수입 = 5,000,000원 × 12월 = 60,000,000원
- 관리비수입 = 1,000,000원 × 12월 = 12,000,000원
- 간주임대료 = (임대보증금 − 건물취득가액) × 정기예금이자율
− 임대보증금의 은행예금이자
= (5억 원 − 2억 원) × 2.9% − 18,500,000원 = 0

∴ 총수입금액 = 60,000,000원 + 12,000,000원 + 0원
= 72,000,000원

▷ 소득금액 = 72,000,000원 − 30,000,000원 (필요경비 합계액)
= 42,000,000원

▷ 과세표준 = 42,000,000원 − *6,000,000원 (소득공제)
= 36,000,000원

▷ 소득세액 = 36,000,000원 × 15% − 1,260,000원 (누진공제)
= 4,140,000원

* 소득공제는 가정치임

② 추계에 의하여 소득금액을 계산하는 경우(기준경비율 적용)

▷ 수입금액 = 임대료 + 관리비 + 간주임대료

- 임대료수입 = 5,000,000원 × 12월 = 60,000,000원
- 관리비수입 = 1,000,000원 × 12월 = 12,000,000원
- 간주임대료 = 임대보증금 × 정기예금이자율
  = 5억 원 × 2.9% = 14,500,000원

∴ 총수입금액 = 60,000,000원 + 12,000,000원 + 14,500,000원
= 86,500,000원

▷ 소득금액 = 수입금액 – 주요경비 – (수입금액 × 기준경비율)
= 86,500,000원 – 15,000,000원 – (86,500,000원 × 19.9%) = 54,286,500원

▷ 과세표준 = 54,286,500원 – 6,000,000원 (소득공제)
= 48,286,500원

▷ 소득세액 = (48,286,500원 × 15% – 1,260,000원) × (1.2%)
= 7,179,570원
(장부의 기록 · 보관 불성실가산세 20% 적용)

위의 사례에서 보는 바와 같이, 기장에 의하여 소득금액을 계산하면 기장을 하지 않은 경우에 비하여 훨씬 세금이 절약된다.

▣ 관련 법규: 「소득세법」 제25조, 제81조의 5
「소득세법 시행령」 제53조, 제143조
「소득세법 시행규칙」 제23조

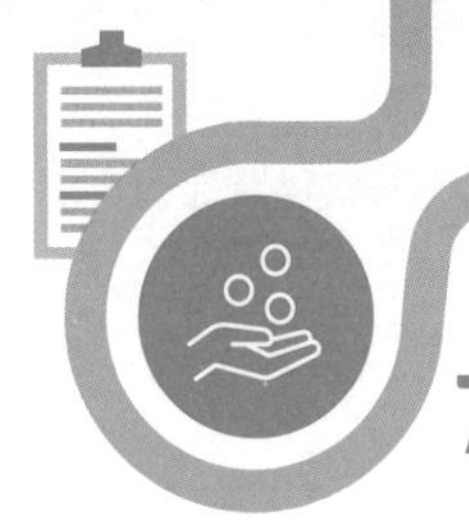

사례로 보는 세금 절약 Guide - 소득 관련

7. 사업 초기 손실이 발생된 경우 기장을 하면 손실을 공제받을 수 있다.

2022년에 정손실씨는 도매업을 영위하기 위해 사업자 등록하고 현재까지 운영하고 있다. 사업 시작한 첫 해인 2022년은 사업에 필요한 물품 등을 구매하느라 손실이 발생되었다. 올해 소득세 신고에 2022년 손실분을 반영하여 세금을 적게 낼 거라고 생각했는데 아니었다.

이유를 알아보니 지난해 손실을 인정받으려면 장부를 기장해야 한다면서 다음과 같이 설명을 들었다.

결손금 및 이월결손금 공제

사업자가 비치 · 기록한 장부에 의하여 해당 과세기간의 사업소득금액을 계산할 때 필요경비가 총수입금액을 초과하는 경우의 그 초과금액을 결손금이라 한다.

결손금을 다른 소득금액에서 공제하고 남은 결손금(이월결손금)은 해당 이월결손금이 발생한 과세기간의 종료일부터 다음 15년간(2019년 12월 31일 이전 발생분은 10년) 발생한 소득에서 공제할 수 있다. 그러나, 부동산임대업(주거용임대업 제외)의 사업소득금액에서 발생한 결손금은 해당 소득에서만 공제할 수 있다.

◆ 결손금공제

① 결손금공제란?

결손금을 다음 연도로 이월하기 전에 해당 과세기간의 다른 소득금액에서 먼저 공제하고, 남은 결손금에 대해 15년간 이월공제가 허용된다.

결손금 발생 ⇨ 결손금 통산 ⇨ 결손금 이월

② 결손금공제순서

발생된 결손금은 아래의 순서대로 공제한다.

구분	공제순서
부동산임대업 외	부동산임대업의 사업소득금액 → 근로소득금액 → 연금소득금액 → 기타소득금액 → 이자소득금액 → 배당소득금액
부동산임대업(주거용 건물임대업 제외)	다른 소득에서 공제하지 않고 다음 과세기간으로 이월

◆ 이월결손금공제

① 이월결손금공제란

이월결손금을 해당 결손금이 발생한 과세기간의 종료일로부터 15년* 이내에 끝나는 과세기간의 소득금액을 계산할 때 먼저 발생한 과세기간의 이월결손금부터 순서대로 공제한다.

* 2008년 이전 발생분은 5년, 2009년~2019년 발생분은 10년

② 이월결손금공제순서

발생된 이월결손금은 아래의 순서대로 공제한다.

구분	공제순서
부동산임대업 외	부동산임대업의 사업소득금액 → 근로소득금액 → 연금소득금액 → 기타소득금액 → 이자소득금액 → 배당소득금액
부동산임대업(주거용 건물임대업 제외)	부동산임대업의 사업소득금액에서만 공제

③ 이월결손금 배제

해당 과세기간의 소득금액에 대해 추계신고하는 경우에는 이월결손금의 공제를 적용받지 못한다. 다만, 천재지변이나 그 밖의 불가항력으로 장부 등이 멸실되어 추계신고하는 경우에는 제외된다.

위 사례에서 이월결손금 공제를 받으려면 사업내용을 비치 · 기록한 장부에 의해 기장한 사업자만 가능하다.

▣ 관련 법규: 「소득세법」 제45조
「소득세법 시행령」 제101조

사례로 보는 세금 절약 Guide – 소득 관련

8. 주택을 임대하는 경우 소득세 과세대상을 확인해보자.

서울 소재 주택임대를 하고 있는 박주택 씨는 세종에 있는 주택을 추가 구입하여 임대를 하려고 한다. 그런데 2주택 이상인 경우에는 주택임대소득 과세대상에 포함한다는 안내를 받았다.

임대주택 수에 따라 소득세가 어떻게 달라지는지 알아보자.

● 주택임대소득 과세대상

주택임대소득 과세대상은 아래와 같습니다(보유 주택 수는 부부 합산하여 계산).

보유 주택 수	과세대상(○)	과세대상(X)
1주택	• 국외주택 월세 수입 • 국내 기준시가 12억 원 초과 주택 월세 수입	• 국내 기준시가 12억 원 이하 주택 월세 수입 • 모든 보증금 · 전세금
2주택	• 모든 월세 수입	• 모든 보증금 · 전세금
3주택 이상	• 모든 월세 수입 • 비소형주택 3채 이상 보유 & 해당 보증금 · 전세금 합계 3억 원 초과하는 경우 해당 보증금 · 전세금	• 소형주택*의 보증금 · 전세금 • 비소형주택의 보증금 · 전세금 합계 3억 원 이하인 경우

* (소형주택) 주거전용 면적이 40㎡ 이하이면서 기준시가가 2억 원 이하

● 주택임대 소득세 계산

① 주택임대 총수입금액이 2천만 원을 초과하는 경우
  – 다른 종합과세 대상 소득과 함께 합산하여 종합과세해야 한다.

② 주택임대 총수입금액이 2천만 원 이하인 경우

- 주택임대소득만 분리과세(세율 14%)하는 방법과 종합과세하는 방법 중 선택하여 신고할 수 있다.

주택을 임대하고 임대소득이 발생하면 원칙적으로 과세대상에 포함해야 하지만, 서민들의 주거안정을 위해 소형주택 임대 등 특정 요건에 맞는 경우 과세대상에서 제외된다.

Guide

소형주택의 범위와 간주임대료 계산

전세 시장을 안정화함으로써 서민을 지원하기 위하여 2026년 12월 31일까지 간주임대료 계산 시 아래의 소형주택에 대한 전세 보증금을 주택 수에 포함하지 아니한다.

간주임대료 계산 시 제외되는 소형주택의 범위

주거의 용도로만 쓰이는 면적이 1호 또는 1세대당 40㎡(2018년 귀속까지 60㎡) 이하인 주택으로서 해당 과세기간의 기준시가가 2억 원(2018년 귀속까지 3억 원) 이하인 주택

총수입금액에 산입할 금액(간주임대료)의 계산

- 과세대상: 비소형주택 3주택 이상 보유자 중 해당 주택 전세보증금 합계 3억 원 초과분
- 주택 수 판정방법
  - 다가구주택은 1개의 주택, 구분 등기된 경우에는 각각을 1개의 주택
  - 본인과 배우자가 각각 주택을 소유하는 경우 합산. 다만, 동일 주택이 부부 각각의 주택 수에 가산된 경우 아래 순서로 1인의 소유주택으로 계산
    ① 지분이 더 큰 자
    ② 지분이 동일한 경우, 합의에 따라 소유주택에 가산하기로 한 자
  - 공동소유
    ① 공동소유 주택은 지분이 가장 큰 자의 소유로 계산. 다만, 임대수입금액이 연간 6백만 원 이상 또는 기준시가가 12억 원 초과 주택의 지분을 30% 초과 보유 시 소수지분자도 소유주택으로 계산

② 지분이 가장 큰 자가 2인 이상인 경우 각각의 소유로 계산
③ 지분이 가장 큰 자가 2인 이상인 경우 합의하여 1인을 임대수입의 귀속자로 정한 경우 그의 소유로 계산

- 임차 받은 주택을 전대 · 전전세하는 경우 임차인 또는 전세 받은 자의 주택으로 계산

• 과세최저한(3억 원) 적용방법

- 인별(개인단위) 과세원칙에 따라 부부의 경우도 각각 주택 소유자별로 적용
- 3억 원 초과분의 60%에 대해 이자상당액만큼 과세
- 공동사업장의 경우 공동사업장의 임대보증금에서 3억 원 공제

• 간주임대료 계산방법

- 기장신고: 3억 원 초과 보증금 × 60% × 정기예금이자율 – 임대사업 부분 발생 이자 · 배당
- 추계신고: 3억 원 초과 보증금 × 60% × 정기예금이자율

※ 2023년 소득세 신고 시 적용할 정기예금 이자율: 2.9%

• 간주임대료 계산사례

사례	과세여부
① 3주택(109㎡ 3채), 전세보증금 합계 3억 원 초과	과세
② 3주택(109㎡ 2채, 기준시가 2억 원 이하인 40㎡ 1채), 전세보증금 합계 3억 원 초과	비과세 소형주택(기준시가 2억 원 이하인 40㎡ 주택 1채)이 제외되어 2주택이 됨
③ 4주택(109㎡ 2채, 기준시가 2억 원 이하인 40㎡ 2채), 전세보증금 합계 3억 원 초과	비과세 소형주택(기준시가 2억 원 이하인 40㎡ 주택 2채)이 제외되어 2주택이 됨
④ 4주택(109㎡ 3채, 기준시가 2억 원 이하인 40㎡ 1채), 전세보증금 합계 3억 원 초과	3주택(109㎡ 3채)의 전세보증금 합계가 3억 원 초과 시만 과세(3억 원 이하 시 비과세)

Guide

소규모 주택임대소득 세부담 완화

- 민간임대주택 공급 활성화 및 서민·중산층 주거 안정
- 주요내용
  - 수입금액이 2천만 원 이하의 소규모 주택임대사업자의 경우 2014년 ~ 2018년 소득분 비과세, 2019년 이후 소득분부터 분리과세 선택 가능
  - 분리과세 방법
    필요경비율: 50%(주택임대업 등록한 경우 60%)
    기본공제: 2백만 원(주택임대업 등록한 경우 4백만 원) 인정
    종합소득 과세방식과 비교하여 낮은 금액으로 과세(기본공제는 분리과세 소득을 제외한 종합소득금액이 2천만 원 이하인 경우에만 적용)
  - 주택임대소득에서 발생한 결손금과 이월결손금은 근로소득금액 등 다른 종합소득금액에서 공제 가능
- 시행일
  - 비과세: 2014년 1월 1일부터 2018년 12월 31일까지 발생하는 소득분에 적용
  - 분리과세: 2019년 1월 1일 이후 발생하는 소득분부터 적용

■ 관련 법규: 「소득세법」 제12조, 제25조, 제64조의 2
「소득세법 시행령」 제8조의 2

사례로 보는 세금 절약 Guide – 소득 관련

9. 300만 원 이하의 기타소득은 종합과세와 분리과세 중 유리한 방법을 선택할 수 있다.

대학교수인 조강사 씨는 종종 수업이 없는 시간을 이용하여 기업체나 각종 단체의 요청을 받아 강연을 하고 있다.

지금까지는 강사료를 받을 때 세금을 공제하고 받았기 때문에 세금에 대하여 더 이상 신경을 쓰지 않았는데, 주위의 동료교수로부터 5월달에 소득세를 신고하면 세금을 돌려받을 수도 있다는 말을 듣고는 앞으로 세금에 대해서 신경을 쓰려고 한다.

소득세 확정신고를 하면 조강사 씨도 세금을 돌려받을 수 있을까?

● 기타소득에 대한 과세방법

◆ 무조건 분리과세 기타소득

① 아래의 소득을 지급하는 자가 원천징수 함으로써 납세의무가 종결된다. (단, 가상자산소득은 종합소득세 확정신고 기간에 분리과세 신고 · 납부하여야 한다.)

- 복권 당첨금, 승마투표권 · 승자투표권 등의 구매자가 받는 환급금
- 슬롯머신 등의 당첨금품
- 가상자산소득(2025년 1월 1일 이후 양도 · 대여분부터) 및 서화 · 골동품의 양도로 발생하는 소득

② 원천징수세율

- 일반적인 경우: 20%
- 복권 당첨금, 승마투표권 등 환급금, 슬롯머신 당첨금품 등 3억 초과분: 30%

◆ 무조건 종합과세 기타소득

아래의 기타소득은 반드시 다른 종합소득과 합산하여 종합소득세 신고를 하여야 한다.

- 뇌물, 알선수재 및 배임수재에 의하여 받는 금품

◆ 선택적 분리과세 기타소득

① 무조건 분리과세 기타소득과 무조건 종합과세 기타소득을 제외한 기타소득금액이 연간 300만 원 이하이면서 원천징수된 경우 선택에 따라 종합과세하거나 분리과세한다.

② 원천징수세율

- 일반적인 경우: 20%
- 소기업 · 소상공인공제부금 해지일시금(2018년 1월 1일 이후 해지): 15%

● 종합과세와 분리과세 중 유리한 방법 선택 조건

종합과세와 분리과세를 선택하는 조건은 세율이다. 일반적으로 원천징수 세율은 20%이고 종합소득세율은 6%에서 45%까지 있으므로 다른 소득과 합산하여 적용받는 세율이 6%, 15%인 경우에는 종합과세가 유리하다.

즉, 종합소득과세표준이 4,600만 원을 초과하면 24%의 세율이 적용되므로 분리과세를 받는 것이 유리하다.

예를 들어 기타소득과 근로소득 외에 부동산임대소득이 있는 때에는, 기타소득금액 및 부동산임대소득금액의 합계액과 근로소득원천징수영수증상의 과세표준을 합한 금액이 4,600만 원을 초과하는지 여부를 보고 판단하면 된다.

▣ 관련 법규: 「소득세법」 제14조, 제129조

사례로 보는 세금 절약 Guide – 소득 관련

10. 기타소득이 있는 경우에는 필요경비 인정범위를 확인하여 공제 받도록 하자.

소득금액은 총수입금액에서 필요경비를 공제하여 계산한다.

사업소득의 경우는 장부와 증빙서류에 의하여 지출 사실이 인정되어야 필요경비로 인정해 주지만, 기타소득은 비용이 지출되지 않거나 비용이 지출되더라도 증빙을 갖추기 어려운 경우가 대부분이다.

그렇다면 기타소득의 필요경비는 어떻게 인정해 줄까?

● 기타소득의 필요경비

기타소득의 필요경비도 사업소득에 대한 필요경비와 같이 총수입금액을 얻기 위하여 지출한 비용을 인정해 주는 것이 원칙이다.

그러나 다음의 경우는 각 호에서 규정하는 금액의 60% 또는 80%를 필요경비로 인정해 주고 있다.
(다만, 실제 소요된 필요경비가 60% 또는 80%에 상당하는 금액을 초과하면 그 초과하는 금액도 필요경비로 인정한다.)

【지급금액의 60%를 필요경비로 인정하는 기타소득】

① 광업권 · 어업권 · 산업재산권 · 산업정보, 산업상 비밀, 상표권 · 영업권, 토사석(土砂石)의 채취허가에 따른 권리, 지하수의 개발 · 이용권, 기타 이와 유사한 자산이나 권리를 양도 또는 대여하고 받는 금품

② 「전자상거래 등에서 소비자보호에 관한 법률」에 따라 통신판매중개를 하는 자를 통하여 물품 또는 장소를 대여하고 연간 수입금액 5백만 원 규모 이하의 사용료로서 받는 금품

③ 공익사업과 관련된 지역권·지상권을 설정 또는 대여하고 받는 금품
④ 문예·학술·미술·음악 또는 사진에 속하는 창작품에 대한 원작자로서 받는 원고료, 인세 등
⑤ 다음의 인적용역을 일시적으로 제공하고 받는 대가
- 고용관계 없는 자가 다수인에게 강연을 하고 받는 강연료 등
- 라디오, 텔레비전방송 등을 통하여 해설·계몽 또는 연기의 심사 등을 하고 받는 보수 등
- 변호사, 공인회계사, 세무사, 건축사, 측량사, 변리사, 그 밖에 전문적 지식 또는 특별한 기능을 가진 자가 그 지식 또는 기능을 활용하여 용역을 제공하고 받는 보수 등
- 그 밖에 고용관계 없이 용역을 제공하고 받는 수당 등

【지급금액의 80%를 필요경비로 인정하는 기타소득】

① 공익법인이 주무관청의 승인을 얻어 시상하는 상금과 부상
② 다수가 순위 경쟁하는 대회에서 입상자가 받는 상금과 부상
③ 계약의 위약 또는 해약으로 인하여 받는 위약금과 배상금 중 주택 입주 지체상금
④ 점당 6천만 원 이상인 서화·골동품(국내 생존작가의 작품 제외)을 양도하고 받는 금품(1억 원 이하 또는 10년 이상 보유 후 양도하는 경우에는 지급금액의 90%)
⑤ 2천만 원 이하의 종교인 소득[1,600만 원 + (2,000만 원 초과 50%), 2,600만 원 + (4,000만 원 초과 30%), 3,200만 원 + (6,000만 원 초과 20%)]

기타소득 유형에 따라 필요경비 인정범위가 다르므로 확인하여 빠짐없이 공제받도록 하자.

■ 관련 법규: 「소득세법」 제37조
「소득세법 시행령」 제87조

사례로 보는 세금 절약 Guide – 소득 관련

11. 올해 상반기 사업실적이 부진한 경우 중간예납을 추계액으로 신고할 수 있다.

전자제품 도매업을 운영하고 있는 정상용 씨는 소득세 중간예납 고지서를 받아보고는 입이 딱 벌어졌다. 작년말 주거래처가 부도로 파산하는 바람에 올해는 매출액이 절반으로 줄어들었는데도, 전년도 납부세액을 기준으로 고지서가 나온 것이다.

이와 같이 전년도에 비하여 사업실적이 많이 떨어진 경우에도 반드시 전년도 납부세액을 기준으로 중간예납세액을 내야만 하나?

● 소득세 중간예납세액

소득세 중간예납은 금년 상반기(1월 1일 ~ 6월 30일)의 소득세를 11월에 내는 것으로 직전년도 납부세액을 기준으로 중간예납 고지분을 납부하는 경우와 중간예납 추계 신고분을 납부하는 방법이 있다.

◆ 고지 · 납부

소득세 중간예납은 아래 산출식에 따라 전년도의 종합소득에 대한 소득세로서 납부하였거나 납부할 세액('이하 중간예납기준액'이라 한다)의 1/2에 상당하는 금액을 중간예납세액으로 하여 11월 말까지 납부해야 한다.

중간예납세액 = 중간예납기준액* × 1/2 - (중간예납기간 중의 토지 등 매매차익 예정신고납부세액)

* 중간예납기준액 = (전년도 중간예납세액 + 확정신고 자진납부세액 + 결정 · 경정한 추가납부세액 + 기한후(수정)신고 추가자진납부세액) - 환급세액

◆ 추계액 신고 · 납부

전년도에 비해 사업부진 등의 사유로 금년 상반기(1월 1일 ~ 6월 30일)의 종합소득금액에 대한 소득세액(중간예납세액 추계액)이 중간예납기준액의 30%에 미달하는 경우 중간예납세액을 스스로 계산하여 신고납부할 수 있다.

※ 중간예납기준액이 없는 복식부기의무자는 중간예납기간 중에 사업소득이 있는 경우에는 추계액으로 신고납부하여야 한다.

위 사례에서 상반기 사업실적이 부진한 경우에는 중간예납추계액으로 신고를 하여 사업실적에 맞는 세금을 내는 것 또한 절세의 방법이 될 수 있다.

▣ 관련 법규: 「소득세법」 제65조

사례로 보는 세금 절약 Guide – 소득 관련

12. 납부할 세액이 1천만 원을 초과하는 경우 세금을 나누어 낼 수 있다.

종합소득세 신고를 마친 고세금 씨는 큰 걱정거리가 생겼다. 내야 할 세금은 2,500만 원인데, 납부할 수 있는 돈은 1,200만 원 밖에 되지 않기 때문에다. 그렇다고 당장 1,300만 원을 빌리기도 어렵다.

세금을 못 내면 매일 가산세가 발생되는데 점점 소득세 납부기한은 다가오니 가슴이 답답하기만 하다. 이러한 경우 세금을 나누어 내는 방법은 없을까?

● 소득세 분할 납부

◆ 분할납부 대상금액

확정신고 자진납부세액, 중간예납세액, 토지 등 매매차익예정신고 자진납부세액이 각각 1천만 원을 초과하는 경우 분할납부가 가능하다.

※ 수정신고에 의한 추가신고자진납부세액, 가산세, 조세특례제한법상 감면세액 추징에 따른 이자상당액은 분할 납부 대상이 아님

◆ 분할납부 신청방법

종합소득세 신고서 「분납할 세액」란에 분납금액을 표기하면 되며, 별도의 절차나 신청서는 필요 없다.

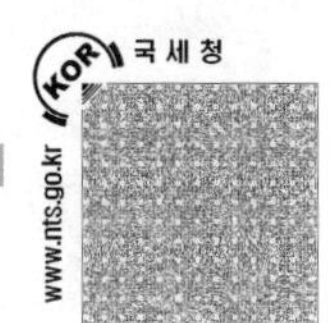

◆ 분할납부금액 계산

납부할 세액	분납할 세액	분납기한
1천만 원 초과 2천만 원 이하	1천만 원 초과 금액	납부기한이 지난 후 2개월 이내
2천만 원을 초과하는 경우	납부할 세액의 50% 이하 금액	

예시 2023년 귀속 종합소득세 확정신고 납부세액이 1,500만 원인 경우에는 2024년 5월 31일까지 1,000만 원을 납부하고, 나머지 금액은 2024년 7월 31일까지 납부하면 되며,

납부할 세액이 3,000만 원인 경우에는 2024년 5월 31일까지 1,500만 원을 납부하고 나머지 금액은 2024년 7월 31일까지 납부하면 된다.

소득세 납부여건이 좋지 않은 경우에는 분할납부를 활용하여 가산세를 부과 받지 않도록 하자.

▣ 관련 법규: 「소득세법」 제77조
「소득세법 시행령」 제140조

Q1 **[창업중소기업 등에 대한 세액감면]**
이번에 음식점을 최초 창업했습니다. 창업 시 세액감면을 받을 수 있는 제도가 있다고 하는데 요건이 궁금합니다.

A1 일정 업종으로 창업한 창업중소기업(2024.12.31.이전 수도권 과밀억제권역외 지역에서 창업)에 대해 해당 사업에서 최초로 소득이 발생한 과세연도와 그 다음 과세연도의 개시일부터 4년 이내에 끝나는 과세연도까지 해당 사업에서 발생한 소득에 대한 소득세의 50%를 감면 받을 수 있으며, 2018.5.29.부터 2024.12.31.이전에 일정 업종으로 창업하는, 청년* 창업중소기업 및 생계형창업중소기업**은 최초 소득이 발생한 과세연도와 그 다음 과세연도의 개시일부터 4년 이내에 끝나는 과세연도의 소득세의 100%(수도권 과밀억제권역 내 50%)에 상당하는 세액을 감면 받을 수 있습니다.

* 창업 당시 15세 이상 34세 이하인 사람(다만 병역 이행기간을 6년 한도로 연령에서 차감)

** 최초로 소득이 발생한 과세연도와 그 다음 과세연도의 개시일부터 4년 이내에 끝나는 과세연도까지의 기간에 속하는 과세연도의 수입금액이 8천만 원 이하(과세기간이 1년 미만인 과세연도의 수입금액은 1년으로 환산한 총수입금액)

【참고】2022.1.1.이후 과세기간부터 생계형창업중소기업의 수입금액 4,800만 원 → 8,000만 원 상향

2017.1.1.이후 2018.5.28.이전 창업하는 청년* 창업중소기업에 대해서는 최초 소득이 발생한 과세연도와 그 다음 과세연도의 개시일부터 2년 이내에 끝나는 과세연도의 소득세의 75%, 그 다음 2년 이내에 끝나는 과세연도의 소득세의 50%에 상당하는 세액을 감면함

* 창업 당시 15세 이상 34세 이하인 사람(다만 병역 이행기간을 6년 한도로 연령에서 차감)

● 해당 업종

- 광업 · 제조업 · 수도, 하수 및 폐기물 처리, 원료 재생업, 건설업, 통신판매업
- 물류산업(육상 · 수상 · 항공 운송업, 화물 취급업, 보관 및 창고업, 육상 · 수상 · 항공 운송지원서비스업, 화물운송 중개 · 대리 및 관련 서비스업, 화물포장 · 검수 및 계량 서비스업,「선박의 입항 및 출항 등에 관한 법률」에 따른 예선업,「도선법」에 따른 도선업, 기타 산업용 기계 · 장비 임대업 중 파렛트 임대업)
- 음식점업
- 정보통신업(비디오물 감상실 운영업, 뉴스제공업, 블록체인 기반 암호화자산 매매 및 중개업 제외)
- 금융 및 보험업 중 대통령령으로 정하는 정보통신을 활용하여 금융서비스를 제공하는 업종(전자금융업무, 온라인소액투자 중개업, 소액해외송금업)
- 전문, 과학 및 기술 서비스업(「엔지니어링산업 진흥법」에 따른 엔지니어링활동을 제공하는 사업 포함, 변호사업 · 변리사업 · 법무사업 · 공인회계사업 · 세무사업 · 수의업 ·「행정사법」 제14조에 따라 설치된 사무소를 운영하는 사업 ·「건축사법」 제23조에 따라 신고된 건축사사무소를 운영하는 사업 제외)
- 사업시설 관리, 사업 지원 및 임대 서비스업 중 사업시설 관리 및 조경 서비스업, 사업지원 서비스업
- 사회복지 서비스업
- 예술, 스포츠 및 여가관련 서비스업(자영예술가 · 오락장 운영업 · 수상오락 서비스업 · 사행시설 관리 및 운영업 · 그 외 기타 오락관련 서비스업 제외)
- 협회 및 단체, 수리 및 기타 개인 서비스업 중 개인 및 소비용품 수리업, 이용 및 미용업
- 「학원의 설립 · 운영 및 과외교습에 관한 법률」에 따른 직업기술 분야를 교습하는 학원을 운영하는 사업 또는 「국민 평생 직업능력 개발법」에 따른 직업능력개발 훈련시설을 운영하는 사업(직업능력개발훈련을 주된 사업으로 하는 경우로 한정)
- 「관광진흥법」에 따른 관광숙박업, 국제회의업, 유원시설업 및 대통령령으로 정하는 관광객 이용시설업(전문휴양업, 종합휴양업, 자동차야영장업, 관광유람선업과 관광공연장업)
- 「노인복지법」에 따른 노인복지시설을 운영하는 사업
- 「전시산업발전법」에 따른 전시산업

납세자가 자주 묻는 상담사례 Top10 – 종합소득세

- 창업으로 보지 않아 감면되지 아니하는 경우

① 합병 · 분할 · 현물출자 또는 사업의 양수를 통하여 종전의 사업을 승계하거나 종전의 사업에 사용되던 자산을 인수 또는 매입하여 같은 종류의 사업을 하는 경우 다만, 종전의 사업에 사용되던 자산을 인수 또는 매입하여 같은 종류의 사업을 하는 경우에 그 자산가액의 합계가 사업 개시 당시 토지 · 건물 및 기계장치 등 사업용자산(토지와 「법인세법 시행령」 제24조의 규정에 의한 감가상각자산)의 총가액에서 차지하는 비율이 30% 이하인 경우를 제외

※ 동종의 사업의 분류는 한국표준산업분류에 따른 세분류를 따른다(조특영5 ⑮).

② 거주자가 하던 사업을 법인으로 전환하여 새로운 법인을 설립하는 경우

③ 폐업 후 사업을 다시 개시하여 폐업 전의 사업과 같은 종류의 사업을 하는 경우

④ 사업을 확장하거나 다른 업종을 추가하는 경우 등 새로운 사업을 최초로 개시하는 것으로 보기 곤란한 경우

- 기타 참고사항

① 최저한세 적용 대상

② 농어촌특별세 비과세

③ 무신고(복식부기의무자가 간편장부 · 추계 신고 · 법 제70조④ 3호 서류를 미제출한 경우 등 포함) 또는 기한 후 신고하는 경우 감면배제

④ 사업용 계좌 신고의무 등 불이행에 해당하는 경우 감면 배제

⑤ 경정청구 가능

▶ 관련 법규

- 창업중소기업 등에 대한 세액감면(「조세특례제한법」 제6조)

Q2 [주택임대소득 종합과세 분리과세 비교] 주택임대 총수입금액이 2,000만 원 이하여서 분리과세 선택이 가능한데, 종합과세와 분리과세 중 어떤 것이 더 유리한가요?

A2 임대주택 등록(세무서+지자체)여부, 타 소득금액, 소득공제 항목 등이 납세자마다 달라 어느 것이 유리한지 일률적으로 말씀드리기 어렵습니다.

홈택스*(www.hometax.go.kr)에서 종합과세와 분리과세 예상세액 비교를 통해 종합소득세 부담액을 비교할 수 있습니다.

종합과세로 신고하는 경우 기본공제 적용, 기장의무 판단 수입금액, 건강보험료 부담액 등에 불리할 수가 있으니 납세자가 종합판단하여야 합니다.

* 홈택스 > 세무 업무별 서비스 > 모의계산 > 주택임대소득 종합 · 분리과세 세액 비교

길라잡이

〈사례〉 주택 본인 단독소유, 미등록임대주택, 임대기간 23.1.1.~23.12.31. 보증금 10,000,000원, 월세 500,000원, 다른 소득 없음, 남편은 근로소득 있음 종합과세는 추계신고(단순경비율 적용) 가정, 지방소득세 고려하지 않음

구분	종합과세 종합소득	분리과세	
		종합소득	주택임대소득
주택임대 수입금액	6,000,000		6,000,000
주택임대 필요경비	2,556,000		3,000,000
주택임대 소득금액	3,444,000		
종합소득금액	3,440,000	0	
소득공제(공제금액)	1,500,000	0	2,000,000
과세표준	1,944,000	0	1,000,000
세율	6%	6%	14%
산출세액	116,640	0	140,000

길라잡이

구분	종합과세 종합소득	분리과세	
		종합소득	주택임대소득
감면 · 공제세액	70,000	0	0
결정세액	46,640	0	140,000
		140,000	

〈유의사항〉 위 사례의 경우 본인은 종합과세로 신고하는 경우 세부담이 더 적으나, 본인의 소득금액이 100만 원이 초과되므로 배우자는 연말정산 시 본인에 대한 기본공제, 신용카드 사용금액 소득공제 등을 공제 받지 못합니다. 따라서 종합과세와 분리과세 시 어떤 것이 유리한지는 납세자가 종합판단하여야 합니다.

Q3 금융소득(이자·배당소득) 있으면 무조건 종합소득세를 신고해야 하는지?

A3 연간 금융소득 중 '무조건 종합과세 금융소득'(출자공동사업자의 배당소득 금액은 제외하고 판단)과 '조건부 과세 금융소득'의 합계액이 2천만 원을 초과하는 경우 '무조건 종합과세 금융소득'과 '조건부 과세 금융소득'을 합산 후 다른 소득과 함께 종합과세 신고하여야 합니다.

길라잡이

● 금융소득의 종류 및 과세방법

종류	대상	과세방법
비과세 금융소득	- 비과세 종합저축 - 농협 등 조합원·회원 예탁금 등 - 청년우대형 주택청약종합 저축 이자 - 개인종합자산관리계좌(ISA) 이자·배당 - 재형저축 이자·배당 등	비과세
무조건 분리과세 금융소득	- 세금우대종합저축 이자 등 - 비실명 금융소득 - 직장공제회 초과반환금 등	분리과세
무조건 종합과세 금융소득	- 출자공동사업자의 배당소득 - 원천징수되지 않은 금융소득(국외 이자 등)	종합과세
조건부 과세 금융소득	- 위 외의 나머지 금융소득	조건에 따라 결정

〈사례〉 종합과세 대상 금융소득의 판단

1) '무조건 종합과세 금융소득(출자공동사업자의 배당소득 금액은 제외하고 판단)'과 '조건부 과세 금융소득'의 합계액이 2천만 원을 초과하는 경우
   ⇒ 무조건 종합과세 금융소득과 조건부 과세 금융소득 합산하여 종합과세

2) '무조건 종합과세 금융소득(출자공동사업자의 배당소득 금액은 제외하고 판단)'과 '조건부 과세 금융소득'의 합계액이 2천만 원 이하인 경우
   ⇒ 무조건 종합과세 금융소득은 종합과세, 조건부 과세 금융소득 분리과세

Q4 종합소득세 확정신고 대상자는 누구인가요?

A4 해당 과세기간의 종합소득금액(이자소득, 배당소득, 사업소득, 근로소득, 연금소득, 기타소득의 합계)이 있는 사람(거주자 등*)은 그 종합소득 과세표준을 그 과세기간의 다음 연도 5. 1.부터 5. 31.까지 납세지 관할 세무서장에게 신고 · 납부하여야 합니다. (「소득세법」 제70조)

* 거주자는 국 · 내외에서 발생한 소득에 대하여 신고하며, 비거주자는 국내에서 발생한 원천소득에 대하여만 종합소득세 신고 및 납부함

한편, 해당 과세기간에 공제미달 등으로 과세표준이 없는 경우 또는 결손금이 발생한 경우에도 종합소득 과세표준확정신고를 하여야 합니다(해당 과세기간에 결손금이 있는 사람이 기장하여 신고하지 않으면 다음연도에 이월결손금공제를 받지 못함).

● 종합소득세 확정신고를 반드시 하여야 하는 경우(「소득세법」 제73조제2~4항)

- 일용근로자 외의 자로서 2인 이상으로부터 받는 근로소득 · 공적연금소득 · 종교인소득(2018. 1. 1.부터) 또는 연말정산대상 사업소득이 있는 자로서 연말정산 시에 합산신고하지 아니한 자 및 2인 이상으로부터 받는 퇴직소득을 합산신고하지 아니한 자
- 보험모집인 · 방문판매원 · 음료품배달원 사업소득이 있는 사람이 연말정산 방법으로 신고하지 않았거나, 2인 이상의 사업자로부터 소득을 받았으나 합산하여 연말정산하지 않은 경우
- 납세조합에 의하여 소득세가 징수된 국외원천 근로소득과 그 밖의 근로소득이 동시에 있는 사람으로 그 소득을 연말정산하여 합산신고하지 않은 경우
- 근로소득(일용근로소득 제외), 연금소득, 퇴직소득 · 종교인소득 또는 연말정산대상 사업소득이 있는 자에 대하여 원천징수의무자가 연말정산에 의하여 소득세를 납부하지 아니한 경우

길라잡이

- **종합소득세 확정신고 대상자 예시**

〈해당 과세기간 퇴직소득이 발생한 자 중〉
- 연말정산 근로소득이 있는 경우 ⇒ 확정신고 대상 아님
- 연말정산 근로소득과 공적연금소득이 함께 있는 경우 ⇒ 확정신고 대상
- 연말정산대상 사업소득이 있는 경우 ⇒ 확정신고 대상 아님

〈해당 과세기간 공적연금소득*이 발생한 자 중〉
- 연말정산 근로소득이 있는 경우 ⇒ 확정신고 대상
- 분리과세금융소득이 있는 경우 ⇒ 확정신고 대상 아님
- 분리과세연금소득**이 있는 경우 ⇒ 확정신고 대상 아님

* 공적연금 관련법에 따라 받는 각종 연금(국민연금, 공무원연금, 사립학교교직원 연금 등)

** 공적연금을 제외한 사적연금의 합계액이 연 1,200만 원 이하로서 분리과세를 선택한 경우

〈해당 과세기간 분리과세연금소득이 발생한 자 중〉
- 연말정산 근로소득이 있는 경우 ⇒ 확정신고 대상 아님
- 분리과세금융소득이 있는 경우 ⇒ 확정신고 대상 아님
- 연말정산대상 사업소득이 있는 경우 ⇒ 확정신고 대상 아님

- **종합소득세 확정신고를 하지 않아도 되는 경우(「소득세법」 제73조)**

• 근로소득, 퇴직소득, 공적연금소득만 있는 자에 대하여 원천징수 의무자가 법에 따라 소득세를 원천징수한 경우(단, 근로소득 및 공적 연금소득 연말정산 시 공제 등을 적용 받지 못한 경우 증빙서류를 첨부하여 소득세 확정신고를 통하여 추가로 공제 받을 수 있음)
• 보험모집인 · 방문판매원 · 음료품배달원의 사업소득으로서 연말정산을 완료한 경우(단, 간편장부대상자로서 해당 과세기간에 다른 소득이 없을 경우에 한함)
• 원천징수되는 기타소득으로서 종교인소득만 있는 자(2018. 1. 1.부터)
• 일용근로자 외의 자로서 2인 이상으로부터 받는 근로소득 · 연금소득 · 퇴직소득 · 연말정산대상 사업소득 · 종교인소득(2018.1.1.부터)이 있는 자로서 연말정산 및 퇴직소득 세액정산으로 추가납부할 세액이 없는 경우
• 퇴직&근로소득 또는 퇴직&공적연금소득 또는 퇴직&연말정산대상 사업소득만 있는 자

- 퇴직&원천징수되는 기타소득으로서 종교인소득만 있는 자 (2018. 1. 1.부터)
- 원천징수된 이자 · 배당소득만 있는 사람으로 금융소득종합과세 기준금액 미달 소득자
- 국외원천 근로 · 퇴직소득만 있는 자가 납세조합에 가입하여 납세조합이 연말정산한 경우
- 일용근로소득만 있는 자
- 수시부과 후 추가로 발생한 소득이 없을 경우

Q5 복식부기의무자와 간편장부대상자의 구분 기준은 무엇인가요?

A5 사업자는 소득금액을 계산할 수 있도록 증명서류 등을 갖춰 놓고 그 사업에 관한 모든 거래 사실이 객관적으로 파악될 수 있도록 복식부기에 따라 장부에 기록 · 관리하여야 하는 것이나, 업종 · 규모 등을 고려하여 업종별 일정 규모 미만의 사업자가 간편장부를 갖춰 놓고 그 사업에 관한 거래 사실을 성실히 기재한 경우에는 장부를 비치 · 기록한 것으로 보는 것입니다(업종별 일정 규모 미만의 사업자는 "간편장부대상자"라 하고, 간편장부대상자 외의 사업자는 "복식부기의무자"라 함).

● 기장의무자 구분

구 분	대 상 자
복식부기의무자	간편장부대상자 외 사업자
간편장부 대상자	- 해당 과세기간 신규사업자 - 직전 과세기간 수입금액(결정 · 경정 수입금액 포함, 사업용유형자산 양도금액 제외)의 합계액이 아래의 업종별 기준수입금액(기재부령으로 정하는 영세사업주의 경우 기재부령으로 정한 금액)에 미달하는 사업자 ※ 의사 · 변호사 등 전문직사업자는 무조건 복식부기의무자임

길라잡이

● 복식부기 혹은 간편장부 판단 업종별 기준수입금액(「소득세법 시행령」 제208조)

업종	기준수입금액
농업 · 임업 및 어업, 광업, 도매 및 소매업(상품중개업 제외), 부동산매매업, 그 밖에 아래에 해당되지 아니하는 사업	3억 원
제조업, 숙박 및 음식점업, 전기 · 가스 · 증기 및 수도사업, 하수 · 폐기물처리 · 원료재생 및 환경복원업, 건설업(비주거용 건물 건설업은 제외), 부동산개발 및 공급업(주거용 건물 개발 및 공급업에 한정), 운수업, 출판 · 영상 · 방송통신 및 정보서비스업, 금융 및 보험업, 상품중개업, 욕탕업	1억5천만 원
부동산 임대업, 부동산관련 서비스업, 임대업(부동산임대업 제외), 전문 · 과학 및 기술서비스업, 사업시설관리 및 사업지원서비스업, 교육서비스업, 보건업 및 사회복지서비스업, 예술 · 스포츠 및 여가 관련 서비스업, 협회 및 단체, 수리 및 기타 개인서비스업 , 가구내 고용활동	7천5백만 원

Q6 간편장부대상자의 추계신고 시 기준경비율 및 단순경비율 적용 대상자 판단기준은 무엇인가요?

A6 모든 사업자는 사업의 내용에 따른 증빙을 수취하고 이를 복식장부에 기록하여 소득금액을 계산하여야 하나, 영세사업자와 부득이 기장하지 못한 사업자의 소득금액을 계산하기 위해 간편장부제도와 추계신고(기준경비율 혹은 단순경비율)제도를 두고 있습니다.

추계신고란 장부와 증빙자료가 미비하여 소득금액을 계산할 수 없는 납세자가 신고하는 방법을 말하는 것으로, 간편장부대상자가 추계로 신고하는 경우 '직전 과세기간의 수입금액'(결정 또는 경정으로 증가된 수입금액 포함)의 합계액이 아래의 기준수입금액에 미달하는 사업자는 단순경비율로 추계 신고 가능한 것입니다.

● 단순경비율 적용 기준수입금액(「소득세법 시행령」 제143조)

업종별	직전연도 수입금액	당해연도 수입금액
농업 · 임업 및 어업, 광업, 도매 및 소매업(상품중개업 제외), 부동산 매매업, 그 밖에 아래에 해당되지 아니하는 사업	6천만 원 미만	3억 원 미만
제조업, 숙박 및 음식점업, 전기 · 가스 · 증기 및 공기조절 공급업, 수도 · 하수 · 폐기물처리 · 원료재생업, 건설업(비주거용 건물 건설업 제외, 주거용 건물 개발 및 공급업 포함), 운수업 및 창고업, 정보통신업, 금융 및 보험업, 상품중개업 (23년 과세기간분부터) 수리 및 기타 개인서비스업(부가가치세법 시행령 제42조 제1호에 따른 인적용역만 해당)	3천6백만 원 미만	1억5천만 원 미만

업종별	직전연도 수입금액	당해연도 수입금액
부동산 임대업, 부동산업(부동산매매업은 제외),전문 · 과학 및 기술서비스업, 사업시설관리 · 사업지원 및 임대서비스업, 교육서비스업, 보건업 및 사회복지서비스업, 예술 · 스포츠 및 여가관련 서비스업, 협회 및 단체, 수리 및 기타 개인서비스업 , 가구내 고용활동 (23년 과세기간분부터) 수리 및 기타 개인서비스업(부가가치세법 시행령 제42조 제1호에 따른 인적용역 제외)	2천4백만 원 미만	7천5백만 원 미만

〈참고사항〉

- 계속사업자 ⇒ 직전연도와 당해연도 모두 충족하여야만 단순경비율 적용 가능
- 신규사업자 ⇒ 당해연도 요건만 충족하면 단순경비율로 추계 신고 가능
- 계속사업인 '인적용역 사업소득자*'의 단순경비율 적용 요건(2023년 귀속분)
  ⇒ 직전연도(2022년) 수입금액 3천6백만 원 미만 요건과 당해연도(2023년) 수입금액 7천5백만 원 미만 요건을 모두 충족해야만 단순경비율 적용

* 수리 및 기타 개인서비스업 중「부가가치세법 시행령」제42조 제1호에 따른 인적용역

길라잡이

● 단순경비율 적용이 배제되는 사업자

(1) 다음에 해당하는 전문직 사업자

- 「의료법」에 따른 의료업, 「수의사법」에 따른 수의업 및 「약사법」에 따라 약국을 개설하여 약사에 관한 업을 행하는 사업자
- 변호사업, 심판변론인업, 변리사업, 법무사업, 공인회계사업, 세무사업, 경영지도사업, 기술지도사업, 감정평가사업, 손해사정인업, 통관업, 기술사업, 건축사업, 도선사업, 측량사업, 공인노무사업

(2) 현금영수증가맹점 가입의무자 중 의무가입기한(요건해당일로부터 60일 이내. 단, 직전수입금액 2천4백만 이상인 경우 3개월)이내에 가입하지 아니한 사업자(가입하지 아니한 해당 과세기간에 한함)

(3) 신용카드가맹점 또는 현금영수증가맹점으로 가입한 사업자로서 관할 세무서장으로부터 해당 과세기간에 다음의 어느 하나에 해당하는 사실을 3회 이상 통보받고 그 합계금액이 100만 원 이상이거나, 5회 이상 통보받은 사업자(통보받은 내용이 발생한 날이 속하는 해당 과세기간에 한정)

㉠ 신용카드에 의한 거래를 거부하거나 사실과 다르게 발급한 경우

㉡ 현금영수증 발급을 거부하거나 사실과 다르게 발급한 경우

● **업종 겸영 혹은 사업장이 2개 이상인 경우 경비율 판단**

사업자가 업종을 겸영하거나, 2개 이상의 사업을 하는 경우는 아래의 식에 의해 계산한 금액으로 판단한다(소득세법 시행령 제208조제7항).

$$\text{주업종 수입금액} + \text{주업종 외 수입금액} \times \frac{\text{주업종 기준금액}}{\text{주업종 외 기준금액}}$$

※ 주업종: 수입금액이 가장 큰 업종

● **공동사업자의 경비율 판단(소득세법 기본통칙 70-0…2 ③)**

공동사업장에 대하여는 해당 소득이 발생한 공동사업장별로 소득금액을 계산하는 것으로, 공동사업장은 해당 공동사업장을 1사업자로 보아 장부기장의무 등을 적용하며(소득세법 제87조), 공동사업의 구성원이 동일한 공동사업장이 2개 이상인 경우에는 공동사업장 전체의 직전연도 수입금액 합계액을 기준으로 판단

Q7 업무용 승용차 관련 비용 등의 필요경비 불산입 특례란?

A7 복식부기의무자가 "업무용승용차"를 취득하거나 임차하여 해당 과세기간에 필요경비로 계상하거나 지출한 비용* 중, 업무전용자동차 보험 미가입 등 "업무사용금액"에 해당하지 아니하는 업무용승용차 관련 비용은 필요경비에 산입하지 아니함을 말하는 것입니다.

* 감가상각비, 임차료, 유류비, 보험료, 수선비, 자동차세, 통행료 및 금융리스 이자비용 등

- 업무용승용차란?

  업무에 사용한 「개별소비세법」 제1조제2항제3호에 해당하는 승용자동차

※ 업무용승용차에서 제외되는 차량

- 개별소비세 대상이 아닌 화물차, 경차, 정원 9인 이상의 승용차(카니발 9인승 등)
- 수익을 얻기 위하여 직접 사용하는 승용자동차(운수업, 자동차판매업, 자동차임대업, 운전학원업, 경비업 및 시설대여업)
- 장례식장 및 장의관련서비스업을 영위하는 사업자가 소유 · 임차한 운구용 승용차

- 업무사용금액의 필요경비 인정여부(복식부기의무자만 해당)

  (1) 1대의 업무용승용차 관련 비용

  업무전용자동차보험 가입 여부와 무관하게 업무사용금액** 전액 필요경비 인정

  ** 업무사용금액: 업무용승용차 관련 비용 × 업무사용비율

  ※ 업무사용비율이란? 업무용승용차 운행기록부에 따라 확인되는 총 주행거리 중 업무용 사용거리가 차지하는 비율

(2) 1대 초과분 업무용승용차 관련 비용

1대를 초과한 업무용승용차는 업무전용자동차보험 가입유무에 따라 필요경비 인정여부가 결정됨

① 업무전용자동차보험에 가입 시

- 1대 초과분 업무용승용차에 대한 업무사용금액도 전액 경비 인정

② 업무전용자동차보험에 가입하지 않은 경우

- 1대 초과분 업무용승용차 관련은 필요경비 불인정(단, 아래와 같이 유예 있음)

〈유예 규정〉

⇒ 2021. 1. 1.부터 2023. 12. 31.까지: 직전 성실신고확인대상자 및 전문직 업종(의료업, 수의업, 약사업, 변호사업, 공인회계사업, 세무사업 등)만 1대 초과분에 대하여 업무전용자동차보험 가입의무 있었으며, 미가입 시 업무사용금액의 50%만 필요경비로 인정

⇒ 2024. 1. 1.부터: 모든 복식부기의무자가 1대 초과에 대하여 업무전용자동차보험 가입의무가 있으며, 직전 성실신고확인대상자 및 전문직 업종 외의 복식부기의무자가 미가입 시 업무사용금액의 50%는 필요경비로 인정(2024. 1. 1.부터 2025. 12. 31.까지)

길라잡이

● **일부만 보험에 가입한 경우 경비인정(「소득세법 시행령」 제78조의3)**

해당 과세기간의 전체 기간(임차한 승용차의 경우 해당 과세기간 중에 임차한 기간을 말한다) 중 일부기간만 업무전용자동차보험에 가입한 경우에 따른 업무사용금액은 다음의 계산식에 따라 산정한 금액으로 함

$$\text{업무용 승용차 관련 비용} \times \text{업무사용비율} \times \frac{\text{해당 과세기간 실제로 업무전용자동차보험에 가입한 일수}}{\text{해당 과세기간에 업무전용자동차보험에 의무적으로 가입해야 할 일수}}$$

- '운행기록 등'의 작성에 따른 업무사용금액의 계산

① '운행기록 등'***을 작성한 경우

업무사용금액 = 업무용승용차 관련비용 × 업무사용비율

*** 업무용승용차 운행기록 방법에 관한 고시(국세청 제2022-8호, 2022.4.1.)에 의해 승용차 별로 작성 · 비치

② '운행기록 등'을 작성하지 않은 경우

업무사용금액 = Min(업무용승용차 관련비용, 1천5백만 원****)

**** 해당 과세기간이 1년 미만이거나 과세기간 중 일부 기간 동안 보유 또는 임차한 경우에는 1천5백만 원에 해당 보유기간 또는 임차기간에 해당하는 월수를 곱하고 이를 12로 나누어 산출한 금액(「소득세법 시행령」 제78의3제7항)

Q8 성실신고확인제란 무엇이며 대상 여부 판단 기준은?

A8 성실신고확인제는 수입금액이 업종별로 일정 규모 이상인 개인사업자가 종합소득세를 신고할 때 장부 기장내용의 정확성 여부를 세무사 등에게 확인받은 후 신고하게 함으로써 개인사업자의 성실한 신고를 유도하기 위해 도입된 제도입니다.

성실신고확인 대상 사업자는 종합소득세 확정신고를 할 때 성실신고확인서를 납세지 관할 세무서장에게 제출하여야 하며, 이 경우 신고기한은 해당 과세기간의 다음 연도 6. 30.까지입니다.

⇒ 성실신고확인 대상 사업자의 종합소득세 신고기간은 해당 과세기간의 다음 연도 5. 1.부터 6. 30.까지입니다.

● 성실신고확인대상사업자의 기준금액

해당 과세기간의 수입금액이 아래 기준수입금액(사업용 유형자산 양도금액 제외) 이상인 사업자

업종별	해당 과세기간 기준수입금액
1. 농업 · 임업 및 어업, 광업, 도매 및 소매업(상품중개업 제외), 부동산 매매업, 그 밖에 아래에 해당되지 아니하는 사업	15억 원
2. 제조업, 숙박 및 음식점업, 전기 · 가스 · 증기 및 공기조절 공급업, 수도 · 하수 · 폐기물처리 · 원료재생업, 건설업(비주거용 건물 건설업 제외, 주거용 건물 개발 및 공급업 포함), 운수업 및 창고업, 정보통신업, 금융 및 보험업, 상품중개업	7억5천만 원
3. ㉠ 부동산임대업, 부동산업, 전문 · 과학 및 기술서비스업, 사업시설관리 · 사업지원 및 임대서비스업, 교육서비스업, 보건업 및 사회복지서비스업, 예술 · 스포츠 및 여가 관련 서비스업, 협회 및 단체, 수리 및 기타 개인서비스업, 가구내 고용활동 ㉡ 위 제1호 및 제2호에 해당하는 업종을 영위하는 사업자 중 아래에 해당하는 전문직 사업자 - 변호사업, 회계사업, 세무사업, 변리사업, 건축사업, 법무사업, 심판변론인업, 경영지도사업, 기술지도사업, 감정평가사업, 손해사정인업, 통관업, 기술사업, 측량사업, 공인노무사업(별표 3의3의 사업서비스업)	5억 원

길라잡이

● 성실신고확인대상 판단 참고사항

1) 업종을 겸영하는 경우에는 아래의 식에 의해 계산한 수입금액에 따라 성실신고확인대상 여부를 판정(「소득세법 시행령」 제133조)

$$\text{주업종 수입금액} + \text{주업종외 수입금액} \times \frac{\text{주업종에 대한 성실신고확인대상 기준수입금액}}{\text{주업종 외의 업종에 대한 성실신고확인대상 기준수입금액}}$$

※ 주업종이란: 수입금액이 가장 큰 업종

2) 공동사업장에서 발생한 수입금액은 공동사업장을 1거주자로 보고 성실신고확인대상사업자 해당 여부를 판단하는 것임(서면-2015-소득-0627, 2015.05.21.)

Q9 복식부기의무자와 간편장부대상자가 장부에 의하지 않고 추계로 소득세를 신고하였을 때 어떤 가산세를 부담하여야 하나요?

A9 복식부기의무자가 장부를 비치 · 기록하지 않고 기준경비율 또는 단순경비율에 의해 추계신고하는 경우에는 종합소득세 확정신고를 하지 아니한 것으로 보아 무신고가산세와 무기장가산세 중 큰 금액을 가산세로 부담하여야 합니다.

- 무신고가산세 = 무신고납부세액의 20%와 수입금액의 0.07% 중 큰 금액(부정 무신고의 경우 무신고납부세액의 40%와 수입금액의 0.14% 중 큰 금액)
- 장부의 기록 · 보관 불성실 가산세 = 종합소득산출세액 × (미기장 소득금액 ÷ 종합소득금액) × 20%

간편장부대상자(소규모사업자* 제외)가 기준경비율 또는 단순경비율로 추계신고한 경우에는 해당 산출세액의 20%를 장부의 기록 · 보관 불성실 가산세로 부과합니다.

* 신규 개업한 자, 직전 과세기간 수입금액 4,800만 원 미만인 자, 연말정산하는 사업소득만 있는 자

Q10 공동사업자의 소득금액 계산 및 종합소득세 신고방법은 무엇인가요?

A10 사업소득이 발생하는 공동사업장을 1거주자로 보아 해당 소득이 발생한 공동사업장별로 소득금액을 계산하고, 공동사업에서 발생하는 소득금액은 해당 공동사업의 각 거주자(출자공동사업자 포함)간에 약정된 손익분배비율(약정된 손익분배비율이 없는 경우에는 지분비율)에 따라 각 공동사업자별로 분배된 후 각 공동사업자별로 종합소득세를 신고하는 것입니다(「소득세법」 제43조).

단, 공동사업장 구성원 간에 특수관계가 있는 경우(생계를 같이 하는 자만 해당)로서 손익분배비율을 거짓으로 정하는 등의 사유가 있는 때에는 그 특수관계인의 소득금액은 그 손익분배비율이 가장 큰 공동사업자의 소득금액으로 보아 소득금액을 계산하는 특례 규정을 두고 있습니다(법43 ③).

길라잡이

- **공동사업장의 기장의무(「소득세법」 제87조제3항)**
  그 공동사업장을 1사업자로 보아 장부 비치 및 기장의무를 적용

- **공동사업장에서 발생한 결손금 처리(소득집행기준 43-0-3)**
  공동사업장에서 발생한 결손금은 각 공동사업자별로 분배되어 그들의 다른 소득금액과 통산하며 각 공동사업자별로 공제받지 못한 결손금은 각 공동사업자별로 이월되는 것이므로, 공동사업장의 이월결손금은 존재하지 않음

- **원천징수된 세액의 배분(「소득세법」 제87조제1항)**
  공동사업장에서 발생한 소득금액에 대하여 원천징수된 세액은 각 공동사업자의 손익분배비율에 따라 배분

- **공동사업장의 신고서 제출방법(「소득세법 시행령」 제150조제6항)**
  공동사업장의 대표공동사업자는 종합소득세 확정신고를 하는 때에 주소지 관할 세무서장에게 공동사업자별 분배명세서를 제출(복식기장 신고시에는 재무제표 등도 첨부)하여야 하며, 대표공동사업자가 확정신고 시 공동사업장의 재무제표 등을 첨부 · 제출한 경우에는 비대표 공동사업자가 해당 재무제표를 제출하지 않은 경우에도 가산세를 적용하지 않음

03

사업 운영 단계 (사업자의 세금 신고 · 납부)

전자(세금)계산서 제도

전자세금계산서를 발급해야 하는 사업자

발급의무 개시일	발급의무 대상
2022. 7. 1.	직전연도 과세 공급가액과 면세공급가액의 합계액이 2억 원 이상 개인사업자
2023. 7. 1.	직전연도 과세 공급가액과 면세공급가액의 합계액이 1억 원 이상 개인사업자
2024. 7. 1.	직전연도 과세 공급가액과 면세공급가액의 합계액이 8천만 원 이상 개인사업자

전자세금계산서 발급의무자가 발급 · 전송의무를 위반한 경우 가산세 부과

※ 전자세금계산서 미발급 가산세(공급가액의 2%), 지연발급 가산세(공급가액의 1%), 지연수취 가산세(공급가액의 0.5%)

- 단, 전자세금계산서 의무발급자가 종이세금계산서 발급 시 1%, 자신의 다른 사업장 명의로 발급 시 1%

※ 미전송 가산세(공급가액의 0.5%), 지연전송 가산세(공급가액의 0.3%)

전자계산서(면세)를 발급해야 하는 사업자

발급의무 개시일	발급의무 대상
2022. 7. 1.	직전 과세기간의 총수입금액이 2억 원 이상인 개인사업자
2023. 7. 1.	직전 과세기간의 총수입금액이 1억 원 이상인 개인사업자
2024. 7. 1.	직전 과세기간의 총수입금액이 8천만 원 이상인 개인사업자

※ 총수입금액: 사업장별 부가가치세 과세 공급가액 및 면세 수입금액의 합계액임

전자(세금)계산서 발급방법

- 국세청에서 운영하는 「홈택스」 누리집에서 발급
- 전자세금계산서 시스템 사업자(ASP, ERP)를 통한 발급
- 기타 발급방법(인터넷 사용이 어려운 경우)

※ 전화 ARS(☎126 - 1 - 2 - 1)로 발급, 세무서 방문하여 대리발급 신청

| 전자(세금)계산서 발급 · 전송기한

- 발급기한: 재화 또는 용역의 공급 시기(단, 월합계(세금)계산서의 경우 공급 시기가 속하는 달의 다음 달 10일)
- 전송기한: 전자(세금)계산서 발급일의 다음날

| 전자(세금)계산서 발급 · 전송 혜택

- (세금)계산서 보관의무 면제
- 부가가치세 등 신고 시 합계표 개별명세 작성 불필요
- 전자세금계산서 발급세액공제(건당 200원, 연간 1백만 원 한도)
  - 대상자: 직전연도 과 · 면세 공급가액 합계액이 3억 원 미만인 개인 사업자
    (2023. 7. 1. 발급분부터 세금계산서 발급의무가 있는 간이과세자도 발급 세액공제 적용)
- 전자계산서 발급세액공제(건당 200원, 연간 1백만 원 한도)
  - 대상자: 직전 과세기간 총수입금액 합계액이 3억 원 미만인 개인 사업자

사례로 보는 세금 절약 Guide – 전자세금계산서 관련

1. 전자세금계산서 쉽게 발급하고, 신고는 편리하게 하자.

종로에서 소매업을 영위하고 있는 이길동 씨는 개업 이후 세금계산서를 발급해 본 경험이 없었는데, 단골 고객으로부터 세금계산서를 발급해달라는 요구를 받았다. 이길동씨는 세금계산서를 어떻게 발급해야 하는지 몰라 당황하였다.

세금계산서를 발급하는 쉽고 편리한 방법은 무엇이 있을까?

세금계산서는 사업자가 재화 또는 용역을 공급하고 상대방으로부터 부가가치세를 거래징수하였다는 사실을 확인해주는 증빙서류이다. 세금계산서 종류에는 종이세금계산서와 전자세금계산서가 있지만, 쉽고 편리한 전자세금계산서를 이용하여 발급하면 세금 절약 혜택까지 받을 수 있어 사업자에게 유리하다.

● 전자세금계산서를 발급하는 방법은?

전자세금계산서를 발급하려면 먼저 전자서명을 위한 공동인증서를 준비하여야 한다. 그리고 국세청에서 운영하는 홈택스 또는 손택스(모바일앱), 전자세금계산서 발급대행사업자(ASP)가 운영하는 발급사이트 중 하나를 선택하여 회원가입을 한 후 전자세금계산서를 발급하면 된다.

만약 공동인증서 발급이 어렵다면 세무서 방문을 통해 보안카드를 무료로 발급받아 홈택스 또는 손택스에서 전자세금계산서를 발급받을 수 있다.

● 전자세금계산서 발급 시 혜택은?

전자세금계산서를 발급하면 별도로 출력이나 보관할 필요가 없어 종이 세금계산서에 비해 발급 비용이 절감되고, 분실 및 훼손 위험도 방지할 수 있다. 그리고 부가가치세 신고 시 매출 · 매입처별 세금계산서합계표에 합계액만 기재하고 거래처별 명세를 작성하지 않아도 되어 신고가 간편하다.

또한 직전연도 과 · 면세 공급가액 합계액이 3억 원 미만인 개인사업자는 2022년 7월 발급하는 분부터 건당 200원(연간 100만 원 한도)의 발급세액공제도 적용받을 수 있어 전자세금계산서 발급으로 세금 부담을 줄일 수 있다. 세금계산서 발급의무가 있는 간이과세자도 2023년 7월 발급하는 분부터 건당 200원(연간 100만 원 한도)의 발급세액공제 적용이 가능하다.

● 전자세금계산서를 발급하지 않는 경우 불이익은?

2023년 재화 또는 용역의 공급가액(과세 · 면세) 합계액이 8천만 원 이상이 되었다면 2024년 7월 1일분부터 전자세금계산서를 의무발급하여야 한다. 의무발급 대상자에 해당한다면 부가가치세 재화 또는 용역을 공급하고 세금계산서를 발급할 때 반드시 전자세금계산서로 발급하여야 하고, 이를 위반하게 되면 가산세가 적용되므로 주의하여야 한다.

구분	내용	가산세율
미발급가산세	발급시기가 지난 후 공급 시기가 속하는 과세기간에 대한 확정신고 기한 내에 발급하지 않은 경우	2%
지연발급가산세	발급시기가 지난 후 공급 시기가 속하는 과세기간에 대한 확정신고 기한 내에 발급한 경우	1%
종이세금계산서 발급가산세	발급시기에 전자세금계산서 외의 세금계산서를 발급한 경우	1%
미전송가산세	발급일의 다음날이 지난 후 공급 시기가 속하는 과세기간에 대한 확정신고기한까지 미전송한 경우	0.5%
지연전송가산세	발급일의 다음 날이 지난 후 공급 시기가 속하는 과세기간에 대한 확정신고기한까지 전송한 경우	0.3%

04 사업 운영 단계 (사업자의 세금 신고 · 납부)

현금영수증 발급 의무화

국세청 www.nts.go.kr

현금영수증 발급 의무화를 시행

전문직, 병·의원, 일반교습학원, 예술학원, 골프장업, 장례식장업, 예식장업, 부동산중개업 사업자 등은 건당 10만 원 이상 거래금액(부가세 포함)에 대하여 그 대금을 현금으로 받은 경우 소비자가 요청하지 않아도 현금영수증을 발급하여야 합니다. [사업자에게 (세금)계산서를 발급하는 경우 제외]

적용대상 업종(「소득세법 시행령」 제210조의 3)

구분	업종
1. 사업 서비스업	변호사업, 공인회계사업, 세무사업, 변리사업, 건축사업, 법무사업, 심판변론인업, 경영지도사업, 기술지도사업, 감정평가사업, 손해사정인업, 통관업, 기술사업, 측량사업, 공인노무사업, 행정사
2. 보건업	종합병원, 일반병원, 치과병원, 한방병원, 요양병원, 일반의원(일반과, 내과, 소아청소년과, 일반외과, 정형외과, 신경과, 정신건강의학과, 피부과, 비뇨기학과, 안과, 이비인후과, 산부인과, 방사선과 및 성형외과), 기타의원(마취통증의학과, 결핵과, 가정의학과, 재활의학과 등 달리 분류되지 아니한 병과), 치과의원, 한의원, 수의업
3. 숙박 및 음식점업	일반유흥 주점업(「식품위생법 시행령」 제21조제8호 다목에 따른 단란주점영업을 포함한다), 무도유흥 주점업, 일반 및 생활 숙박시설운영업, 출장 음식 서비스업, 고시원 운영업, 숙박공유업
4. 교육 서비스업	일반 교습 학원, 예술 학원, 외국어학원 및 기타 교습학원, 운전학원, 태권도 및 무술 교육기관, 기타 스포츠 교육기관, 기타 교육지원 서비스업, 청소년 수련시설 운영업(교육목적용으로 한정한다), 기술 및 직업훈련학원, 컴퓨터학원, 기타교육기관
5. 그 밖의 업종	가전제품 소매업, 골프장 운영업, 골프연습장 운영업, 장례식장 및 장의관련 서비스업, 예식장업, 부동산 중개 및 대리업, 부동산 투자 자문업, 산후조리원, 시계 및 귀금속 소매업, 피부미용업, 손 · 발톱 관리 미용업 등 기타 미용업, 비만 관리 센터 등 기타 신체 관리 서비스업, 마사지업(발마사지업 및 스포츠 마사지업으로 한정한다), 실내건축 및 건축마무리 공사업(도배업만 영위하는 경우는 제외한다), 인물사진 및 행사용 영상 촬영업, 결혼 상담 및 준비 서비스업, 의류 임대업, 의약품 및 의료용품 소매업, 화물자동차 운수사업법 시행령 제9조제1호에 따른 이사화물운송주선사업 (포장이사운송업으로 한정한다), 자동차 부품 및 내장품 판매업, 자동차 종합 수리업, 자동차 전문 수리업, 전세버스 운송업, 가구 소매업, 전기용품 및 조명장치 소매업, 의료용 기구 소매업, 페인트 · 창호 및 기타 건설자재 소매업, 안경 및 렌즈 소매업, 운동 및 경기용품 소매업, 예술품 및 골동품 소매업, 중고자동차 소매업 및 중개업, 악기소매업, 자전거 및 기타 운송장비 소매업, 체력단련시설 운영업, 묘지분양 및 관리업, 장의차량 운영업, 독서실 운영업, 두발 미용업, 철물 및 난방용구 소매업, 신발 소매업, 애완용 동물 및 관련용품 소매업, 의복 소매업, 컴퓨터 및 주변장치 · 소프트웨어 소매업, 통신기기 소매업, 건강보조식품 소매업, 자동차 세차업, 벽지 · 마루 덮개 및 장판류 소매업, 공구 소매업, 가방 및 기타 가죽제품 소매업, 중고가구 소매업, 사진기 및 사진용품 소매업, 모터사이클 수리업, 주방용품 및 가정용 유리 · 요업제품 소매업*, 가전제품 수리업, 가정용 직물제품 소매업, 가죽 · 가방 및 신발 수리업, 게임용구 · 인형 및 장난감 소매업, 구두류 제조업, 남자용 겉옷 제조업, 여자용 겉옷 제조업, 모터사이클 및 부품 소매업(부품에 한정), 시계 · 귀금속 및 악기 수리업, 운송장비용 주유소 운영업, 의복 및 기타가정용 제품 수리업, 중고가전제품 및 통신장비 소매업 * 거울 · 액자(내용물 없는 것) · 주방용 유리 제품 · 관상용 어항 소매업은 2016. 7. 1부터 의무발행업종이며, 그 외 제품은 2023. 1. 1. 거래분부터 의무발행업종임

구분	업종
5. 그 밖의 업종	백화점, 대형마트, 체인화편의점, 기타 대형 종합소매업, 서적, 신문 및 잡지류 소매업, 곡물, 곡분 및 가축사료 소매업, 육류 소매업, 자동차 중개업, 이사화물운송주선사업*, 주차장 운영업, 여객자동차 터미널 운영업, 통신장비 수리업, 보일러수리 등 기타 가정용품 수리업 * 포장이사운송업은 2014.1.1.부터 의무발행 업종이어서 제외함
6. 통신 판매업*	전자상거래 소매업, 전자상거래 소매 중개업, 기타 통신판매업 * 제1호부터 제5호까지의 규정에 따른 업종에서 사업자가 공급하는 재화 또는 용역을 온라인 통신망을 통하여 소매하는 경우에 한정한다)

※ 밑줄 친 업종은 2024. 1. 1.거래분부터 발급의무 시행

- 소비자가 현금영수증 발급을 요청하지 않아 인적사항을 확인할 수 없는 경우 국세청 지정번호(010-000-1234)로 현금영수증을 자진 발급하여야 합니다.
  - 소비자는 당시 현금영수증을 요청하지 않았더라도 홈택스(전자(세금)계산서 · 현금영수증 · 신용카드 → 현금영수증 → 현금영수증 수정 → 자진발급분 소비자등록, 자진 발급분 사업자등록)에서 해당 현금영수증의 승인번호, 거래일자, 거래금액을 입력 후 등록하면 소득공제를 받을 수 있습니다.

| 발급 의무 위반에 대한 제재

- 현금영수증 발급 의무를 위반한 자에 대해 현금영수증 미발급 금액의 100분의 20에 상당하는 가산세(2018. 12. 31. 이전 거래분에 대하여는 미발급 금액의 100분의 50에 상당하는 과태료)를 부과합니다.
  - 「국민건강보험법」에 따른 보험급여, 「자동차손해배상보장법」에 따른 보험금 등에 대하여는 가산세를 부과하지 않습니다.

※ 자세한 내용은 인터넷 누리집 「hometax.go.kr」, 스마트폰 「구글스토어/애플 앱스토어 - 국세청 홈택스앱 」 또는 국세상담센터 (국번없이 ☎126)로 문의바랍니다.

05

사업 운영 단계 (사업자의 세금 신고 · 납부)

원천세 신고 · 납부

원천징수는 누가, 어떤 경우에 해야 하나?

- 원천징수는 원천징수 대상이 되는 소득이나 수입금액을 지급할 때 이를 지급하는 자(원천징수의무자)가 하여야 합니다.
- 원천징수 대상소득은 다음과 같습니다.
  - 봉급, 상여금 등의 근로소득
  - 이자소득, 배당소득
  - 퇴직소득, 연금소득
  - 상금, 강연료 등 일시적 성질의 기타소득
  - 인적용역소득(사업소득)
  - 공급가액의 20%를 초과하는 봉사료

원천징수 세액의 납부

- 원천징수한 세액은 다음 달 10일까지 은행·우체국 등 가까운 금융회사에 납부하고, 원천징수이행상황신고서는 세무서에 제출하여야 합니다.
- 관할세무서장으로부터 반기별 납부 승인 또는 국세청장의 지정을 받은 자는 상반기 원천징수한 세액을 7. 10.까지, 하반기 원천징수한 세액을 다음 해 1. 10.까지 납부하면 됩니다.

※ '원천징수이행상황신고서'도 반기별로 제출하면 됩니다.

반기별 납부

- 반기별 납부대상자
  - 직전 과세기간(신규사업자는 신청일이 속하는 반기) 상시 고용인원이 20인 이하인 사업자(금융보험업 제외), 종교단체로서 세무서장의 승인 또는 국세청장의 지정을 받은 자
- 신청기간
  - 상반기부터 반기별 납부를 하고자 하는 경우 : 직전연도 12. 1.~ 12. 31.
  - 하반기부터 반기별 납부를 하고자 하는 경우 : 6. 1. ~ 6. 30.

기타소득의 원천징수

- 원천징수할 세액 = (지급액 − 필요경비) × 20%
- 필요경비
  - 지급금액의 60%를 인정하는 경우

- 일시적 인적용역(강연료, 방송해설료, 심사료 등)
- 공익사업과 관련된 지역권·지상권 설정대가
- 창작품에 대한 원작자로서 받은 원고료·인세 등
- 상표권, 영업권, 산업상 비밀 등의 자산이나 권리의 대여금액
- 통신판매 중개업자를 통한 연수입 500만 원 이하 물품·장소의 대여소득

• 지급금액의 80%를 인정하는 경우
- 공익법인이 주무관청의 승인을 얻어 시상하는 상금·부상
- 다수가 순위 경쟁하는 대회에서 입상자가 받는 상금·부상
- 서화, 골동품의 양도로 발생하는 소득(1억 원 이하 또는 10년 이상 보유 후 양도분 90% 인정)
- 계약의 위약·해약으로 받는 주택입주 지체상금

• 기타: 수입금액을 얻기 위하여 지출한 비용

| 사업소득의 원천징수

● 원천징수대상 사업소득을 지급할 때에는 지급금액의 3%를 원천징수하여야 합니다.

• 원천징수 대상 사업소득
- 전문지식인 등이 고용관계 없이 독립된 자격으로, 직업적으로 용역을 제공하고 받는 대가
- 의사 등이 의료보건용역을 제공하고 받는 대가 등

| 봉사료의 원천징수

● 원천징수 대상

사업자가 음식 · 숙박용역 등을 제공하고 그 대가와 함께 봉사료를 받아 자기의 수입금액으로 계상하지 아니하고 이를 접대부 등에게 지급하는 경우로서, 그 봉사료 금액이 매출액의 20%를 초과하는 경우

● 원천징수 세액

봉사료 지급액의 5%를 원천징수하여야 합니다.

| 지방소득세 소득분의 원천징수

● 소득세를 원천징수할 때는 원천징수세액의 10%를 지방소득세 소득분으로 함께 원천징수하여 납부하여야 합니다.

사례로 보는 세금 절약 Guide - 원천 관련

1. 기타소득을 지급할 때는 원천징수 대상인지 여부를 반드시 확인하자.

김갑수 씨는 공장을 지방으로 이전하기 위해 현재의 공장을 팔려고 매매계약을 체결한 후 계약금 5,000만 원까지 받았으나, 이전하려고 하는 공장부지 취득에 문제가 있어 부득이 매매계약을 해지하고 계약금 외에 위약금으로 5,000만 원을 추가로 지급 한 적이 있다.

이와 같이 위약금을 지급하는 경우에도 원천징수를 해야 하나?

기타소득은 일반국민들에게는 자주 발생하는 소득이 아니므로 대부분의 사람들은 기타소득에 대하여 잘 모르고 있으나, 국내에서 개인에게 기타소득을 지급하는 경우에도 소득세를 원천징수하여야 한다.

원천징수세액은 지급금액에서 필요경비를 뺀 금액에 원천징수세율(20%)을 곱하여 계산한다. 이 때에는 소득세의 10%인 개인지방소득세도 함께 원천징수하여야 한다.

위의 사례에서 김갑수 씨의 경우는 소득세 1,000만 원(위약금은 필요경비가 인정되지 않으므로 5,000만 원 전액에 대해 원천징수 세율을 적용함)과 개인지방소득세 100만 원을 원천징수 하여야 한다.

위약금, 배당금 중 주택 입주 지체상금만 지급금액의 80%가 필요경비로 인정된다.

● 원천징수대상 기타소득

① 상금, 현상금, 포상금, 보로금 또는 이에 준하는 금품
② 복권 · 경품권 그 밖의 추첨권에 당첨되어 받는 금품
③「사행행위 등 규제 및 처벌특례법」에 규정하는 행위에 참가하여 얻은 재산상의 이익
④「한국마사회법」에 따른 승마투표권, 「경륜 · 경정법」에 따른 승자투표권, 「전통 소싸움경기에 관한 법률」에 따른 소싸움경기투표권 및 「국민체육진흥법」에 따른 체육진흥투표권의 구매자가 받는 환급금
⑤ 저작자 또는 실연자 · 음반제작자 · 방송사업자 외의 자가 저작권 또는 저작인접권의 양도 또는 사용의 대가로 받는 금품
⑥ 영화필름 · 라디오 · 텔레비전방송용 테이프 또는 필름에 대한 자산 또는 권리의 양도 · 대여 또는 사용의 대가로 받는 금품
⑦ 광업권 · 어업권 · 양식업권 · 산업 재산권 · 산업정보, 산업상비밀, 상표권 · 영업권 · 토사석채취권, 지하수의 개발 · 이용권, 그 밖에 이와 유사한 자산이나 권리를 양도하거나 대여하고 그 대가로 받는 금품
⑧ 물품 또는 장소를 일시적으로 대여하고 그 대가로 받는 금품(통신판매중개업자를 통한 연 5백만 원 이하 물품 · 장소 대여 대가 포함)
⑨ 공익사업법과 관련하여 지역권 · 지상권(지하 또는 공중에 설정된 권리 포함)을 설정 또는 대여함으로써 발생하는 소득
⑩ 계약의 위반 · 해약으로 인하여 받는 위약금, 배상금(계약금이 위약금으로 대체되는 경우 제외)
⑪ 유실물의 습득 또는 매장물의 발견으로 인하여 보상금을 받거나 새로 소유권을 취득하는 경우 그 보상금 또는 자산
⑫ 소유자가 없는 물건의 점유로 소유권을 취득하는 자산
⑬ 특수관계인으로부터 받는 경제적 이익으로서 급여 · 배당 또는 증여로 보지 아니하는 금품
⑭ 슬롯머신 등을 이용하는 행위에 참가하여 받는 당첨금품 · 배당금품 또는 이에 준하는 금품
⑮ 문예 · 학술 · 미술 · 음악 또는 사진에 속하는 창작품에 대한 원작자로서 받는 원고료, 인세 등

⑯ 재산권에 관한 알선수수료
⑰ 사례금
⑱ 소기업 · 소상공인 공제부금의 해지일시금
⑲ 인적용역을 일시적으로 제공하고 지급 받는 대가(⑮~⑰이 적용되는 경우 제외)

- 고용관계 없이 다수인에게 강연하고 강연료 등 대가를 받는 용역
- 라디오 · 텔레비전방송 등을 통하여 해설 · 계몽 또는 연기의 심사 등을 하고 보수 또는 이와 유사한 성질의 대가를 받는 용역
- 변호사, 공인회계사, 세무사, 건축사, 측량사, 변리사, 그 밖에 전문적 지식 또는 특별한 기능을 가진 자가 그 지식 또는 기능을 활용하여 보수 또는 그 밖의 대가를 받고 제공하는 용역
- 그 밖에 고용관계 없이 수당 또는 이와 유사한 성질의 대가를 받고 제공하는 용역

⑳ 법인세법에 의하여 기타소득으로 처분된 소득
㉑ 연금저축에 가입하고 저축 납입계약기간 만료 전에 해지하여 일시금을 받거나 만료 후 연금 외의 형태로 받는 소득
㉒ 퇴직 전에 부여받은 주식매수선택권을 퇴직 후에 행사하거나 또는 고용관계 없이 주식매수선택권을 부여받아 이를 행사함으로써 얻는 이익
㉓ 종업원 등, 대학의 교직원이 퇴직한 후에 받는 직무발명보상금으로서 5백만 원(2024년부터 7백만 원)을 초과하는 금액
㉔ 종교 관련 종사자로서의 활동과 관련하여 종교단체로부터 받은 소득
㉕ 개당, 점당 또는 조당 양도가액이 6천만 원 이상인 서화 · 골동품의 양도로 발생하는 소득(생존해 있는 국내 원작자 작품은 제외)

원천징수대상이 되는 기타소득을 지급하고도 원천징수를 하지 아니하면 지급하는 자가 세금을 물어야 한다.

따라서, 기타소득을 지급할 때는 원천징수 대상인지 여부를 반드시 확인해 보아야 한다.

▣ 관련 법규: 「소득세법」 제21조, 제127조의 제1항제6호

사례로 보는 세금 절약 Guide – 원천 관련

2. 사업소득(인적용역)을 지급할 때도 원천징수를 해야 한다.

중소기업을 운영하고 있는 오영웅 씨는 매월 외부 전문강사를 초빙하여 종업원들을 위한 교양강좌를 열고 있다.

한번 초청할 때 마다 1백만 원씩 지급하고 있으나, 어렵게 초청한 인사에게 세금을 떼고 강사료를 지급하기가 미안해서 지금까지는 한 번도 원천징수를 하지 않았다.

그런데, 오영웅 씨의 기장을 대행하고 있는 세무사가 이를 알고는 강사료를 지급할 때도 반드시 소득세를 원천징수 해야 한다고 알려 주었다.

정확히 어떤 대가를 지급할 때 원천징수를 해야 하는 것일까?

사업자가 강연을 전문으로 하는 강사에게 강연료를 지급하는 경우, 이는 인적용역소득에 해당하므로 강연료를 지급하는 자는 지급금액의 3%를 사업소득세로 원천징수하여야 한다.

● 인적용역사업소득

‘인적용역소득’이란 전문지식인 등이 고용관계가 없이 독립된 자격으로, 직업적으로 용역을 제공하고 대가를 받는 것을 말한다.

따라서, 일시적으로 용역을 제공하고 대가를 받으면 이는 기타소득에 해당되며, 근로계약에 의하여 정기적으로 일정한 과목을 담당하고 강사료를 받으면 이는 근로소득에 해당된다.

최근 탤런트나 영화배우가 CF에 출연하고 받은 대가가 사업소득(인적용역소득)에 해당하는지 기타소득에 해당하는지가 문제가 된 적이 있는데, 대법원에서는 탤런트 등의 CF출연은 일시적인 것이 아니라 직업적인 것으로 보아 사업소득이라고 판결한 바 있다.

사업소득에 해당하는지 기타소득에 해당하는지를 다투는 이유는 필요경비로 인정하는 범위가 서로 달라 세부담의 차이가 크기 때문이다.

인적용역사업소득의 범위

인적용역은 개인이 독립된 자격으로 용역을 제공하고 대가를 받는 다음에 규정하는 용역을 말한다.

① 저술 · 서화 · 도안 · 조각 · 작곡 · 음악 · 무용 · 만화 · 삽화 · 만담 · 배우 · 성우 · 가수와 이와 유사한 용역
② 연예에 관한 감독 · 각색 · 연출 · 촬영 · 녹음 · 장치 · 조명과 이와 유사한 용역
③ 건축감독 · 학술용역과 이와 유사한 용역
④ 음악 · 재단 · 무용(사교무용 포함) · 요리 · 바둑의 교수와 이와 유사한 용역
⑤ 직업운동가 · 기수 · 운동지도가(심판을 포함) 또는 이와 유사한 용역
⑥ 보험가입자의 모집, 저축의 장려 등을 권유하고 실적에 따라 보험 회사 또는 금융회사로부터 모집수당 · 장려수당 또는 이와 유사한 성질의 대가를 받는 용역과 서적 · 음반 등의 외판원이 판매실적에 따라 대가를 받는 용역

⑦ 저작자가 저작권에 의하여 사용료를 받는 용역

⑧ 교정 · 번역 · 고증 · 속기 · 필경 · 타자 · 음반취입 또는 이와 유사한 용역

⑨ 고용관계 없는 사람이 다수인에게 강연을 하고 강연료 · 강사료 등의 대가를 받는 용역

⑩ 라디오 · 텔레비전 방송 등을 통하여 해설 · 계몽 또는 연기를 하거나 심사를 하고 사례금 또는 이와 유사한 성질의 대가를 받는 용역

⑪ 작명 · 관상 · 점술 또는 이와 유사한 용역

⑫ 개인이 일의 성과에 따라 수당이나 이와 유사한 성질의 대가를 받는 용역

⑬ 국세기본법에 따른 국선대리인의 국선대리

⑭ 민법에 따른 후견인 및 후견 감독인이 제공하는 후견 사무 용역

⑮ 가사서비스 제공기관이 가사서비스 이용자에게 제공하는 가사서비스

인적용역소득을 지급하고도 원천징수를 하지 아니하면 지급하는 자가 세금을 내야 하므로, 인적용역소득을 지급할 때는 원천징수를 하여야 한다.

▣ 관련 법규: 「소득세법」 제127조제1항제3호
「소득세법 시행령」 제184조제1항
「부가가치세법 시행령」 제42조

사례로 보는 세금 절약 Guide – 원천 관련

3. 봉사료가 공급가액의 20%를 초과하면 소득세를 원천징수해야 한다.

룸살롱을 운영하고 있는 조양주 씨는 세무조사를 받고 원천세 500만 원을 추징받았다. 그동안 종업원에게 지급한 봉사료 1억 원에 대하여 원천징수를 하지 않았기 때문이다.

봉사료에 대해서도 원천징수를 해야 하나?

● 원천징수대상 봉사료

원천징수 대상이 되는 봉사료는 음식 · 숙박업 및 룸살롱 · 안마시술소 · 스포츠마사지 · 이용원 등을 영위하는 사업자가 계산서 · 세금계산서 · 영수증 또는 신용카드매출전표 등에 용역의 대가와 접대부 · 댄서 또는 이와 유사한 용역을 제공하는자의 봉사료를 구분 기재하여 봉사료를 자기의 수입금액으로 계상하지 아니하는 경우로, 그 봉사료 금액이 공급가액(간이과세자는 공급대가)의 20%를 초과하는 경우를 말한다.

따라서, 봉사료 금액이 공급가액의 20% 이하인 경우 또는 봉사료 금액이 공급가액의 20%를 초과하더라도 봉사료를 자기의 수입금액으로 계산한 경우는 원천징수 대상이 아니다.

● 원천징수 세율

봉사료 지급액의 5%를 원천징수 하여야 한다. 현실적으로는 사업자가 개별소비세 등의 부담을 줄이기 위해 종업원에게 봉사료를 지급하지 않으면서도 술값 등을 봉사료와 나누어 영수증을 발행하는 경우가 많은데, 이러한 사실이 드러나면 봉사료로 처리한 금액을 수입금액(공급대가)으로 보아 부가가치세 · 개별소비세 등과 함께 가산세까지 부담하게 된다.

● 장부비치 및 기장

사업자가 종업원 등에게 봉사료를 지급하고 원천징수를 하는 경우에는 봉사료지급대장을 작성하고 원천징수영수증을 발행 교부하여야 한다.

● 원천징수대상 봉사료

사업자가 용역을 공급하고 그 대가와 함께 받는 종업원의 봉사료를 세금계산서, 영수증 또는 신용카드 가맹사업자의 신용카드 매출전표에 그 대가와 구분하여 기재한 경우, 그 봉사료는 수입금액에 산입하지 아니한다. 다만, 사업자가 봉사료를 자기의 수입금액으로 계상하는 경우에는, 수입금액에 산입하고 동 봉사료를 봉사용역을 제공한 자에게 지급한 때에 필요경비에 산입한다.

봉사료에 대하여 위와 같이 원천징수를 하도록 하고 지급대장을 비치하도록 하는 것은, 사업자가 개별소비세 및 부가가치세 등의 부담을 줄이기 위해 실제로는 종업원에게 봉사료를 지급하지 않으면서도 지급한 것처럼 영수증을 발행하는 것을 규제하기 위한 것이다.

따라서, 봉사료지급대장에는 봉사료를 받는 사람이 직접 받았다는 서명을

받아 놓아야 하며, 주민등록증이나 운전면허증 등 신분증을 복사하여 그 여백에 받는 사람이 자필로 주소, 성명, 주민등록번호 등을 기재하도록 하여야 한다.

봉사료를 받는 사람이 나중에 세금이 부과될까봐 서명을 거부하거나 신분증 등을 제시하지 않는 경우에는, 무통장입금증 등 지급사실을 확인할 수 있는 증빙을 비치하여야 한다.

단순히 영수증만 술값 등과 봉사료를 구분하여 발행하고, 원천징수를 하지 않거나 증빙서류를 제대로 갖추어 놓지 않으면, 나중에 세무조사를 받게 될 경우 봉사료 지급 사실에 대하여 다툼이 있을 수 있으므로 확실하게 해 놓는 것이 좋다.

▣ 관련 법규: 「소득세법」 제127조제1항제8호, 제129조제1항제8호
「소득세법 시행령」 제184조의 2

납세자가 자주 묻는 상담사례 Top10 – 원천세

Q1 일용근로자에게 소득 지급 시 원천징수 어떻게 하나요?

A1 일용 근로소득을 지급하는 자는 소득세 등을 원천징수하여 신고 납부하고 일용근로소득 지급명세서를 제출하여야 합니다.
원천징수할 소득세의 계산방법은 다음과 같습니다.

- 산출세액 = {(일급여액 – 비과세소득) – 근로소득공제(일 15만 원)} x 6%
- 원천징수할 세액 = 산출세액 – (산출세액 x 55%)

길라잡이

- 일용근로소득 원천징수 예시

2023. 1. 일용근로소득(일당 20만 원씩 5일 근무)을 지급한 경우

① 2023. 2. 10.까지 원천세 신고납부

※원천징수할 소득세: 1,350원 x 5일 = 6,750원(지방소득세 670원 별도)

② 2023. 2. 말일까지 일용근로소득 지급명세서 제출

▶ 관련 법규

- 원천징수세율(「소득세법」 제129조),
  근로소득에 대한 원천징수시기 및 방법(「소득세법」 제134조)
- 지급명세서의 제출(「소득세법」 제164조)

Q2 원천징수한 소득세는 언제, 어떻게 납부하는 건지요?

A2 원천징수의무자는 원천징수 대상 소득을 지급할 때 원천징수 세율에 의하여 소득세를 원천징수하고 소득 지급일(반기별 납부자의 경우 지급일이 속하는 반기)의 다음달 10일까지 원천징수이행상황신고서를 작성하여 원천징수 관할 세무서에 신고납부하는 것입니다.

※ 국세청 홈택스 〉 세금신고 〉 원천세 신고 〉 일반신고

길라잡이

- **원천징수세액의 납부**

원천징수의무자는 원천징수한 소득세를 그 징수일이 속하는 달의 다음달 10일까지 원천징수 관할 세무서, 한국은행 또는 체신관서에 납부하여야 합니다.

상시고용인원 수 및 업종 등을 고려하여 원천징수 관할 세무서장으로부터 원천징수세액을 매 반기별로 납부할 수 있도록 승인을 받거나 국세청장이 정하는 바에 따라 지정을 받은 자는 원천징수세액(「법인세법」에 따라 처분된 상여 등 제외)을 그 징수일이 속하는 반기의 마지막 달의 다음달 10일까지 납부할 수 있습니다.

▶ 관련 법규

- 원천징수세액의 납부(「소득세법」 제128조)
- 원천징수세액의 납부에 관한 특례(「소득세법 시행령」 제186조)

Q3 지급명세서는 언제 제출하나요?

A3

지급명세서	제출기한
근로 · 퇴직 · 연말정산사업소득	소득이 귀속되는 연도의 다음연도 3월 10일
사업(연말정산사업소득 제외)·종교인 · 연금소득	지급일이 속하는 연도의 다음연도 3월 10일
이자 · 배당소득	소득이 귀속되는 연도의 다음연도 2월 말일
기타소득 등	지급일이 속하는 연도의 다음연도 2월 말일
일용근로소득	지급일이 속하는 달의 다음달 말일

간이 지급명세서	제출기한
사업소득	지급일이 속하는 달의 다음달 말일
근로소득*	지급일이 속하는 반기의 다음달 말일
인적용역 기타소득(2024년 지급분부터 제출)	지급일이 속하는 달의 다음달 말일

* 매월 제출 시행시기 유예(2024. 1. 1. → 2026. 1. 1.)

길라잡이

● 지급명세서의 제출

소득세 납세의무가 있는 개인에게 '이자소득, 배당소득, 원천징수대상 사업소득, 근로소득, 퇴직소득, 연금소득, 기타소득, 봉사료, 장기저축성보험의 보험차익 소득'을 국내에서 지급하는 자는 지급명세서를 그 지급일(이자 · 배당 · 근로 · 연말정산사업소득 · 퇴직소득 등 원천징수시기특례가 적용되는 소득에 대해서는 해당 소득에 대한 과세기간 종료일)이 속하는 과세기간의 다음 연도 2월 말일(사업 · 근로 · 퇴직 · 기타소득 중 종교인소득 · 봉사료의 경우에는 다음 연도 3. 10.), 휴업, 폐업 또는 해산한 경우에는 휴업일, 폐업일 또는 해산일이 속하는 달의 다음다음 달 말일까지 원천징수 관할 세무서장, 지방국세청장 또는 국세청장에게 제출하여야 합니다.

다만, 일용근로자의 근로소득의 경우에는 그 지급일이 속하는 달의 다음 달 말일(휴업, 폐업 또는 해산한 경우에는 휴업일, 폐업일 또는 해산일이 속하는 달의 다음 달 말일)까지 지급명세서를 제출하여야 합니다.

● 간이지급명세서의 제출

소득세 납세의무가 있는 개인에게 '근로소득(일용근로소득 제외), 원천징수대상 사업소득, 인적용역 기타소득'을 국내에서 지급하는 자는 간이지급명세서 제출의무가 있습니다. 근로소득의 경우 그 소득 지급일(해당 소득에 대한 과세기간 종료일)이 속하는 반기의 마지막 달의 다음달 말일까지, 원천징수대상 사업소득과 인적용역 기타소득의 경우 그 소득 지급일(연말정산사업소득은 해당 소득에 대한 과세기간 종료일)이 속하는 달의 다음달 말일까지 원천징수 관할 세무서장, 지방국세청장 또는 국세청장에게 간이지급명세서를 제출하여야 합니다. 휴업, 폐업 또는 해산한 경우에는 근로소득은 휴업일, 폐업일 또는 해산일이 속하는 반기의 마지막 달의 다음달 말일까지, 원천징수대상 사업소득과 인적용역 기타소득은 휴업일, 폐업일 또는 해산일이 속하는 달의 다음달 말일까지 간이지급명세서를 제출하여야 합니다.

▶ 관련 법규

- 지급명세서의 제출(「소득세법」 제164조)
- 간이지급명세서의 제출(「소득세법」 제164조의3)

Q4 지급명세서에 지급액을 과다하게 잘못 작성한 경우 가산세가 부과되나요?

A4 지급명세서를 불분명하게 제출한 경우 가산세 대상에 해당하며 '불분명하게 제출한 경우'란 지급자 또는 소득자의 주소 · 성명 · 납세번호, 사업자등록번호, 소득의 종류, 소득의 귀속연도 또는 지급액을 적지 않았거나 잘못 적어 지급사실을 확인할 수 없는 경우 등을 의미합니다. 따라서 지급명세서상 지급액을 과다 또는 과소하게 잘못 신고하여 수정하는 경우 지급명세서등 제출 불성실 가산세 대상에 해당합니다.

길라잡이

- **지급명세서 등 제출 불성실 가산세**

제출된 지급명세서등이 불분명한 경우에 해당하거나 기재된 지급금액이 사실과 다른 경우, 다음 금액을 가산세로 해당 과세기간의 종합소득 결정세액에 더하여 납부하여야 합니다.

* 지급명세서의 경우: 불분명하거나 사실과 다른 분의 지급금액의 100분의 1.(다만, 일용근로소득에 대한 지급명세서의 경우에는 불분명하거나 사실과 다른 분의 지급금액의 1만분의 25)
* 간이지급명세서의 경우: 불분명하거나 사실과 다른 분의 지급금액의 1만분의 25

▶ 관련 법규

- 지급명세서 등 제출 불성실 가산세(「소득세법」 제81조의11)
- 지급명세서 등 제출 불성실 가산세(「소득세법 시행령」 제147조의7)

Q5 외부강사나 아르바이트생에게 지급하는 인건비는 근로소득, 기타소득, 사업소득 중 어느 소득에 해당되나요?

A5 소득의 종류는 소득자와 원천징수의무자 간의 고용관계 여부, 고용기간, 임금의 지급방법, 용역의 계속.반복적 제공여부 등 사실관계에 따라 판단할 사항입니다.

- 고용관계가 있는 경우
  - · 일용근로소득: 임금을 일급 또는 시급으로 지급하고, 고용기간이 3개월(건설공사의 경우 1년) 미만
  - · 근로소득: 임금을 월급으로 지급하거나, 고용기간이 3개월(1년) 이상
- 고용관계가 없는 경우
  - · 기타소득: 일시적 · 우발적으로 인적용역을 제공한 경우
  - · 사업소득: 계속적 · 반복적으로 인적용역을 제공한 경우

길라잡이

- **근로소득**
  근로를 제공함으로써 받는 봉급 · 급료 · 보수 · 세비 · 임금 · 상여 · 수당과 이와 유사한 성질의 급여

- **일용근로자의 범위**
  근로를 제공한 날 또는 시간에 따라 근로대가를 계산하거나 근로를 제공한 날 또는 시간의 근로성과에 따라 급여를 계산하여 받는 사람으로서 다음 각 호에 규정된 사람을 말합니다.

1. 건설공사에 종사하는 자로서 다음 각목의 자를 제외한 자
   가. 동일한 고용주에게 계속하여 1년 이상 고용된 자
   나. 다음의 업무에 종사하기 위하여 통상 동일한 고용주에게 계속하여 고용되는 자
      (1) 작업준비를 하고 노무에 종사하는 자를 직접 지휘 · 감독하는 업무
      (2) 작업현장에서 필요한 기술적인 업무, 사무 · 타자 · 취사 · 경비 등의 업무
      (3) 건설기계의 운전 또는 정비업무

2. 하역작업에 종사하는 자(항만근로자를 포함)로서 다음 각목의 자를 제외한 자
   가. 통상 근로를 제공한 날에 근로대가를 받지 아니하고 정기적으로 근로대가를 받는 자
   나. 다음의 업무에 종사하기 위하여 통상 동일한 고용주에게 계속하여 고용되는 자
      (1) 작업준비를 하고 노무에 종사하는 자를 직접 지휘 · 감독하는 업무
      (2) 주된 기계의 운전 또는 정비업무

3. 제1호 또는 제2호외의 업무에 종사하는 자로서 근로계약에 따라 동일한 고용주에게 3월 이상 계속하여 고용되어 있지 아니한 자

● 기타소득

고용관계 없이 수당 또는 이와 유사한 성질의 대가를 받고 제공하는 용역

● 사업소득

영리를 목적으로 자기의 계산과 책임하에 계속적 · 반복적으로 행하는 활동을 통하여 얻는 소득

▶ 관련 법규

- 근로소득(「소득세법」 제20조), 일용근로자의 범위(「소득세법 시행령」 제20조)
- 사업소득(「소득세법」 제19조), 기타소득(「소득세법」 제21조)

Q6 근로소득자가 급여를 받을 때 원천징수되는 금액은 어떻게 계산하나요?

A6 원천징수의무자는 매월 급여 지급 시 근로소득 간이세액표에 따라 소득세 및 지방소득세를 원천징수하는 것으로, 근로소득 간이세액표는「소득세법 시행령」별표2에 규정되어 있습니다.

길라잡이

- 근로소득 간이세액표 조회 경로

국세청 홈택스 〉 세금신고 〉 원천세 신고 〉 근로소득 간이세액표

▶ 관련 법규

- 근로소득에 대한 원천징수시기 및 방법(「소득세법」 제134조)
- 근로소득 간이세액표(「소득세법 시행령」 [별표2])

Q7 산전후 휴가급여, 육아휴직급여와 출산 · 보육수당의 소득세 비과세 범위를 알려주세요.

A7 「근로기준법」에 따라 지급하는 산전후 휴가급여 등은 과세대상 근로소득이나, 「고용보험법」에 따라 지급하는 산전후 휴가급여 등(사업주가 근로자에게 미리 지급하고 대위신청한 것을 포함)은 비과세 소득에 해당합니다.

근로자 또는 그 배우자의 출산이나 6세 이하(해당 과세기간 개시일을 기준으로 판단) 자녀의 보육과 관련하여 사용자로부터 받는 급여로서 연 10만 원(2024. 1. 1. 이후 분부터는 20만 원) 이내의 금액은 비과세 소득에 해당합니다.

길라잡이

- 비과세소득

  근로소득 중 「고용보험법」에 따라 받는 실업급여, 육아휴직 급여, 육아기 근로시간 단축 급여, 출산전후 휴가 급여 등, 「국가공무원법」·「지방공무원법」에 따른 공무원 또는 「사립학교교직원 연금법」·「별정우체국법」을 적용받는 사람이 관련 법령에 따라 받는 육아휴직수당(「사립학교법」 제70조의2에 따라 임명된 사무직원이 학교의 정관 또는 규칙에 따라 지급받는 육아휴직수당으로서 대통령령으로 정하는 금액 이하의 것을 포함)과 근로자 또는 그 배우자의 출산이나 6세 이하(해당 과세기간 개시일을 기준으로 판단) 자녀의 보육과 관련하여 사용자로부터 받는 급여로서 월 20만 원 이내의 금액에 대해서는 소득세를 과세하지 않습니다.

▶ 관련 법규

- 비과세소득(「소득세법」 제12조)

Q8 인적용역 기타소득 지급액이 125,000원 이하이면 원천징수 신고를 어떻게 하나요?

A8 기타소득 지급 시 기타소득금액(기타소득 수입금액에서 필요경비를 차감한 금액)이 건별 5만 원 이하인 경우에는 소득세를 원천징수하지 않습니다.

고용관계 없이 일시적 · 우발적으로 인적용역을 제공하고 받는 기타소득은 의제 필요경비율 60%가 적용되므로, 만일 의제 필요경비율 60%를 적용하는 경우 기타소득 수입금액이 125,000원 이하이면 기타소득금액이 5만 원 이하로 소득세 원천징수 대상에 해당하지 않는 것입니다.

다만, 이 경우에도 기타소득 지급명세서는 제출하여야 합니다.

길라잡이

- **기타소득 과세최저한의 건별 적용범위**

  기타소득금액(세액공제 받은 연금계좌 납입액과 연금계좌 운용실적에 따라 증가된 금액을 연금 외 수령한 소득 제외)이 건별로 5만 원 이하인 경우 소득세를 과세하지 않습니다.

  과세최저한 기준의 건별은 기타소득의 발생근거, 지급사유 등을 고려하여 거래별로 판단합니다.

- **기타소득 과세최저한의 경우 원천징수이행상황신고 및 지급명세서**

  과세최저한으로 소득세가 과세되지 않은 소득을 지급할 때는 원천징수를 하지 않는 것이나, 원천징수이행상황신고서에는 원천징수하여 납부할 세액이 없는 자에 대한 것도 포함하여 신고해야 합니다.

  과세최저한으로 소득세가 과세되지 않은 기타소득은 지급명세서 제출의무가 면제되나, 「소득세법」 제21조제1항제15호(일시적 문예창작소득) 및 제19호(일시적 인적용역소득)의 기타소득은 지급명세서 제출의무가 면제되지 않습니다.

▶ 관련 법규

- 기타소득 과세최저한의 건별 적용범위(종합소득세 집행기준 84-0-1), 기타소득 과세최저한의 경우 원천징수이행상황신고 및 지급명세서 제출여부(종합소득세 집행기준 84-0-2)

Q9 개인이 금전을 차입하고 이자를 지급하는 경우 원천징수하여야 하나요?

A9 금전의 대여를 사업목적으로 하는 자(대부업자)가 금전을 대여하고 지급받는 이자는 '사업소득'에 해당하며, 원천징수 대상에 해당하지 않습니다.

금전의 대여를 사업목적으로 하지 않는 자가 일시적 · 우발적으로 금전을 대여함에 따라 지급받는 이자 등은 '이자소득(비영업대금의 이익)'에 해당하며, 원천징수 대상에 해당합니다.

비영업대금의 이익을 지급하는 자는 이자 지급 시 25%(지방세 별도)를 원천징수하고, 원천세 신고납부 및 이자소득 지급명세서 제출을 하여야 합니다.

길라잡이

- **이자소득**
  해당 과세기간에 발생한 비영업대금(非營業貸金)의 이익은 이자소득으로 합니다. 비영업대금의 이익은 금전의 대여를 사업목적으로 하지 아니하는 자가 일시적 · 우발적으로 금전을 대여함에 따라 지급받는 이자 또는 수수료 등으로 합니다.
- **원천징수 세율**
  원천징수의무자가 비영업대금의 이익을 지급하여 소득세/법인세를 원천징수할 때 적용하는 세율은 100분의 25입니다. 다만, 「온라인투자연계금융업 및 이용자 보호에 관한 법률」에 따라 금융위원회에 등록한 온라인투자연계금융업자를 통하여 지급받는 이자소득에 대해서는 100분의 14로 합니다.

▶ 관련 법규

- 이자소득(「소득세법」 제16조), 이자소득의 범위(「소득세법 시행령」 제26조)
- 원천징수세율(「소득세법」 제129조)

Q10 직원이 법인으로부터 자금을 차입한 경우 법인이 대신 원천세 신고하고 지급명세서를 제출할 수 있나요?

A10 내국법인에 이자소득을 지급하는 자는 법인세를 원천징수하여 다음 달 10일까지 신고납부하여야 하고, 다음연도 2월 말일까지 이자소득 지급명세서를 제출하여야 합니다.

다만, 직원이 법인에게 원천징수 의무를 위임한 경우 법인이 원천징수의무자가 되어 직원 대신 원천세 신고납부 및 지급명세서 제출을 할 수 있습니다.

길라잡이

- **내국법인의 이자소득 등에 대한 원천징수**

  내국법인에 비영업대금의 이익을 지급하는 자(원천징수의무자)는 그 지급하는 금액에 100분의 25(「온라인투자연계금융업 및 이용자 보호에 관한 법률」에 따라 금융위원회에 등록한 온라인투자연계금융업자를 통하여 지급받는 이자소득에 대해서는 100분의 14)를 원천징수하여 그 징수일이 속하는 달의 다음 달 10일까지 납세지 관할 세무서 등에 납부하여야 합니다.

  이 때 원천징수의무자를 대리하거나 그 위임을 받은 자의 행위는 수권(授權) 또는 위임의 범위에서 본인 또는 위임인의 행위로 봅니다.

- **원천징수의무규정의 적용**

  원천징수의무자와의 위 · 수임계약에 의하여 원천징수 의무를 위임받은 자의 행위는 위임의 범위안에서 위임인의 행위로 보아 원천징수의무규정을 적용하는 것입니다.

▶ 관련 법규

- 내국법인의 이자소득 등에 대한 원천징수(「법인세법」 제73조)
- 원천징수의무규정의 적용(법인46013-714)

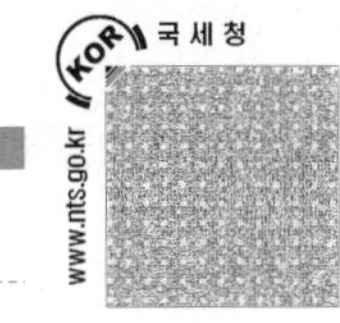

06

사업 운영 단계 (사업자의 세금 신고 · 납부)

가산세의 부과와 감면

세법에서 규정한 의무를 위반한 자에게 국세기본법 또는 세법에서 정하는 바에 따라 가산세를 납부할 세액에 가산하거나 환급할 세액에서 공제합니다.

| 무신고 가산세

● 일반적인 경우: 법정신고기한까지 세법에 따른 국세의 과세표준 신고를 하지 아니한 경우 무신고납부세액*의 20%를 가산세로 납부합니다. 다만, 아래 사업자는 다음 금액을 가산세로 납부합니다.

* 그 신고로 납부하여야 할 세액을 말하며, 국세기본법 및 세법에 따른 가산세와 세법에 따라 가산하여 납부하여야 할 이자 상당 가산액이 있는 경우 그 금액은 제외함.

법인세, 소득세법상 복식부기 의무자 max (①, ②)	① 무신고납부세액 × 20% ② 수입금액 × 7/10,000
부가가치세 영세율 과세표준이 있는 경우 (① + ②)	① 무신고납부세액 × 20% ② 영세율과세표준 × 5/1,000

● 부정행위인 경우: 위 일반적인 무신고가 아닌 부정행위로 과세표준 신고를 하지 아니한 경우 무신고납부세액의 40%를 가산세로 납부합니다. 다만, 아래사업자는 다음 금액을 가산세로 납부합니다.

법인세, 소득세법상 복식부기 의무자 max (①,②)	① 무신고납부세액 × 40% ② 수입금액 × 14/10,000
부가가치세 영세율 과세표준이 있는 경우 (① + ②)	① 무신고납부세액 × 40% ② 영세율과세표준 × 5/1,000

※ 국제거래에서 발생한 부정행위로 국세의 과세표준을 신고하지 않은 경우는 60%

| 과소신고 · 초과환급 가산세

● 일반적인 경우: 법정신고기한까지 세법에 따른 국세의 과세표준 신고를 한 경우로서 납부세액을 신고하여야 할 세액보다 적게 신고하거나 환급

세액을 신고하여야 할 금액보다 많이 신고한 경우는 다음 금액을 가산세로 납부합니다.

일반적인 경우	과소신고납부세액 등*× 10%
부가가치세 영세율 과세표준이 있는 경우 (①+②)	① 과소신고납부세액 등 × 10% ② 과소신고된 영세율과세표준 × 5/1,000

* 과소신고한 납부세액과 초과신고한 환급세액을 합한 금액을 말하며, 국세기본법 및 세법에 따른 가산세와 세법에 따라 가산하여 납부하여야 할 이자 상당 가산액이 있는 경우 그 금액은 제외함.

● 부정행위인 경우: 위 일반적인 과소신고 · 초과환급 신고가 아닌 부정 행위로 과소신고한 경우는 아래 ①, ②를 합한 금액을 가산세로 납부합니다.

① 부정과소신고 가산세 = 부정행위로 인한 과소신고납부세액 등 × 40%

② 일반과소신고 가산세 = (과소신고납부세액 등 – 부정행위로 인한 과소 신고 납부세액 등) × 10%

다만, 아래의 경우에는 아래금액을 가산세로 납부합니다.

법인세, 소득세법상 복식부기 의무자 [max(①, ②) + ③]	① 부정행위로 인한 과소신고납부세액 등 × 40% ② 부정행위로 인하여 과소신고된 과세표준 관련 수입금액 × 14/10,000 ③ (과소신고납부세액 등 – 부정행위로 인한 과소신고납부세액 등) × 10%
부가가치세 영세율 과세표준이 있는 경우 (① + ② + ③)	① 부정행위로 인한 과소신고납부세액 등 × 40% ② (과소신고납부세액 등 – 부정행위로 인한 과소신고납부세액 등) × 10% ③ 과소신고된 영세율과세표준 × 5/1,000

※ 국제거래에서 발생한 부정행위로 국세의 과세표준을 신고하지 않은 경우는 60%

| 납부지연가산세

● 납세자가 세금을 납부하지 아니하였거나 내야 할 세금에 미달하게 납부한 경우 또는 환급받을 세액을 초과하여 환급받은 경우에 부과합니다.

① 납부지연가산세 = 무납부(과소납부)세액 × 0.022% × 경과일수

② 환급지연가산세 = 초과하여 환급받은 세액 × 0.022% × 경과일수
※ 경과일수 = 납부기한(환급받은 날) 다음날부터 납부일까지의 일수

③ 납부고지서에 따른 납부기한까지 무납부(과소납부) 세액 × 3%

| 원천징수 등 납부지연가산세

● 국세를 징수하여 납부할 의무를 지는 자가 징수하여야 할 세액(소득세법 제149조에 따른 납세 조합 경우에는 징수한 세액)을 법정납부기한까지 납부하지 아니하거나 과소납부한 경우 아래 ①과 ②중 적은 금액을 가산세로 납부합니다.

① 미납세액 · 과소납부세액 × 3% + 미납세액 · 과소납부세액 × 납부기한의 다음 날부터 납부일까지의 기간(납부고지일부터 납부고지서에 따른 납부기한까지의 기간은 제외한다) × 22/100,000

② 납부하지 아니한 세액 또는 과소납부분 세액 x 50%
다만, 무납부고지 시 부과하는 가산세(미납세액 · 과소납부세액 x 3% + 미납세액 · 과소납부세액 x 법정납부기한의 다음날부터 납부고지일까지의 기간 x 22/100,000)는 100분의 10을 한도로 한다.

| 가산세 감면

● 과세표준수정신고서와 기한 후 신고 · 납부한 경우에는 가산세를 감면합니다(경정할 것을 미리 알고 제출한 것은 제외).

내용		가산세	감면율
수정신고	법정신고기한 지난 후 1개월 이내	과소신고 · 초과환급 가산세	90%
	법정신고기한 지난 후 1개월 초과 3개월 이내		75%
	법정신고기한 지난 후 3개월 초과 6개월 이내		50%
	법정신고기한 지난 후 6개월 초과 1년 이내		30%
	법정신고기한 지난 후 1년 초과 1년 6개월 이내		20%
	법정신고기한 지난 후 1년 6개월 초과 2년 이내		10%
기한 후 신고	법정신고기한 지난 후 1개월 이내	무신고가산세	50%
	법정신고기한 지난 후 1개월 초과 3개월 이내		30%
	법정신고기한 지난 후 3개월 초과 6개월 이내		20%

※ 상기 가산세 이외에도 개별세법에 그 밖의 가산세가 규정되어 있습니다.

01

사업 폐업 단계 (폐업신고)

사업을 폐업하는 경우에는 반드시 폐업신고를 해야 한다.

사업을 그만두는 경우 사업을 시작할 때와 같이 그 종결절차를 거쳐야 하며, 그렇지 않을 때에는 커다란 손해를 입는 경우가 있습니다.

| 사업자등록 폐업신고는 어떻게 하나?

- 국세청 누리집에서 다운받거나 세무서에 비치된 폐업신고서를 작성하여 사업자등록증과 함께 가까운 세무서에 제출하시면 됩니다.
  - 부가가치세 확정신고서에 폐업연월일 및 사유를 기재하고 사업자등록증을 첨부하여 제출하면 폐업신고서를 제출한 것으로 봅니다.
  - 홈택스 가입자로 공동인증서가 있으면 국세청 홈택스에서 폐업신고가 가능합니다.

- 또한, 면허 또는 허가증이 있는 사업일 경우 당초 면허 · 허가를 받은 기관에 폐업신고를 하여야 합니다.
  - 단, 음식점업, 숙박업, 세탁소, 이 · 미용실, 약국, 피씨방, 비디오방, 통신판매업 등의 인 · 허가 업종은 세무서나 시 · 군 · 구청 중 한 곳에서 폐업신고가 가능합니다(대상 업종은 가까운 민원실이나 126 국세상담센터로 문의).

| 폐업신고 등을 하지 않으면 불이익이 따를 수 있습니다.

- 폐업신고를 한 경우보다 훨씬 많은 세금을 추징당하게 됩니다.
  - 폐업일까지의 실적에 대한 가산세 등을 추가부담하게 되어 세부담이 늘어날 수 있습니다.
- 사업자등록을 말소하지 않아 사업 인수자가 계속 사용하면 사업자 명의 대여에 해당되어 이에 따른 불이익을 받을 수 있습니다.
- 등록면허세가 계속 부과됩니다.
  - 면허 · 허가기관에 폐업신고를 하지 않으면 매년 1. 1.을 기준으로 면허가 갱신된 것으로 보아 등록면허세가 계속 부과됩니다.

| 폐업신고 후 폐업사실증명원을 국민연금공단 · 국민건강보험공단에 제출하여야 보험료가 조정되어 불이익을 받지 않습니다.

사업 폐업 단계 (폐업신고)

사업을 폐업할 때 꼭! 알아야 할 세금신고 사항

| 사업자등록 폐업신고

- 폐업 즉시 가까운 세무서 민원봉사실 또는 국세청 홈택스를 통해 폐업 신고를 하여야 합니다.

| 부가가치세 폐업 확정신고 · 납부

- 폐업일이 속한 달의 말일부터 25일 이내에 신고 · 납부하여야 합니다.

폐업시기	신고납부대상
1기(상반기) 중 폐업 시	1. 1. ~ 폐업일까지의 사업실적
2기(하반기) 중 폐업 시	7. 1. ~ 폐업일까지의 사업실적

- 폐업 시 남아있는 제품이나 상품 등의 재화

  자가공급에 해당되므로 폐업 시 잔존재화의 시가를 과세표준에 포함하여 부가가치세를 납부하여야 합니다.

- 감가상각자산의 간주공급

  건물, 차량, 기계 등 감가상각자산도 세법에서 정한 방법에 따라 시가를 계산하여 부가가치세를 납부하여야 합니다.

- 사업의 포괄적 양도

  사업의 경영주체만 변경되고 사업에 관한 권리와 의무를 포괄적으로 승계시키는 사업의 양도는 부가가치세 납부의무가 없으며, 이 경우 사업포괄 양도양수계약서를 제출하여야 합니다.

| 종합소득세 확정신고 · 납부

- 1. 1.~ 폐업일까지의 종합소득을 폐업일이 속하는 연도의 다음연도 5. 1.~ 5. 31.까지 확정신고 · 납부하여야 합니다.
- 폐업한 사업과 관련된 소득 이외에 다른 소득이 있는 경우는 합산하여 신고 · 납부하여야 합니다.

2

세금절약 가이드

근로자를 위한 세금

국세청
www.nts.go.kr

01

연말정산

근로소득과 연말정산

근로소득세 원천징수

- 급여에 대한 세금은 매월 월급을 줄 때 그 소속기관이나 사업자(원천징수 의무자)가 우선 간이세액표에 의해 원천징수하고 다음 해 2월분 월급을 줄때 1년 분의 정확한 세금을 정산하게 됩니다.
- 맞춤형 원천징수세액 선택
  - 근로자가 본인의 부담 수준에 맞게 원천징수세액을 간이세액표의 80%, 100%, 120%로 선택 가능합니다.
- 급여 이외에 다른 소득이 없으면 연말정산으로 납세의무가 종결되고,
- 다른 소득이 있으면 연말정산을 한 후 다른 소득과 근로소득을 합산하여 다음 해 5월에 종합소득세 확정신고를 하고 세금을 납부하여야 합니다.

근로소득세 계산

- 계산절차

연간급여액
(-)비과세소득
총 급 여 액
(-)근로소득공제
근로소득금액
(-) 각종 소득공제
과 세 표 준
(×)세 율
산 출 세 액
(-) 세액감면 및 세 액 공 제
결 정 세 액
(-)기납부세액
납부(환급)할 세액

- 근로소득공제(상용직 공제한도 2,000만 원)

총급여액	공제금액
500만 원 이하	총급여의 70%
500만 원 초과 ~ 1,500만 원 이하	350만 원 + 500만 원 초과 금액의 40%
1,500만 원 초과 ~ 4,500만 원 이하	750만 원 + 1,500만 원 초과 금액의 15%
4,500만 원 초과 ~ 1억 원 이하	1,200만 원 + 4,500만 원 초과 금액의 5%
1억 원 초과	1,475만 원 + 1억 원 초과 금액의 2%
일용근로자	1일당 15만 원

● 세율(2023년 귀속)

과세표준	세율	누진공제액
1,400만 원 이하	6%	-
1,400만 원 초과 ~ 5,000만 원 이하	15%	126만 원
5,000만 원 초과 ~ 8,800만 원 이하	24%	576만 원
8,800만 원 초과 ~ 1.5억 원 이하	35%	1,544만 원
1.5억 원 초과 ~ 3억 원 이하	38%	1,994만 원
3억 원 초과 ~ 5억 원 이하	40%	2,594만 원
5억 원 초과 ~ 10억 원 이하	42%	3,594만 원
10억 원 초과	45%	6,594만 원

| 주요 소득공제 및 세액공제

● 인적공제 및 연금보험료공제

과세표준	공제요건 및 공제한도액
기본공제	• 생계를 같이하는 부양가족(본인포함) 1인당 150만 원 • 직계존속: 60세 이상, 근로자의 배우자(연령제한 없음) • 자녀 · 형제자매: 20세 이하, 60세 이상, 위탁아동: 18세 미만(보호기간이 연장된 위탁아동은 20세 이하) 생계급여수급자(연령제한 없음)
추가공제	• 부녀자공제: 50만 원 • 장애인: 1인당 200만 원 • 경로우대: 1인당 100만 원(70세 이상) • 한부모공제: 100만 원(부녀자공제와 중복적용 시 한부모공제 적용)
연금보험료공제	• 국민연금 등 공적 연금보험료: 전액

특별소득공제

구분	공제금액 및 공제한도액
보험료	• 국민건강보험료 · 노인장기요양보험료 · 고용보험료 전액
주택자금	• 주택마련저축 및 주택임차차입금 원리금상환액의 40%(연 400만 원 한도) • 장기주택저당차입금 이자상환액(600~2,000만 원) - 만기 15년 이상 고정금리 and 비거치식: 2,000만 원 - 만기 15년 이상 고정금리 or 비거치식: 1,800만 원 - 만기 15년 이상 그 외 차입금: 800만 원 - 만기 10년 이상 고정금리 or 비거치식: 600만 원 ＊ (주택요건)기준시가 6억 원 이하

기타 소득공제

<table>
<tr><th>구분</th><th>소득공제액 및 공제한도액</th></tr>
<tr><td>개인연금저축</td><td>• 2000. 12. 31. 이전 개인연금저축 가입자
- 개인연금저축 불입액의 40% 공제(연 72만 원 한도)</td></tr>
<tr><td>신용카드 등
사용액</td><td>• 신용카드 등 사용액 소득공제
(공제대상) 신용카드 등 사용액 중 총급여액의 25% 초과분
(공제율) 신용카드 15%, 체크카드 · 현금영수증 · 총급여 7천만 원 이하자의 도서 · 공연 · 박물관 · 미술관 사용분 30%(40%), 전통시장 40%(50%), 대중교통 80%를 적용
(공제한도) 급여수준별 차등 적용
<table>
<tr><th colspan="2">총급여
공제한도</th><th>7천만 원 이하</th><th>7천만 원 초과</th></tr>
<tr><td colspan="2">기본공제 한도</td><td>300만 원</td><td>250만 원</td></tr>
<tr><td rowspan="3">추가공제
한도</td><td>전통시장</td><td rowspan="3">300만 원</td><td rowspan="2">200만 원</td></tr>
<tr><td>대중교통</td></tr>
<tr><td>도서 · 공연 등</td><td>-</td></tr>
</table>
- (추가공제 신설) 2024년 신용카드 등 사용금액 중 2023년 신용카드 등 사용금액 대비 5%를 초과하여 증가한 금액의 10%(한도: 100만 원)</td></tr>
<tr><td>장기집합투자
증권저축</td><td>• 2015. 12. 31. 까지 가입하는 경우 가입한 날부터 10년
• 총급여액 5천만 원 이하 근로자
- 연 저축납입액(600만 원 한도)의 40% 공제(연 240만 원 한도)</td></tr>
</table>

| 특별세액공제 등

<table>
<tr><th colspan="2">구분</th><th>세액공제대상 및 세액공제율</th></tr>
<tr><td colspan="2">자녀 세액공제</td><td>• 기본공제대상자 중 자녀(입양자 및 위탁아동 포함)에 대해 세액공제
* 2023년부터는 8세 이상에 대하여 적용
- 1명인 경우: 연 15만 원 - 2명인 경우: 연 35만 원
- 3명 이상인 경우: 연 35만 원과 2명을 초과하는 1명당 연 30만 원을 합한 금액</td></tr>
<tr><td colspan="2">연금계좌 세액공제</td><td>• 세액공제대상: 연금계좌저축 연 600만 원 + 퇴직연금계좌 = 총 900만 원
(ISA계좌 만기 시 연금계좌 추가납입액의 10% 추가공제, 300만 원 한도)
• 세액공제율: 세액공제 대상액의 15%(총급여액이 5천5백만 원 또는 종합소득금액 4천 5백만 원 초과자 12%)</td></tr>
<tr><td rowspan="5">특별 세액 공제</td><td>보험료</td><td>• 세액공제대상 보험료
- 기타 보장성보험료 지출액(연 100만 원 한도): 세액공제 대상액의 12%
- 장애인전용보장성보험료 지출액(연 100만 원 한도): 세액공제 대상액의 15%</td></tr>
<tr><td>의료비</td><td>• 세액공제대상 의료비
- 총급여액의 3%를 초과하는 의료비(부양가족의 경우 700만 원 한도, 본인 · 장애인 · 65세 이상자 · 6세 이하 부양가족 · 중증질환자 및 난임시술비, 미숙아 · 선천성이상아 의료비는 한도 없음)
- 2024년부터 산후조리원에 지급하는 비용(한도: 200만 원)은 총급여액 요건(7천만 원 이하) 없음
• 세액공제율: 세액공제 대상액의 15%(난임시술비는 30%, 미숙아 · 선천성이상아 의료비 20%)</td></tr>
<tr><td>교육비</td><td>• 세액공제대상 교육비
- 기본공제대상자를 위해 지출한 교육비(취학 전 아동과 초 · 중 · 고등학생의 경우 300만 원 한도, 대학생의 경우 900만 원 한도, 본인 · 장애인의 경우 한도 없음)
• 세액공제율: 세액공제 대상액의 15%</td></tr>
<tr><td>기부금</td><td>• 세액공제대상 기부금
- 정치자금기부금 한도액: 근로소득금액 × 100%, 세액 공제율: 10만 원 이하 100/110, 10만 원 초과 15%(3천만 원 초과분 25%)
- 고향사랑기부금 한도액: 500만 원, 세액 공제율: 10만 원 이하 100/110, 10만 원 초과 15%
- 특례기부금 한도액: (근로소득금액 - 정치자금기부금 - 고향사랑기부금) × 100%
- 우리사주조합기부금 한도액: (근로소득금액 - 정치자금기부금 - 고향사랑기부금 - 특례기부금) × 30%
- 일반기부금:
· 종교단체 기부금이 있는 경우 한도액(① + ②)
① (근로소득금액 - 정치자금기부금 - 고향사랑기부금 - 특례기부금 - 우리사주조합기부금 공제액) × 10%
② (㉠, ㉡ 중 min)
㉠ (근로소득금액 - 정치자금기부금 - 고향사랑기부금 - 특례기부금 - 우리사주조합기부금 공제액) × 20%
㉡ 종교단체 외에 지급한 기부금
· 종교단체 기부금이 없는 경우 한도액
(근로소득금액 - 정치자금기부금 - 고향사랑기부금 - 특례기부금 - 우리사주조합기부금 공제액) × 30%
* 세액공제율: 특례기부금 + 일반기부금 + 우리사주조합기부금: 15%(1천만 원 초과분 30%)
- 고액 기부금 세액공제율 한시 상향 ⇒ 3천만 원 초과: 40%(2024. 12. 31.까지)</td></tr>
<tr><td>표준 세액공제</td><td>• 근로소득자가 특별소득공제, 특별세액공제, 월세액 세액공제를 신청하지 아니한 사람에 대해서는 연 13만 원을 산출세액에서 공제</td></tr>
<tr><td>기타 공제</td><td>월세액 세액공제</td><td>• 총급여 8천만 원 이하의 무주택자인 세대주(종합소득금액이 7천만 원을 초과하는 경우 공제 제외)
• 국민주택규모 이하 또는 기준시가 4억 원 이하 주택 임차
• 월세 지출액(1,000만 원 한도)의 15%(총급여 5천5백만 원(종합소득금액 4천5백만 원) 이하 17%)</td></tr>
</table>

02 연말정산

주택자금 소득공제

| 주택임차차입금 원리금상환액 소득공제

과세기간 종료일(12월 31일) 현재 무주택 세대의 세대주(세대주가 주택자금 공제 및 주택마련저축 공제를 받지 아니한 경우에는 세대원 및 대통령령으로 정하는 외국인 포함)인 근로자가 국민주택규모의 주택(주거용 오피스텔 포함)을 임차하기 위해 대출기관 또는 거주자로부터 차입하고 그 차입금의 원리금을 상환하는 경우 상환금액의 40%를 소득공제(공제한도 400만 원) 합니다.

※ 주택마련저축공제와 합하여 400만 원 한도(부양가족이 없는 단독세대주도 소득공제 가능)

● 대출기관으로부터 차입한 경우

- 임대차계약증서의 입주일과 주민등록표 등본의 전입일 중 빠른 날로부터 전후 3개월 이내에 차입한 자금일 것
  - 이 경우, 임대차계약을 연장하거나 갱신하면서 차입하는 경우에는 임대차계약 연장일 또는 갱신일부터 전후 3개월 이내 차입한 자금을 포함
  - 주택임차차입금의 원리금 상환액에 대한 소득공제를 받고 있던 사람이 다른 주택으로 이주하는 경우에는 이주하기 전 주택의 입주일과 주민등록표 등본의 전입일 중 빠른 날부터 전후 3개월 이내에 차입한 자금을 포함
- 차입금이 대출기관에서 임대인의 계좌로 직접 입금될 것
  - 전세와 월세 보증금을 위해 차입한 자금

● 대부업 등을 경영하지 아니한 거주자로부터 차입한 경우

- 해당 과세기간의 총급여액이 5천만 원 이하인 사람만 해당
- 임대차계약증서의 입주일과 주민등록표 등본의 전입일 중 빠른 날로부터 전후 1개월 이내에 차입한 자금일 것
- 기획재정부장관이 정한 이자율(1,000분의 35)보다 낮은 이자율로 차입한 자금이 아닐 것(2024. 3. ~: 3.5%)
  - 공제 시 필요한 서류: 주택자금상환등증명서, 주민등록표등본, 임대차계약서 사본, 금전소비대차계약서 사본, 원리금 상환 증명서류(계좌이체영수증 및 무통장입금증 등)

| 장기주택저당차입금 이자상환액 소득공제

무주택 또는 1주택을 보유한 세대의 세대주(예외적으로 세대원 및 대통령령으로 정하는 외국인 포함)인 근로자가 취득 당시 기준시가 6억 원 이하인 주택(주거용 오피스텔 제외)을 취득하기 위하여 해당 주택에 저당권을 설정하고 금융회사·주택도시기금으로부터 차입한 자금의 이자상환액에 대해 아래의 한도로 공제합니다.

상환기간 15년 이상			상환기간 10년 이상
고정금리이고 비거치	고정금리 또는 비거치	기타	고정금리 또는 비거치
2,000만 원	1,800만 원	800만 원	600만 원

【공제한도 종전 규정】

	2004.1.1.이후	2009.1.1.이후	2012.1.1.이후	2015.1.1.이후	2024.1.1.이후
상환기간	15년 이상	15년 이상	15년 이상	10년 이상	10년 이상
공제한도	1,000만 원	1,000만 원 (1,500만 원)	500만 원 (1,500만 원)	500만 원 (300, 1500, 1800만 원)	800만 원 (600, 1800, 2000만 원)

※ 2019년 ~ 2023년 차입분은 '기준시가 5억 원으로 상향 조정'

※ 2014년 ~ 2018년 차입분은 '국민주택규모 기준 삭제' 및 '기준시가 4억 원으로 상향 조정'

※ 2013년 이전 차입분은 종전 규정(국민주택규모 기준 및 기준시가 3억 원)을 적용

공제대상자

- 근로자로서 무주택 또는 1주택을 보유한 세대의 세대주(배우자는 떨어져 있어도 동일 세대로 봄)
- 세대주가 주택 관련 소득공제를 받지 아니한 경우 세대의 구성원 중 근로자 (세대주가 아닌 경우에는 해당 주택을 소유하고, 실제 거주 필요)

장기주택저당차입금의 요건

- 차입금의 상환기간이 15년 또는 10년 이상*일 것

* 2009. 2. 12.부터 1년간 서울지역 외의 미분양주택 또는 신규분양주택을 구입하기 위하여 차입하는 경우 상환기간 5년 이상인 경우 포함

- 주택소유권이전등기 또는 보존등기일부터 3월 이내에 차입
- 장기주택저당차입금의 채무자가 해당 저당권이 설정된 주택의 소유자일 것

※ 위의 요건을 충족하지 못한 경우 그 사유가 발생한 날이 속하는 과세기간에는 해당 소득공제를 적용하지 않습니다. 다만, "채무자 = 소유자" 요건 위반 시 요건 위반일 이후부터 불공제(이전분은 공제)

소득공제 배제

- 세대구성원이 보유한 주택을 포함하여 근로자가 과세기간 종료일 현재 2주택 이상을 보유하는 경우 소득공제 배제

※ 2014. 1. 1. 이후 과세기간 중 2주택 이상 보유하는 경우 '3개월 초과 기준' 삭제

세대원인 근로자가 주택을 취득하는 경우 공제요건

- 세대주가 주택자금공제를 받지 아니할 것
- 취득한 주택에 세대원인 해당 근로자가 실제 거주할 것

03

연말정산

신용카드 등 사용액 소득공제

근로자가 사업자로부터 재화나 용역을 제공받고 신용카드 등을 사용하여 지출한 금액에 대해 총급여액의 25%를 초과하는 금액의 15%(30%, 40%)를 공제합니다.

신용카드 등 공제비율

- 신용카드 등 사용금액 소득공제
- 공제액: 신용카드, 직불카드, 선불카드, 현금영수증 사용액의 합계액 중 총급여액의 25%를 초과하는 금액의 15%~80%를 소득공제

결제수단 및 사용처별	공제율
신용카드	15%
직불·선불카드·현금영수증	30%
도서·신문·공연·영화관람료 등 (총급여 7천만 원 이하자만 해당)	30%(40%)
전통시장	40%(50%)
대중교통	80%

공제대상

- 근로자 본인 · 배우자 · 직계존비속의 사용액(기본공제대상자로서 나이제한 없음)
  - 형제자매 및 장애인 직계비속의 장애인 배우자 사용액은 제외

공제금액 및 공제한도

- 공제금액: (신용카드 등 사용금액 − 총급여액의 25%) × (15%~80%)
- 공제한도: Min(연간 300만 원*)
  * 총급여 7천만 원 초과자 250만 원
  - 한도초과금액이 있는 경우 한도초과금액과 전통시장 사용분 공제액, 대중교통 사용분 공제액, 도서·공연·신문·영화관람료 등 사용분 공제액의 합계액 중 작거나 같은 금액(연간 300만 원 한도)을 추가공제 ⇒ 총급여 7천만 원 초과자는 200만 원
  - 2024년 신용카드 등 사용금액 중 2023년 신용카드 등 사용금액 대비 5%를 초과하여 증가한 금액의 10%를 추가공제(한도: 100만 원)

공제금액 계산방법

- 신용카드 등 사용금액이 총급여액의 25% 이하인 경우에는 공제금액 0원
- 공제금액: ① + ② + ③ + ④ + ⑤ − ⑥ + ⑦ + ⑧에 해당하는 금액
  ① 신용카드 사용분(= 신용카드등 사용금액 합계액−전통시장사용분 − 대중 교통이용분 − 도서·공연 등 사용분 − 현금영수증, 직불·선불카드 사용분) × 15%
  ② 현금영수증, 직불·선불카드 사용분[전통시장·대중교통, 도서·공연 등 이용(사용)분에 포함된 금액 제외] × 30%
  ③ 도서·공연·박물관·미술관 사용분(신용카드·현금영수증·직불카드·선불카드) × 30%(40%)
  ④ 전통시장 사용분(신용카드·현금영수증·직불카드·선불카드) × 40%(50%)

⑤ 대중교통 이용분(신용카드 · 현금영수증 · 직불카드 · 선불카드) × 80%
⑥ 신용카드 등 소득공제금액에서 차감하는 다음의 어느 하나에 해당하는 금액
· 최저사용금액(총급여액의 25%) ≤ ①: 최저사용금액 × 15%
· ① 〈 최저사용금액 ≤ (①+②+③): ① × 15% + (최저사용금액 – ①)× 30%
· 최저사용금액 〉 (①+②+③): ① × 15% + (②+③) × 30% + (최저 사용금액 – ① – ② – ③) × 40%
⑦ 한도초과금액이 있는 경우 한도초과금액과 전통시장 사용분 공제액, 대중교통 사용분 공제액, 도서 · 공연 · 신문 · 영화관람료 등 사용분 공제액의 합계액 중 작거나 같은 금액(한도: 300만 원)
⑧ 2024년 사용금액 중 2023년 사용금액 대비 5%를 초과하여 증가한 금액의 10%(한도: 100만 원)

유의사항

● 신용카드 등 사용금액에 포함되지 않은 것

- 사업관련비용 지출액
- 비정상적인 사용행위에 해당하는 경우
- 자동차 구입비용. 단, 중고차 구입금액은 10%를 사용금액에 포함
- 국민건강보험료, 고용보험료, 연금보험료, 보장성 보험료 지불액
- 학교 및 보육시설에 납부한 수업료, 보육비 등
- 국세 · 지방세, 전기료 · 수도료 · 가스료 · 전화료(정보사용료 · 인터넷이용료 등 포함) · 아파트관리비 · 텔레비전시청료(종합유선방송 이용료 포함) 및 도로통행료
- 상품권 등 유가증권 구입비
- 리스료(자동차대여사업의 자동차대여료 포함)
- 취득세 또는 등록면허세가 부과되는 재산의 구입비용
- 금융 · 보험용역과 관련된 지급액, 수수료, 보증료 등
- 기부금(고향사랑기부금 세액공제 받은 금액 포함)
- 가상자산사업자에게 지급하는 가상자산의 매도 · 매수 · 교환 등에 따른 수수료
- 조세특례제한법에 따라 세액공제를 적용받는 월세액
- 국가 · 지방자치단체, 지방자치단체조합에 지급하는 사용료 · 수수료 등의 대가

※ 다만, 우체국 택배, 부동산임대업, 도 · 소매업, 음식, 숙박업, 골프장, 스키장, 기타 운동시설 운영, 보건소에 지급하는 비용은 신용카드 등 사용액에 포함

- 면세물품 구입비용(관세법 제196조에 따른 보세판매장, 법 제121조의13에 따른 지정면세점, 선박 및 항공기에서 판매하는 면세물품의 구입비용)

● 신용카드 등 사용금액 소득공제와 특별세액공제 중복 적용 여부

구분		특별공제 항목	신용카드공제
신용카드로 결제한 의료비		의료비 세액공제 가능	신용카드공제 가능
신용카드로 결제한 보장성보험료		보험료 세액공제 가능	신용카드공제 불가
신용카드로 결제한 학원비	취학 전 아동	교육비 세액공제 가능*	신용카드공제 가능
	그 외	교육비 세액공제 불가	
신용카드로 결제한 교복구입비		교육비 세액공제 가능	신용카드공제 가능
신용카드로 결제한 기부금		기부금 세액공제 가능	신용카드공제 불가

* 취학 전 아동의 경우에는 주 1회 이상 월 단위로 교습받는 학원, 체육시설 등의 수강료에 대하여 교육비세액공제를 받을 수 있습니다.

04

연말정산

보험료 세액공제

근로자가 기본공제대상자(소득요건, 나이요건 제한 있음)를 위해 해당 과세기간에 지출한 보험료의 12%(장애인전용보장성 보험료는 15%)에 해당하는 금액을 해당 과세기간의 종합소득산출세액에서 공제합니다.

● 공제 대상

세액공제 대상 보험료	세액공제 대상금액 한도	세액공제율
보장성 보험료*	연 100만 원 한도	12%
장애인전용보장성 보험료**	연 100만 원 한도	15%

* 만기에 환급되는 금액이 납입보험료를 초과하지 아니하는 보험의 보험계약

** 보험계약 또는 보험료 납입영수증 등에 '장애인전용 보험'으로 표시된 보험

● 공제시기

• 보험료 납입일이 속하는 과세기간에 세액공제

유의사항

● 근로자가 부담할 보험료를 회사가 지급

• 보험료를 사용자가 지급하여 주는 경우 보험료 상당액은 근로자의 급여액에 가산하고 보험료 세액공제합니다.

• 다만, 근로소득으로 보지 않는 단체보장성보험은 급여에 포함되지 않으며 또한 보험료 세액공제대상에 해당하지 않습니다.

● 맞벌이부부가 계약자는 본인, 피보험자는 배우자로 보험 가입

• 보험료는 근로자가 기본공제대상자를 위해 지출하였을 때 공제 가능하므로, 배우자가 연간 소득금액합계액이 100만 원을 초과하면 기본공제대상자에 해당하지 않아 보험료 세액공제가 불가능합니다.

• 다만, 맞벌이 부부인 근로자 본인이 계약자이고 피보험자가 부부공동인 보장성보험의 보험료는 근로자의 연말정산 시 보험료 세액공제 대상에 해당됩니다.

● 기본공제를 받지 않는 부양가족을 위해 지출한 보험료

• 보험계약자가 소득요건 또는 나이요건을 충족하지 않아 당해 근로자의 기본공제대상자에 해당하지 않은 경우, 당해 근로자가 보험료 세액공제를 받을 수 없습니다.

● 피보험자가 태아인 보장성 보험

- 태아는 아직 출생 전으로 기본공제대상자에 해당하지 않으므로 보험료 세액공제가 불가능합니다.

● 일시 납부한 보험료

- 보험계약기간이 2019년 6월부터 2020년 5월까지인 보험의 보험료를 2019년 6월 일시에 납부한 경우 납부일이 속하는 연도의 근로소득에서 세액공제하며, 월별로 안분하지 않습니다.

● 연도 중 해약한 보험의 보험료

- 해당 연도에 불입한 보험료는 보험을 해약하더라도 세액공제 가능합니다.

● 미납분 보험료 공제 여부

- 보험료는 당해 연도에 납입한 금액에 한하여 공제 가능하므로 납부하지 않은 보험료는 실제로 납부한 연도에 세액공제 가능합니다.

● 2018년 귀속부터 주택 임차보증금 반환 보증 보험도 공제대상에 추가되며, 보증대상 임차보증금이 3억 원 이하인 경우에 한합니다.

05

연말정산

의료비 세액공제

의료비 세액공제

● 당해연도 1. 1.~12. 31.까지 근로자 본인 또는 배우자와 부양가족을 위하여 지출한 의료비의 15%(난임시술비는 30%, 미숙아 · 선천성 이상아 의료비 20%)에 해당하는 금액을 근로소득세를 계산(연말정산) 할 때 종합소득 산출세액에서 공제해 줍니다.

● 그러나, 지출된 의료비를 전부 공제해 주는 것은 아니고 총급여액의 3%를 초과하는 의료비 중에서 700만 원을 한도로 공제합니다.

※다만, 근로자 본인, 장애인, 65세 이상자, 6세 이하 부양가족, 중증질환자를 위해 지급한 의료비와 임신을 위해 지출하는 난임시술비, 미숙아·선천성이상아에 대한 의료비는 추가로 공제됩니다.

총급여액 = 연간 급여액 – 비과세 소득

의료비 세액공제 대상액의 계산

● 일반적인 경우(700만 원 한도)

의료비총액 – (총급여액 × 3%) = 공제대상의료비

● 공제되는 의료비가 700만 원을 초과하는 경우

① 한도초과금액 = 의료비총액 – (총급여액 × 3%) – 700만 원

② 본인, 장애인, 65세 이상자, 6세 이하 부양가족, 중증질환자 의료비와 난임시술비, 미숙아 · 선천성 이상아 의료비 합계액

① 과 ② 중 적은 금액 + 700만 원 = 공제대상 의료비

공제대상 의료비의 범위

● 공제대상 의료비

- 치료 등을 위하여 의료기관에 지불한 비용
- 치료 등을 위한 의약품(한약 포함) 구입비용(보약 제외)

- 장애인 보장구 · 의사 처방에 의한 의료기기 구입 및 임차비용
- 시력보정용 안경 · 콘택트렌즈(1인당 50만 원 한도)
- 보청기 구입비용
- 건강검진료
- 노인 장기요양급여 비용 중 요양급여 본인 부담금
- 근로자의 산후조리원 비용(200만 원 한도)

● 공제 제외 의료비

- 미용 · 성형수술비 및 건강증진을 위한 의약품 구입비
- 외국의 의료기관에 지출한 의료비
- 보험회사 등으로부터 지급받은 실손의료보험금
- 건강보험공단으로부터 지급받은 본인부담상한제 사후환급금

| 의료비 세액공제 절차

● 의료비 세액공제를 받고자 할 때에는 다음의 서류를 갖추어 소득 · 세액 공제신고서를 연말정산 시 근무처에 제출하여야 합니다.

- 의료기관(약국)이 발행한 영수증(홈택스 www.hometax.go.kr에서 제공)
- 국세청장이 고시하는 기관에서 발급하는 의료비 부담 내역서
(홈택스 → 연말정산 간소화 소득공제 자료에서 제공)
- 장애인, 65세 이상자를 위한 의료비의 경우에는 이를 확인할 수 있는 서류
  - 「국가유공자 등 예우 및 지원에 관한 법률」에 의한 상이자: 국가보훈처가 발행한 증명서
  - 「장애인복지법」에 의하여 장애인으로 등록된 자: 장애인등록증(장애인 수첩) 사본
  - 기타 장애인: 장애인증명서(「소득세법 시행규칙」 별지 제38호 서식)

※ 장애의 상태가 1년 이상 지속되는 경우에는 처음 한 번만 제출하면 됩니다.

06

연말정산

교육비 세액공제

| 국내 교육비 공제

● 교육비의 15%에 해당하는 금액을 근로소득세를 계산(연말정산)할 때 종합소득 산출세액에서 공제해 줍니다.

● 공제대상이 되는 교육비는 근로자 본인과 배우자 · 직계비속 · 형제자매를 위해 교육기관에 낸 입학금 및 수업료와 기타 공납금, 응시수수료, 입학전형료, 보육비용 및 수강료 등과 근로자 본인의 학자금대출 원리금 상환액입니다.

- 교육기관에는 초 · 중 · 고 · 대학 및 전문대학 · 방송통신대학 · 사이버대학뿐만 아니라 학점 은행제 · 독학학위 취득 교육과정 및 직업 훈련과정도 포함되며, 근로자 본인은 대학원도 해당됩니다.
- 방과 후 학교 수강료, 교과서대, 급식비도 공제됩니다(어린이집 · 유치원생 · 초 · 중 · 고등학생).
- 현장학습비(1인당 30만 원)와 교복구입비(1인당 50만 원, 중 · 고등학생)도 공제됩니다.
- 대학입학전형료, 수능응시료

※ 학원 수강료는 취학 전 아동의 경우에만 해당됩니다.

● 세액공제 대상 한도액

본인	직계비속 등	
전액 (직장에서 보조받은 비과세 되는 학자금은 제외)	영유아 · 유치원생 · 취학 전 아동	1인당 300만 원
	초 · 중 · 고등학생	1인당 300만 원
	대학생	1인당 900만 원
	장애인 특수교육비	전액

● 계산 사례

- 유치원생 자녀교육비가 250만 원이고 근로자 본인의 교육비 200만 원 중 직장에서 받은 비과세 학자금이 100만 원인 경우의 교육비 세액공제 대상액 계산
  - 자녀의 교육비 공제액 250만 원
  - 본인의 교육비 공제액 200만 원 − 100만 원 = 100만 원
  - 합계: 350만 원

| 국외 교육비 공제

● 근로소득이 있는 거주자(일용근로자 제외)가 다음에 해당하는 자를 위하여 국외교육기관에 낸 입학금 · 수업료, 기타 공납금 등이 공제됩니다.

- 국외 근로자인 경우
  - 본인 및 국외에서 함께 동거하는 부양가족

- 국내 근무자인 경우
  - 해당 과세기간 종료일 현재 대한민국 국적을 가진 거주자가 교육비를 지급한 학생. 단, 초등학교 취학 전 아동과 초등학생 · 중학생의 경우 다음 어느 하나에 해당하는 사람으로 한정

    ※ 국외유학에 관한 규정 제5조에 따른 자비유학의 자격이 있는 자

    ※ 국외유학에 관한 규정 제15조에 따라 유학을 하는 자로서 부양의무자와 국외에서 동거한 기간이 1년 이상인 자

● 소득세 · 증여세가 비과세되는 장학금 등을 받은 경우에는 이를 차감한 금액이 공제됩니다.

● 세액공제 대상 한도액

- 국내 교육비와 같음

● 제출서류

- 입학금, 수업료, 기타 공납금영수증
- 국외 교육비공제 적용 대상자임을 입증할 수 있는 서류

| 교육비 세액공제 절차

● 교육비 세액공제를 받고자 할 때에는 다음의 서류를 갖추어 소득 · 세액공제신고서를 연말정산 시 근무처에 제출하여야 합니다.

- 교육비 납입영수증(홈택스 www.hometax.go.kr에서 제공)
- 교육부, 여성가족부 또는 국세청장이 고시하는 기관에서 발급하는 교육비 납입내역서
- 자녀학비 보조수당을 지급받은 경우 그 금액의 범위 안에서 근무처에 이미 제출한 재학증명서로 갈음할 수 있습니다.

07

연말정산

영수증을 챙기세요.

다음의 영수증을 모으면 연말정산 시 소득공제 등의 혜택으로 더 많은 혜택을 돌려 받을 수 있습니다.

현금영수증

- 물건을 구입하거나 용역을 제공받고 그 대가를 현금으로 지급할 경우 「현금영수증」을 받아 놓으면 연말정산 시 소득공제 혜택을 받을 수 있습니다.

신용카드 영수증

- 신용 · 직불 · 기명식선불카드 사용금액에 대해 연말정산 시 소득공제 혜택을 받을 수 있습니다.
- 자기명의가 아닌 다른 가맹점명의로 신용카드매출전표를 발행한 업소를 여신전문금융협회에 신고한 후 위장가맹점으로 확정되면 여신전문금융협회에서 건당 10만 원의 포상금을 지급합니다.

의료비 영수증

- 병 · 의원의 치료비, 치료 등을 위한 의약품구입비, 건강검진료 등 가족의 의료비 지출액에 대하여는 연말정산 시 세액공제 혜택을 받을 수 있습니다.
- 다만, 외국의료기관에 지출한 치료 비용은 제외

보험료 영수증

- 국민건강보험료, 고용보험료는 연말정산 시 소득공제, 일반보장성 보험료는 세액공제 혜택을 받을 수 있습니다.

● 다만, 맞벌이부부인 경우 계약자가 본인이고 피보험자가 배우자인 경우에는 모두 공제받을 수 없습니다.

| 교육비 영수증

● 교육기관에 납입한 가족의 수업료, 입학금, 응시수수료, 입학전형료, 보육비용, 취학 전 아동의 학원 수강료 등도 연말정산 시 세액공제 혜택을 받을 수 있습니다.

| 정치후원금 영수증

● 일반 국민이 정당(후원회 및 선관위 포함)에 기부한 정치자금은 연말정산 시 10만 원까지는 100/110의 세액공제를 받고, 10만 원을 초과하는 금액은 15/100(3천만 원 초과분은 25/100)의 세액공제 혜택을 받을 수 있습니다.

| 기부금 영수증

● 수재의연금, 불우이웃성금, 장학금, 종교단체 기부금 등을 낸 경우 연말정산 시 세액공제 혜택을 받을 수 있습니다.

● 특별재난지역 복구를 위해 자원봉사한 경우에도 「봉사일수×5만 원」의 금액이 세액공제 대상이 됩니다.

※ 봉사일수 = 총봉사시간 / 8시간 (소수점 이하 1일로 계산)

연금과 세금

연금소득의 범위

● 연금소득은 해당 과세기간에 발생한 다음의 소득으로 합니다.

● 과세대상

- 공적연금 관련법에 따라 받는 각종 연금
- 연금계좌에서 연금형태로 인출하는 경우의 그 연금
- 기타 위와 유사한 연금 형태로 받는 소득

연금소득의 구분

● 연금계좌(사적연금)

- 금융회사 등과 체결한 계약에 따라 "연금저축"이라는 명칭으로 설정하는 계좌
- 퇴직연금을 지급받기 위해 가입하여 설정하는 계좌(퇴직연금계좌)

● 공적연금

- 「국민연금법」에 따라 받는 각종 연금
- 「공무원연금법」, 「군인연금법」, 「사립학교교직원연금법」, 「별정우체국법」에 따라 받는 각종 연금
- 「국민연금과 직역연금의 연계에 관한 법률」에 따른 연계노령연금, 연계퇴직연금

비과세 연금소득

● 다음의 연금소득에 대하여는 소득세를 과세하지 않습니다.

- 「국민연금법」, 「공무원연금법」 또는 「공무원 재해보상법」, 「군인연금법」 또는 「군인 재해보상법」, 「사립학교교직원 연금법」, 「별정우체국법」 또는 「국민연금과 직역연금의 연계에 관한 법률」에 따라 받는 유족연금 · 퇴직유족연금 · 퇴역유족연금 · 장해유족연금 · 상이유족연금 · 순직유족연금 · 직무상유족연금 · 위험직무순직유족연금, 장애연금, 장해연금 · 비공무상 장해연금 · 비직무상 장해연금, 상이연금, 연계노령유족연금 또는 연계퇴직유족연금
- 「산업재해보상보험법」에 따라 받는 각종 연금
- 「국군포로의 송환 및 대우 등에 관한 법률」에 따라 국군포로가 받는 연금

연금소득세 계산법

● 계산절차

연 간 연 금 액
(-)연금소득에서 제외되는 소득
(-) 비 과 세 소 득
총 연 금 액
(-) 연 금 소 득 공 제
연 금 소 득 금 액
(-) 각 종 소 득 공 제
과 세 표 준
(×) 세 율 (6%~45%)
산 출 세 액
(-) 각 종 세 액 공 제
(-) 기 납 부 세 액
납 부 (환급) 할 세 액

● 연금소득공제

총연금액	공제액
350만 원 이하	전액 공제
350만 원 초과 700만 원 이하	350만 원 + 350만 원을 초과하는 금액의 40%
700만 원 초과 1,400만 원 이하	490만 원 + 700만 원을 초과하는 금액의 20%
1,400만 원 초과	630만 원 + 1,400만 원을 초과하는 금액의 10% (연 900만 원 한도)

연금소득 과세방법

● 공적연금(국민연금, 공무원연금, 사립학교교직원연금, 군인연금, 별정우체국 직원연금, 연계노령 · 퇴직연금)은 매월 연금을 지급할 때 지급기관에 간이세액표에 따라 우선 원천징수하고, 1월분 연금을 지급할 때 연말정산을 합니다(종합소득과세).

● 연금계좌의 경우 지급기관에서 3%~5%의 세율로 원천 징수를 한 후 연금 수령자가 다음 해 5월에 종합소득세 신고를 하여야 합니다.

● 이연퇴직소득을 연금수령하는 경우 등을 제외한 총연금액이 연 1,500만 원 이하인 사적연금은 종합소득에 합산하지 아니하고 분리과세를 선택할 수 있으며, 1,500만 원을 초과하는 경우에도 종합소득세 신고 시 15%의 세율로 분리과세를 선택할 수 있습니다.

퇴직금과 세금

퇴직소득과 세금

- 퇴직소득(퇴직금)은 공적연금 관련법에 따라 받는 일시금 및 사용자 부담금을 기초로 하며 현실적인 퇴직을 원인으로 지급받는 소득을 말합니다.

- 퇴직소득에 대하여는 소득세와 지방소득세 소득분이 과세되며, 퇴직금을 줄 때 그 소속 기관이나 사업자, 퇴직연금 사업자 등이 이를 원천징수합니다.

- 퇴직으로 인한 소득 중 다음 소득은 소득세를 비과세합니다.

비과세
산업재해보상보험법에 따라 수급권자가 받는 요양급여, 휴업급여, 장해급여, 간병급여, 유족급여, 유족특별급여, 장해특별급여, 장의비 또는 근로의 제공으로 인한 부상ㆍ질병ㆍ사망과 관련하여 근로자나 그 유족이 받는 배상ㆍ보상 또는 위자의 성질이 있는 급여
근로기준법 또는 선원법에 따라 근로자ㆍ선원 및 그 유족이 받는 요양보상금, 휴업보상금, 상병보상금, 일시보상금, 장해보상금, 유족보상금, 행방불명보상금, 소지품유실보상금, 장의비 및 장제비
「공무원연금법」, 「공무원 재해보상법」, 「군인연금법」, 「군인 재해 보상법」, 「사립학교교직원 연금법」 또는 「별정우체국법」에 따라 받는 공무상요양비ㆍ요양급여ㆍ장해일시금ㆍ비공무상 장해일시금ㆍ비직무상 장해일시금ㆍ장애보상금ㆍ사망조위금ㆍ사망보상금ㆍ유족일시금ㆍ퇴역유족일시금ㆍ유족연금일시금ㆍ퇴직유족연금일시금ㆍ퇴역유족연금일시금ㆍ순직유족연금일시금ㆍ유족연금부가금ㆍ퇴직유족연금부가금ㆍ퇴역유족연금부가금ㆍ유족연금특별부가금ㆍ퇴직유족연금특별부가금ㆍ퇴역유족연금특별부가금ㆍ순직유족보상금ㆍ직무상유족보상금ㆍ위험직무순직유족보상금ㆍ재해부조금ㆍ재난부조금 또는 신체ㆍ정신상의 장해ㆍ질병으로 인한 휴직기간에 받는 급여

퇴직소득과세표준 및 산출세액 계산

가. 과세표준(「소득세법」 제14조 ⑥)

퇴직소득과세표준은 퇴직소득금액에 퇴직소득공제를 적용한 금액으로 한다.

나. 산출세액(「소득세법」 제55조)

1) 종전(2015. 12. 31. 이전) 계산방법

거주자의 퇴직소득 산출세액은 2013. 1. 1. 이후 근속연수 해당분과 2012. 12. 31. 이전 근속연수 해당분으로 구분하여 계산하며, 2013. 1. 1. 이후의 근속연수는 전체 근속연수에서 2012. 12. 31. 이전 근속연수 해당분을 빼서 계산한다(①+②).

① 2013. 1. 1. 이후 근속연수 해당분

$$\text{퇴직소득 산출세액} = \frac{\text{퇴직소득과세표준}}{\text{근속연수}} \times 5 \times \text{기본세율} \div 5 \times \text{근속연수}$$

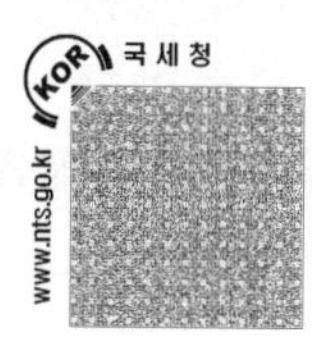

② 2012. 12. 31. 이전 근속연수 해당분

$$\text{퇴직소득 산출세액} = \frac{\text{퇴직소득과세표준}}{\text{근속연수}} \times \text{기본세율} \times \text{근속연수}$$

- 「소득세법」 부칙(11611호, 2013. 1. 1.)
  제22조(퇴직소득에 관한 경과조치)
  ① 이 법 시행 전에 퇴직한 사람의 퇴직소득이 이 법 시행 후에 발생하는 경우 해당 퇴직소득에 대해서는 제55조제2항의 개정규정에도 불구하고 종전의 규정에 따른다.
  ② 이 법 시행 전에 근무를 시작하여 이 법 시행 후에 퇴직한 자의 경우 해당 퇴직소득 과세표준에 이 법 시행 전의 근속연수 비율(2012. 12. 31. 까지의 근속연수를 전체 근속연수로 나눈 비율)을 곱하여 계산한 금액에 대해서는 제55조제2항의 개정규정에도 불구하고 종전의 규정에 따른다.

2) 개정(2016. 1. 1. 이후) 계산 방법

거주자의 퇴직소득 산출세액은 다음의 순서에 따라 계산한 금액으로 산출한다.

① 퇴직소득 과세표준

환산급여{(퇴직소득금액-근속연수공제) ÷ 근속연수 × 12} - 환산급여공제

〈근속연수공제(2023. 1. 1. 개정)〉

근속연수	공제액
5년 이하	100만 원 × 근속연수
6 ~ 10년	500만 원 + 200만 원 × (근속연수 - 5년)
11 ~ 20년	1,500만 원 + 250만 원 × (근속연수 - 10년)
20년 초과	4,000만 원 + 300만 원 × (근속연수 - 20년)

〈환산급여공제〉

환산급여	차등공제
8백만 원 이하	환산급여의 100%
7천만 원 이하	8백만 원 + (8백만 원 초과분의 60%)
1억 원 이하	4천520만 원 + (7천만 원 초과분의 55%)
3억 원 이하	6천170만 원 + (1억 원 초과분의 45%)
3억 원 초과	1억 5천170만 원 + (3억 원 초과분의 35%)

② 퇴직소득 산출세액

퇴직소득 산출세액 = {(퇴직소득 과세표준×기본세율) ÷ 12} × 근속연수

③ 경과조치(「소득세법」 부칙 제12852호, 2014. 12. 23.)

2016. 1. 1. 부터 2019. 12. 31. 까지의 기간 동안 퇴직한 자에 대해서는 2015. 12. 31. 이전 계산방법에 의한 산출세액과 2016. 1. 1. 이후 계산방법에 의한 산출세액에 아래에 따른 연도별 적용비율을 적용하여 산출세액을 계산한다.

퇴직소득 산출세액 = (㉮ × 연도별 적용비율) + (㉯ × 연도별 적용비율)

〈연도별 적용비율〉

구분	2017년	2018년	2019년	2020년
㉮ 2015. 12. 31. 이전 계산방법	60%	40%	20%	0%
㉯ 2016. 1. 1. 이후 계산방법	40%	60%	80%	100%

다. 세율(「소득세법」 제55조)

퇴직소득은 퇴직소득과세표준에 다음의 기본세율을 적용한다.

과세표준	세율	누진공제
1천 400만 원 이하	6%	-
5천만 원 이하	15%	1,260,000원
8천 800만 원 이하	24%	5,760,000원
1억 5천만 원 이하	35%	15,440,000원
3억 원 이하	38%	19,940,000원
5억 원 이하	40%	25,940,000원
10억 원 이하	42%	35,940,000원
10억 원 초과	45%	65,940,000원

소득 · 세액공제 증명서류 중점 확인사항(연말정산 시)

원천징수의무자는 소속 근로자의 연말정산 과다공제에 따른 가산세 부담을 사전에 방지하기 위하여 회사에 제출된 증명서류에 대해 아래의 항목을 중점적으로 확인하여야 합니다.

※ 특히, 수동발급 공제 증명서류의 경우 중복공제, 과다공제의 사례가 많습니다.

구분	중점 확인사항
인적공제	• 해당 과세기간에 기본공제대상 부양가족을 새로이 추가하는 경우 중복공제 및 연간 소득금액 100만 원(근로소득만 있는 자는 총급여 500만 원) 초과 여부를 근로자에게 직접 확인 • 해당 과세기간 개시일(1.1) 전 사망자 · 국외이주자는 기본공제 대상자가 아님
주택자금공제	• 거주자(개인)간 주택임차차입금 원리금상환액 공제 – 주민등록표등본을 통해 과세기간 종료일 현재 세대주 여부 확인 – 임대차계약서 사본 및 금전소비대차계약서 사본을 통해 임대차계약서의 입주일과 주민등록표등본의 전입일 중 빠른 날부터 전후 1개월 이내 차입한 자금인지 확인 • 장기주택저당차입금 이자상환액 공제 – 주민등록표등본을 통해 과세기간 종료일 현재 세대주 여부 확인 – 등기부등본, 대출계약서 사본 등을 제출받아 주택의 근로자 본인 소유 여부, 국민주택 규모 여부(2013년 이전 차입분), 등기접수일로부터 3개월 이내 차입 및 저당 여부, 대출 계약기간이 10년 또는 15년 이상인지 여부, 취득 시 기준시가 6억 원 이하(2013. 12. 31. 이전 3억 원, 2014. 1. 1.~ 2018. 12. 31. 차입분 4억 원, 2019. 1. 1. ~ 2023. 12. 31. 차입분 5억 원) 여부, 과세기간 종료일 현재 2주택 이상 보유 여부, 대출조건(비거치식, 고정금리 등) 확인
주택마련 저축공제	• 주민등록표등본상 과세기간 종료일 현재 세대주 여부 확인 • 장기주택마련저축을 소득공제 신청하였는지 확인
신용카드 소득공제	• 기본공제대상자인 형제자매의 신용카드 등 사용금액을 제외하였는지 확인 • 연간소득금액이 100만 원(근로소득만 있는 자는 총급여 500만 원)을 초과한 배우자 등의 신용카드 등 사용금액을 제외하였는지 확인
연금계좌 세액공제	• 개인연금저축 납입액을 연금계좌세액공제 항목으로 잘못 신청하였는지 확인 • 수동으로 납입확인서를 제출한 경우 중도해지(공제 불가) 또는 본인명의 여부 확인
보험료 세액공제	• 보장성보험료의 경우 피보험자가 기본공제대상자인지 여부 확인

구분	중점 확인사항
의료비 세액공제	• 기본공제대상자인 직계존비속 등의 의료비를 근로자 본인이 직접 부담해야 함 – 근로자 명의 신용카드, 현금영수증 등으로 지출하였는지 확인 • 사내근로복지기금 · 보험회사(실손보험금) · 국민건강보험공단 등에서 보전받은 의료비를 제외하였는지 여부 확인(근로자 본인이 직접 부담하지 않은 의료비 공제 불가)
교육비 세액공제	• 자녀 학원비는 취학 전(입학연도 1월 ~ 2월까지)에 지출한 경우 공제 가능 • 대학원 교육비는 근로자 본인을 위해 지출한 것인지 확인 • 비과세 학자금을 지원한 경우 근로자가 교육비 공제를 제외하였는지 확인 • 사내근로복지기금에서 지원한 교육비(과세 제외)를 제외하였는지 확인
기부금 세액공제	• 수동 제출 기부금영수증상 '일련번호' 유무 확인 – 일련번호가 없는 기부금영수증의 경우 기부금 표본조사 대상에 선정될 가능성이 높음 • 기부금단체가 적격 단체에 해당하는지 영수증에 기재된 근거법령을 통해 확인 – 개별 종교단체의 경우 총회나 중앙회가 문화체육관광부장관 또는 지방자치단체의 장의 허가를 받아 설립한 비영리법인인지 여부는 기부금영수증, 소속증명서 등을 통해 확인 – '고유번호증'의 유무가 적격 기부금 종교단체 여부 판단기준이 아님에 유의 – 사주, 궁합, 택일, 작명 등 대가성 비용을 지출하고 발급받은 기부금영수증은 공제 불가 – 사단법인 또는 재단법인의 경우 기획재정부장관의 지정을 받았는지 여부 확인 단, 기획재정부장관 지정이 없더라도 관련법령에서 적격 기부금단체로 규정한 법인도 있으므로 '기부금영수증상 기부금단체 근거법령'을 확인하여 적격 기부금단체 여부 판단
월세액 세액공제	• 주민등록표등본을 통해 과세기간 종료일 현재 세대주(세대주가 주택자금공제, 주택마련 저축 공제를 받지 아니한 경우 세대원인 근로자 가능) 여부 확인 • 근로자 또는 기본공제대상자가 임대차계약서상 계약자인지 여부 확인 • 주민등록표등본상 주소지와 임대차계약서상 주소지가 동일한지 여부 확인 ※ 2014. 1. 1. 이후 임대차계약서상 확정일자를 받을 요건 삭제

※ 주택자금공제의 경우 동일 세대의 세대주가 주택자금공제와 주택마련저축 소득공제를 받지 않은 경우 세대원인 근로자가 공제 가능

Q1 생계를 같이하는 기본공제대상자인 어머니의 나이가 만 65세 입니다. 경로우대자 공제를 받을 수 있나요?

A1 경로우대자 추가공제는 기본공제대상자의 나이가 70세 이상이어야 하므로, 기본공제대상자가 나이요건을 충족하지 못하면 경로우대자 공제를 받을 수 없습니다.

길라잡이

● 출생연도별 공제대상 판단(2023년 귀속 기준)

나이요건	출생연도	적용항목
60세 이상	1963. 12. 31. 이전	기본공제 대상자 중 직계존속 및 형제자매
20세 이하	2003. 1. 1. 이후	기본공제 대상자 중 직계비속(입양자) 및 형제자매
70세 이상	1953. 12. 31. 이전	인적공제 추가공제 중 경로우대자 공제
65세 이상	1958. 12. 31. 이전	의료비 세액공제 중 경로자에 대한 의료비 지출

▶ 관련 법규

● 기본공제(「소득세법」 제50조), 추가공제(「소득세법」 제51조)

Q2 배우자가 11월에 사업자를 폐업하였습니다. 배우자 기본공제를 적용받을 수 있나요?

A2 배우자의 연간 종합소득금액, 퇴직소득금액, 양도소득금액 합계액이 100만 원(근로소득만 있는 경우 총급여액 500만 원) 이하이면 기본공제를 적용할 수 있습니다.

사업소득이 있는 자는 5월 종합소득세 신고를 하여야 하며, 종합소득세 신고 시 확정되는 '종합소득금액'은 소득의 종류, 수입금액 및 필요경비, 신고방법(장부기장 및 추계신고) 등에 따라 달라지므로 배우자가 5월 종합소득세 확정신고를 하기 전까지는 정확한 금액을 파악하기 어렵습니다.

따라서 연말정산 시에는 우선 기본공제를 적용받지 않았다가 5월 종합소득세 확정신고 시 배우자의 종합소득금액 등을 확인한 후, 근로자가 종합소득세 정기신고 또는 경정청구를 통하여 기본공제를 적용하시기를 권하여 드립니다.

길라잡이

- **연간 소득금액 합계액 100만 원의 산정방법**

연간 소득금액 합계액이란 종합소득 · 퇴직소득 · 양도소득금액의 합계액을 말합니다.

생계를 같이 하는 부양가족이 기본공제대상자가 되기 위해서는 해당 부양가족의 연간 소득금액 합계액이 100만 원 이하(근로소득만 있는 부양가족의 경우에는 총급여액 500만 원 이하)여야 하는 것이며,

이때의 연간 소득금액은 종합소득 과세표준 계산 시 합산되지 아니하는 비과세 및 분리과세 소득금액을 제외한 것을 말합니다.

▶ 관련 법규

- 연간 소득금액 합계액 100만 원의 산정방법(종합소득세 집행기준 50-0-2)

Q3 초등학생 자녀의 학원비와 태권도장 수강료에 대하여 교육비 세액 공제를 받을 수 있나요?

A3 학원 또는 체육시설에 지출한 교육비는 초등학교 취학 전 아동(초등학교 입학연도의 1월, 2월 포함)에 대해서만 교육비 세액 공제가 가능합니다. 초·중·고등학생은 적용대상이 아니므로 학원 또는 체육시설에 지출한 교육비는 공제받을 수 없습니다.

길라잡이

- **초등학교 취학 전 아동을 위하여 지출한 교육비**
  - 「영유아보육법」에 따른 어린이집에 지급한 교육비
  - 「학원의 설립 · 운영 및 과외교습에 관한 법률」에 따른 학원 또는 「체육시설의 설치 · 이용에 관한 법률」에 따른 체육시설업자가 운영하는 체육시설에서 월단위로 실시하는 교습과정(1주 1회 이상 실시하는 과정만 해당)의 교습을 받고 지출한 교육비

▶ 관련 법규
- 특별세액공제(「소득세법」 제59조의4), 교육비 세액공제(「소득세법 시행령」 제118조의6)

Q4 기본공제대상자인 배우자를 피보험자로 하여 보장성보험료를 납부하고 있습니다. 공제대상에 해당하나요?

A4 근로소득이 있는 거주자가 근로자 본인 또는 기본공제대상자를 위하여 지급한 보장성보험료는 보험료 세액공제 대상에 해당합니다.

따라서, 소득요건을 충족하여 귀하의 기본공제대상자에 해당하는 배우자를 피보험자로 한 보장성보험료를 지급한 경우 보험료 세액공제를 적용할 수 있습니다.

길라잡이

● 보장성보험의 계약유형별 비교

계 약 유 형		내 용
계 약 자	피보험자	
근로자	근로자	배우자 및 부양가족은 근로자의 기본공제대상자여야 함
	배우자 또는 부양가족	
배우자 또는 부양가족	근로자	
	배우자 또는 부양가족	

● 보험료공제의 피보험자는 주피보험자 외에 종피보험자도 포함

기본공제 대상자를 피보험자로 하는 보험에 있어 피보험자는 주피보험자뿐만 아니라 종피보험자도 포함하는 것입니다.

▶ 관련 법규

- 특별세액공제(「소득세법」 제59조의4), 보험료세액공제(「소득세법 시행령」 제118조의4)
- 보험료공제의 피보험자는 주피보험자 외에 종피보험자도 포함(법인46013-2822)

Q5 2023년에 배우자 주택을 양도하고 주택청약저축에 가입하여 200만 원을 납입하였습니다. 공제대상에 해당하나요?

A5 주택마련저축 소득공제는 과세연도 중 계속 무주택 상태였던 세대의 세대주가 적용받을 수 있는 것이므로, 2023년 중에 주택을 보유한 세대는 공제받을 수 없습니다.

길라잡이

- 주택자금관련 무주택 요건 비교

구분	공제대상자
주택청약저축 납입액	해당 과세기간의 총급여액 7천만 원 이하로서 해당 과세기간 중 무주택 세대의 세대주
주택임차 차입금원리금상환액	과세기간 종료일 현재 무주택 세대의 세대주
장기주택저당차입금 이자상환액	무주택 세대 또는 1주택을 보유한 세대의 세대주로서, 세대구성원이 보유한 주택을 포함하여 과세기간 종료일 현재 1주택을 보유한 경우

▶ 관련 법규

- 주택청약종합저축 등에 대한 소득공제(「조세특례제한법」 제87조)

Q6 장기주택저당차입금을 다른 은행으로 대환한 경우 공제받을 수 있나요?

A6 장기주택저당차입금 이자상환액 소득공제 대상이 되는 대환이란,

① 해당 금융회사 등 또는 다른 금융회사 등이 기존의 장기주택저당차입금의 잔액을 직접 상환하고 해당 주택에 저당권을 설정하는 형태로 장기주택저당차입금을 이전하는 방식과,

② 해당 차입자가 신규로 차입한 장기주택저당차입금으로 기존의 장기주택저당차입금의 잔액을 즉시 상환하고 해당 주택에 저당권을 설정하는 형태로 장기주택저당차입금을 이전하는 방식으로 기존 차입금의 최초 차입일부터 신규 차입금의 상환일까지의 상환기간이 15년 이상인 경우에 기존 차입금 잔액 범위 내에서 해당 소득공제를 적용할 수 있습니다.

즉, 기존 차입금이 당초 공제요건을 모두 충족하였고, 대환 시 위 대환 요건을 충족하였다면 기존 차입금 잔액 범위 내에서 새로운 차입금에 대하여도 공제를 적용할 수 있습니다.

길라잡이

- **주택자금공제**

장기주택저당차입금의 차입자가 해당 금융회사 등 또는 다른 금융회사 등이 기존의 장기주택저당차입금의 잔액을 직접 상환하고 해당 주택에 저당권을 설정하는 형태로 장기주택저당차입금을 이전 하는 방식과 해당 차입자가 신규로 차입한 장기주택저당차입금으로 기존의 장기주택저당차입금의 잔액을 즉시 상환하고 해당 주택에 저당권을 설정하는 형태로 장기주택저당차입금을 이전하는 방식으로 장기주택저당차입금을 이전하는 경우, 해당 차입금의 상환기간은 15년 이상이어야 하며, 상환기간을 계산할 때에는 기존의 장기주택저당차입금을 최초로 차입한 날을 기준으로 합니다.

▶ 관련 법규

● 주택자금공제(「소득세법 시행령」 제112조)

Q7 연금저축계좌 가입 시 세액공제 대상금액은 얼마인가요?

A7 나이 및 총급여(종합소득금액)와 상관없이 연금저축계좌는 600만 원을 한도로 하고, 연금저축과 퇴직연금을 합한 금액은 900만 원을 한도로 공제합니다.

연금계좌 세액공제 한도액 = ① + ② (연 900만 원 한도)

① 연금저축계좌 납입액 (연 600만 원 한도)

② 퇴직연금계좌 납입액

길라잡이

● 연금계좌 세액공제 한도액 예시

연금저축	퇴직연금	공제대상(연금+퇴직)
200만 원	800만 원	200만 원 + 700만 원 = 900만 원
700만 원	200만 원	600만 원 + 200만 원 = 800만 원
1,000만 원	0원	600만 원 + 0원 = 600만 원
0원	1,000만 원	0원 + 900만 원 = 900만 원

▶ 관련 법규

● 연금계좌세액공제(「소득세법」 제59조의3)

Q8 월세 지급액에 대하여 현금영수증을 발급받은 경우, 신용카드 소득공제와 월세액 세액공제를 모두 공제받을 수 있나요?

A8 월세 관련 공제항목은 ① 주택임차료(월세) 현금영수증을 발급받아 '신용카드등 사용금액 소득공제'를 적용하는 것과 ② '월세 세액공제'가 있으며, 신용카드등 사용금액 소득공제와 월세 세액공제는 중복 공제되지 않으므로 근로자가 유리한 것으로 하나만 선택하여 공제하여야 합니다.

길라잡이

● 특별세액공제와 신용카드 등 소득공제 중복 적용 여부

구 분		특별세액공제	신용카드등 소득 공제
의료비		의료비 세액공제 가능	신용카드등 소득공제 가능
보장성 보험료		보험료 세액공제 가능	신용카드등 소득공제 불가
학원비	취학전 아동	교육비 세액공제 가능	신용카드등 소득공제 가능
	그 외	교육비 세액공제 불가	
교복 구입비		교육비 세액공제 가능	신용카드등 소득공제 가능
기부금		기부금 세액공제 가능	신용카드등 소득공제 불가

▶ 관련 법규

· 신용카드등 사용금액에 대한 소득공제(「조특법 시행령」 제121조의2)

⑥ 법 제126조의2를 적용할 때 신용카드등사용금액은 국세청장이 정하는 기간의 신용카드등 사용금액을 합계하되, 다음 각 호의 어느 하나에 해당하는 금액은 포함하지 아니하는 것으로 한다.

1. 「국민건강보험법」, 「노인장기요양보험법」 또는 「고용보험법」에 따라 부담하는 보험료, 「국민연금법」에 의한 연금보험료, 「소득세법 시행령」 제25조제2항의 규정에 의한 보험계약의 보험료 또는 공제료

2. 「유아교육법」, 「초 · 중등교육법」, 「고등교육법」 또는 특별법에 의한 학교

(대학원을 포함한다) 및 「영유아보육법」에 의한 어린이집에 납부하는 수업료 · 입학금 · 보육비용 기타 공납금

3. 정부 또는 지방자치단체에 납부하는 국세 · 지방세, 전기료 · 수도료 · 가스료 · 전화료(정보사용료 · 인터넷이용료 등을 포함한다) · 아파트관리비 · 텔레비전 시청료(「종합유선방송법」에 의한 종합유선방송의 이용료를 포함한다) 및 도로 통행료

4. 상품권 등 유가증권 구입비

5. 리스료(「여객자동차 운수사업법」에 의한 자동차대여사업의 자동차대여료를 포함한다)

6. 삭제 〈2008.12.31〉

7. 「지방세법」에 의하여 취득세 또는 등록에 대한 등록면허세가 부과되는 재산(제14항에 따른 중고자동차는 제외한다)의 구입비용

8. 「부가가치세법 시행령」 제46조제1호 및 제3호에 해당하는 업종 외의 업무를 수행하는 국가 · 지방자치단체 또는 지방자치단체조합(「의료법」에 따른 의료기관, 「지역보건법」에 따른 보건소 및 법 제126조의2제2항제3호가목 및 나목에 따른 문화체육관광부장관이 지정하는 법인 또는 사업자는 제외한다)에 지급하는 사용료 · 수수료 등의 대가

9. 차입금 이자상환액, 증권거래수수료 등 금융 · 보험용역과 관련한 지급액, 수수료, 보증료 및 이와 비슷한 대가

10. 「정치자금법」에 따라 정당(후원회 및 각 급 선거관리위원회를 포함한다)에 신용카드, 직불카드, 기명식선불카드, 직불전자지급수단, 기명식선불전자지급수단 또는 기명식전자화폐로 결제하여 기부하는 정치자금(법 제76조에 따라 세액공제를 적용받은 경우에 한한다)

10의2. 「고향사랑 기부금에 관한 법률」에 따른 고향사랑 기부금(법 제58조에 따라 세액공제를 적용받은 경우만 해당한다)

11. 법 제95조의2에 따라 세액공제를 적용받은 월세액

12. 「관세법」 제196조에 따른 보세판매장, 법 제121조의13에 따른 지정면세점, 선박 및 항공기에서 판매하는 면세물품의 구입비용

13. 그 밖에 제1호부터 제12호까지의 규정과 비슷한 것으로서 기획재정부령으로 정하는 것

Q9 **올해 회사를 퇴직하고 다른 회사로 이직하였습니다. 연말정산은 어떻게 하나요?**

A9 퇴직자가 연도 중에 재취업을 하는 경우에는 현재 근무지에서 전 근무지 근로소득을 합산하여 연말정산하여야 합니다.
재취업자는 전 근무지로부터 근로소득 원천징수영수증을 발급받아 현재 근무지 연말정산 시 제출하여야 하며, 만일 전 근무지와 현 근무지 근로소득을 합산하여 연말정산하지 않은 경우에는 근로자가 직접 종합소득세 확정신고를 통하여 합산하여야 합니다.

길라잡이

- 2인 이상으로부터 근로소득을 받는 사람의 연말정산

같은 과세연도에 2인 이상으로부터 근로소득을 받는 근로자가 주된 근무지와 종된 근무지를 정하고, 종된 근무지로부터 근로소득 원천징수영수증을 발급받아 주된 근무지에게 제출하는 경우, 주된 근무지는 주된 근무지의 근로소득과 종된 근무지의 근로소득을 더한 금액에 대하여 연말정산하는 것입니다.

▶ 관련 법규

- 2인 이상으로부터 근로소득을 받는 사람에 대한 근로소득세액의 연말정산(「소득세법」 제137조의2)
- 재취직자에 대한 근로소득세액의 연말정산(「소득세법」 제138조)

Q10 올해 회사를 퇴직했고 다른 회사는 다니고 있지 않습니다. 연말정산은 어떻게 하나요?

A10 연도 중에 퇴직하는 경우에는 퇴직하는 달의 급여를 지급할 때 연말정산 하며, 연말정산 시 공제받지 못한 것은 근로자가 직접 종합소득세 신고를 통하여 공제받을 수 있습니다.

신용카드등 사용금액 소득공제 등은 근로제공 기간 동안에 지출한 금액만 공제 대상으로 하므로, 퇴사 후 지출한 금액은 공제받을 수 없습니다.

길라잡이

● 입사 전 또는 퇴사 후 지출한 비용의 소득 · 세액공제 적용 여부

근로제공기간 동안 지출한 금액만 공제가능 항목	해당 과세기간 중 지출한 금액 공제가능 항목
보험료 세액공제	기부금 세액공제
의료비 세액공제	국민연금보험료 소득공제
교육비 세액공제	개인연금저축 소득공제
주택자금 소득공제	연금계좌 세액공제
신용카드등 사용금액에 대한 소득공제	투자조합출자 등 소득공제
주택마련저축 소득공제	소기업 · 소상공인 공제부금 소득공제

3

세금절약 가이드

영세납세자를 위한 복지세정

국세청
www.nts.go.kr

01 근로 · 자녀장려금 제도

근로장려금 · 자녀장려금 제도란?

● 일은 하지만 소득이 적어 생활이 어려운 근로자(고임금 근로자 제외), 사업자(전문직 제외), 종교인 가구에 대하여 장려금을 지급함으로써 저소득자의 근로 또는 사업을 장려하고 자녀양육을 지원하는 제도입니다.

근로 · 자녀장려금 신청자격

근로소득, 사업소득(전문직 제외) 또는 종교인소득이 있는 거주자로서 아래(1~4) 요건을 모두 갖추어야 합니다.

1. 가구유형

2023년 12월 31일 현재, 가구원 구성, 소득 유무 등에 따라 분류

단독가구	배우자[1]와 부양자녀[2], 70세 이상 직계존속[3]이 모두 없는 가구
홑벌이가구	배우자 또는 부양자녀 또는 70세 이상 직계존속이 있는 가구 (배우자가 있는 경우에는 신청인 또는 배우자의 총급여액 등이 3백만 원 미만이어야 함)
맞벌이가구	신청인과 배우자 각각의 총급여액 등[4]이 3백만 원 이상인 가구

1) 법률상 배우자(사실혼 제외)

2) 18세 미만으로서 비과세 · 분리과세 소득을 제외한 연간소득금액이 100만 원 이하인 부양자녀

3) 70세 이상으로서 비과세 · 분리과세 소득을 제외한 연간소득금액이 100만 원 이하이며, 주민등록표 상 동거가족으로서 해당 거주자의 주소나 거소에서 현실적으로 생계를 같이 하는 사람일 것

※ 부양자녀 및 직계존속 중 동일주소 거주(질병 등 일시퇴거 포함)하는 중증장애인은 연령 제한 없음

4) 총 급여액 등: 근로소득(총급여액), 사업소득(총수입금액×업종별 조정률), 종교인소득(총 수입금액)의 합계액

2. 소득요건

• 해당 소득세 과세기간의 부부합산 연간 총소득이 아래의 가구원 구성에 따른 총소득기준금액 미만이어야 합니다.

| 총소득 기준금액 |

구분	단독가구	홑벌이가구	맞벌이가구
근로장려금	2,200만 원	3,200만 원	3,800만 원
자녀장려금	해당없음	7,000만 원	

▶ 근로소득 = 총급여액
▶ 사업소득 = 총수입금액×업종별 조정률
▶ 이자 · 종교인 · 배당 · 연금소득 = 총수입금액
▶ 기타소득금액 = 총수입금액 – 필요경비

3. 재산 요건

- 해당 소득세 과세기간의 6. 1. 현재, 가구원* 모두가 소유하고 있는 재산합계액이 2억 4천만 원 미만이어야 합니다.
  - 주택, 토지와 건축물, 승용자동차, 전세금(임차보증금), 현금, 금융자산, 유가증권, 회원권, 부동산을 취득할 수 있는 권리 등을 포함하며, 재산 평가 시 부채는 차감하지 않습니다.

  * 1세대(가구)의 범위: 2023. 12. 31. 현재 거주자와 다음의 ①, ②, ③에 해당하는 자가 구성하는 세대
  ① 배우자 ② 거주자 또는 그 배우자와 동일한 주소 또는 거소에 거주하는 직계존비속 ③ 부양자녀

  ※ 재산합계액이 1억 7천만 원 이상 2억 4천만 원 미만이면 장려금 산정금액의 50%만 지급합니다.

4. 기타요건

- 해당 소득세 과세기간 종료일 현재 대한민국 국적을 가진 자(외국인 중에 대한민국 국적을 가진 자와 혼인한 자, 대한민국 국적의 부양자녀가 있는 자 포함)일 것
- 해당 소득세 과세기간 중 다른 거주자의 부양자녀가 아닐 것
- 거주자(배우자 포함)가 전문직 사업을 영위하고 있는 자가 아닐 것
- 거주자(배우자 포함)가 해당 소득세 과세기간 종료일 현재 계속 근무하는 상용근로자(일용근로자 제외)로서 월 평균 근로소득이 500만 원 이상이 아닐 것(근로장려금만 적용)

| 근로 · 자녀장려금 산정방법

● 가구 유형별 '총급여액 등'은 근로소득(총급여액)과 사업소득(총수입금액 ×업종별조정률) 및 종교인 소득(총수입금액)을 말합니다.

● 총급여액을 '장려금산정표*'의 해당구간에 적용한 후, 감액요인(자녀세액 공제 등)을 반영하여 산정합니다.

* 조세특례제한법 시행령 별표 11 및 11의2

- 장려금 계산은 홈택스(www.hometax.go.kr) ⇨ 장려금 · 연말정산 · 전자기부금 ⇨ 정기/반기 신청 ⇨ 「계산해보기」에서 가능

근로장려금

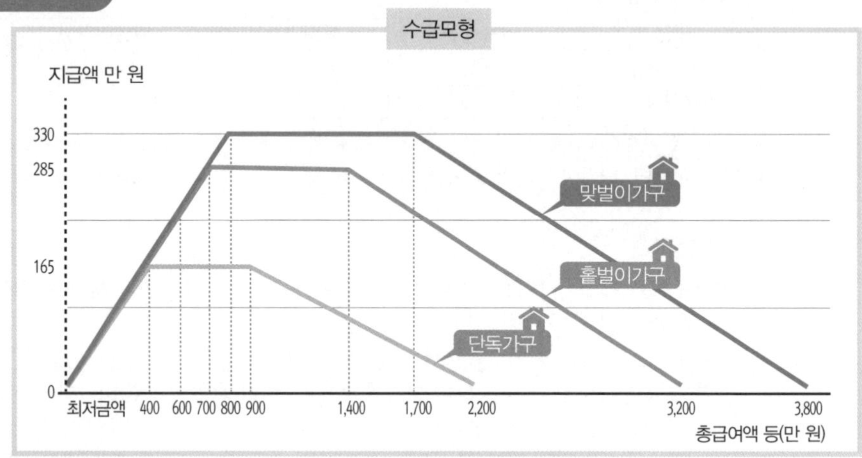

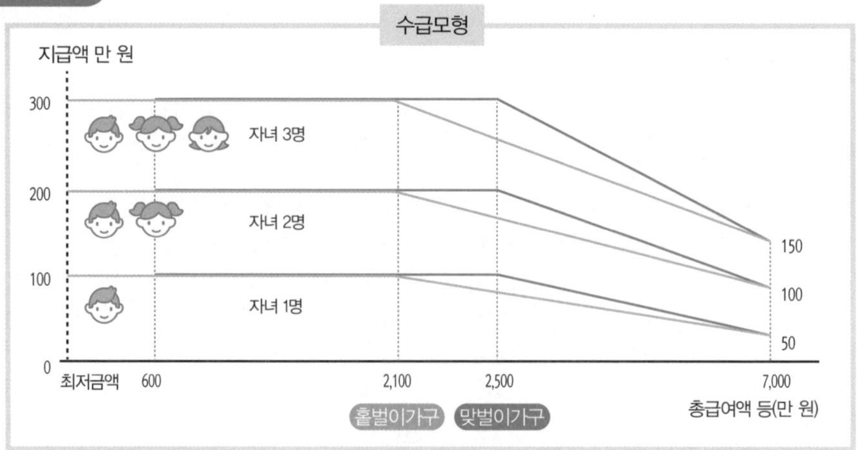

| 근로 · 자녀장려금 신청방법

● 신청방법: ① 홈택스(PC, 모바일)
② 모바일 안내문 "열람하기", 서면 안내문 QR코드
③ 자동응답전화(ARS): 1544-9944
④ 장려금 상담센터: 1566-3636
* 전화상담 및 신청대리 요청

근로 · 자녀장려금 정기분 신청 및 지급

1. 신청기간

● 해당 소득세 과세기간의 다음연도 5. 1. ~ 5. 31.까지 신청해야 합니다.

- 기간 내 신청하지 못한 경우, 신청기간 종료일의 다음 날부터 6개월 이내 (6. 1. ~ 11. 30.) 기한 후 신청이 가능합니다.
  ※ 기한 후 신청을 한 경우에는 산정금액의 5%를 차감
- 근로소득자는 반기별 소득기준으로 반기신청 가능하며, 이 경우 자녀장려금도 신청한 것으로 봅니다.

2. 근로 • 자녀장려금 지급

● 장려금 정기신청자에 대하여 지급요건 등 심사를 거쳐 8월 말경에 지급됩니다.

근로장려금 반기별 신청 및 지급

1. 반기별 지급 신청자격(2024년 귀속분)

● 2024년에 근로소득만 있는 거주자(배우자 포함)로서 근로장려금 신청 자격이 충족되어야 합니다.

- 근로소득 외 타소득(사업 · 종교인)이 있는 경우 정기신청한 것으로 봅니다.

● 다만, 2025년 6월 정산 시에는 2024년의 부부합산 총소득이 기준금액 미만이고, 2024년 6월 1일 현재 가구원 모두의 재산 합계액이 2.4억 원 미만이어야합니다.

2. 반기별 지급 및 정산

● 근로장려금 산정액의 35%를 반기별로 지급하고, 소득발생연도(귀속) 다음 연도 5월에 정기 신청했을 경우의 지급액과 비교하여 정산(차액을 추가 지급하거나 향후 5년간 지급할 장려금에서 차감)합니다.

- 상반기 소득분에 대한 지급액이 15만 원 미만인 경우에는 지급하지 않고 정산 시 지급

● 상반기 신청자는 상반기 총급여를 추정 연간근무월수로 환산하여 근로장려금 지급액을 산정합니다.

- 상용근로자 중 계속근무자: 상반기 총급여 + (상반기 총급여 ÷ 근무월수) × 6
- 일용근로자, 상용근로자 중 중도퇴직자: 상반기 총급여 × 2

● 하반기신청자는 상반기와 하반기의 총급여를 합산하여 근로장려금 지급액을 산정합니다.

2024년도 근로장려금 반기별 신청 및 지급일정

구분	신청기간	지급 시기	지급액
2023년 하반기 소득분	2024. 3. 1. ~ 2024. 3. 15.	2024년 6월 말	추가지급 또는 환수*
2024년 상반기 소득분	2024. 9. 1. ~ 2024. 9. 15.	2024년 12월 말	산정액의 35%

* 향후 5년간 지급할 장려금에서 차감

| 허위 신청자에 대한 불이익

● 근로(사업)소득 지급확인서를 허위로 발급받아 신청하는 등 고의 또는 중대한 과실로 사실과 다르게 신청한 경우에는 장려금 환수와 2년 또는 5년간 지급제한 등의 불이익을 받게 됩니다.

납세자가 자주 묻는 상담사례 Top10 – 장려금

Q1 **신청안내 대상인지 어디서 확인하고, 신청안내를 받지 못했지만 요건을 충족하면 어떻게 신청해야 하나요?**

A1 신청안내 대상인지 여부는 손택스 · 홈택스에서 확인 가능하며, 장려금 상담센터(1566-3636)나 세무서 장려금 담당자에게 전화하여 확인할 수 있습니다.

- 홈택스(모바일, PC) 실행: 장려금 · 연말정산 · 전자기부금 〉 근로 · 자녀장려금 정기(반기) 신청 〉 안내대상자 여부 조회(미안내사유)

신청안내를 받지 못했더라도 신청요건을 충족하면, 홈택스에 로그인 한 후 장려금 · 연말정산 · 전자기부금 〉 근로 · 자녀장려금 정기(반기) 신청 〉 직접입력 신청에서 신청하면 됩니다.

Q2 신청서 접수 현황 및 신청 결과는 어떻게 확인할 수 있나요?

A2 신청서 접수여부 및 신청결과는 신청인이 ARS(1544-9944), 국세청 홈택스(모바일, PC)를 통해 확인할 수 있습니다.

또한, 장려금 심사가 완료된 후 1개월 이내에 장려금 결정통지서를 우편 또는 모바일(동의자에 한함)로 발송하고 있으며, ARS를 통해 주민등록번호를 입력하면 심사결과를 확인하실 수 있습니다.

- 홈택스 로그인 〉 MY홈택스 〉 소득자료/장려금/학자금상환 〉 근로 · 자려장려금 신청 및 결정내역
- 홈택스 로그인 〉 장려금 · 연말정산 · 전자기부금 〉 근로 · 자녀장려금 정기(반기) 신청 〉 심사진행상황 조회

Q3 편의점에서 한달 간 아르바이트 근무를 한 경우에도 근로장려금 신청이 가능하나요?

A3 네 가능합니다. 동일 고용주에게 3월(건설업종 1년)이상 계속 고용되지 않는 일용근로자는 장려금 지급대상 소득인 근로소득이 있는 자로서, 소득 및 재산요건을 충족하면 장려금을 신청할 수 있습니다.

▶ 관련 법규

- 근로장려금의 신청자격(「조세특례제한법」 제100조의3 제1항)
- 근로소득(「소득세법」 제20조 제1항 제1호)

Q4 TV뉴스를 통해서 자녀장려금 신청대상자가 확대된다고 들었는데 어떻게 바뀌는 건가요?

A4 자녀장려금의 신청자격 요건 중 연간 총소득 합계액 기준을 4천만 원 미만에서 7천만 원 미만으로 상향하여 신청대상자의 범위를 확대하고, 자녀장려금의 최대지급액을 자녀 1명당 80만 원에서 100만 원으로 인상하였습니다.

▶ 관련 법규

- 자녀장려금의 신청자격(「조세특례제한법」 제100조의28 제1항 제2호)
- 자녀장려금의 산정(「조세특례제한법」 제100조의29, 「조세특례제한법 시행령」 제100조의29)

Q5 아버지가 작년에 돌아가셨는데 딸인 제가 근로장려금을 대신 신청할 수 있나요?

A5 근로장려금 신청대상인 거주자가 사망한 때에는 상속인이 피상속인의 주소지 관할세무서에 신청할 수 있습니다.

▶ 관련 법규

- 근로장려금의 신청 등(「조세특례제한법」 제100조의6 제2항)

Q6 **은행 담보대출을 끼고 아파트를 샀는데 장려금 재산요건에 채무를 차감한 순재산으로 판단하나요?**

A6 그렇지 않습니다. 재산가액 산정 시 채무 등 부채는 차감하지 않습니다. 다만, 2022년에 재산요건을 다소 완화하여 부동산, 전세금, 자동차, 예금 등 가구원 전체 재산 합계액이 기존 2억 원 미만에서 2억 4천만 원 미만으로 상향되었습니다.

▶ 관련 법규
- 근로장려금의 신청자격(「조세특례제한법」 제100조의3 제1항 제4호)
- 재산의 판정기준(「조세특례제한법 시행령」 제100조의4 제3항)

Q7 **국세청에 체납이 있는데 장려금을 수령할 수 있나요?**

A7 네 그렇습니다. 다만, 국세체납이 있는 경우 환급할 장려금의 30%를 한도로 체납에 충당하고 남은 금액을 지급합니다.

또한 국세 체납액 충당 후 환급하는 장려금 중 185만 원 이하에 대하여는 압류할 수 없습니다.

▶ 관련 법규
- 근로장려금의 환급 및 정산 등(「조세특례제한법」 제100조의8 제4항, 제6항)
- 근로장려금의 환급 등(「조세특례제한법 시행령」 제100조의9 제6항)

Q8

최근에 결혼하여 신혼집으로 부모님 명의의 집에 저희 부부만 무상으로 거주하고 있습니다. 이런 경우에 재산가액은 어떻게 평가하나요?

A8

거주하고 있는 주택의 소유자가 직계존비속인 경우에는 해당 주택의 기준시가의 100%를 간주전세금(보증금)으로 적용합니다. 따라서, 임대차계약서를 제출하여도 계약서상의 금액으로 인정되지 않습니다.

▶ 관련 법규

- 재산의 판정기준(「조세특례제한법 시행령」 제100조의4 제3항 제3호, 제8항 제2의2호)

Q9 **근로장려금 신청 안내 문자를 받았었는데, 늦게 확인해서 신청기한이 지났습니다. 저도 신청해서 장려금을 받을 수 있나요?**

A9 네 받을 수 있습니다. 장려금 신청기간 종료일의 다음 날부터 6개월 이내(11. 30.까지) 기한 후 신청을 할 수 있으며 당초 장려금 산정 금액의 95%를 지급합니다.

▶ 관련 법규

- 근로장려금의 결정(「조세특례제한법」 제100조의7 제2항)

Q10 근로장려금 반기 신청 대상자인데 작년 9월에 신청을 못하고 금년 3월에 신청을 했는데, 작년 9월에 신청 누락된 부분은 어떻게 수령할 수 있나요?

A10 전년도 9월에 반기 신청을 못하고, 올해 3월 반기 신청만 했어도 작년 신청 누락 된 부분을 포함한 연간 산정금액으로 근로장려금을 수령하게 됩니다. 참고로 근로장려금 반기별 신청을 한 경우 지급일정은 아래와 같습니다

① 상반기 소득분

- 신청기간: 당해연도 9. 1. ~ 9. 15.
- 지급 시기: 당해연도 12월 중
- 지급액: 산정액의 35%

② 하반기 소득 및 정산

- 신청기간: 다음연도 3. 1. ~ 3. 15.
- 지급 시기: 다음연도 6월 중
- 지급액: 연간 산정액 - 기지급액

02 취업 후 학자금 상환제도

| '취업 후 학자금 상환제도' 란?

● 대학생이 재학 중 등록금을 대출받아 학업에 전념할 수 있도록 해주고, 그 대출원리금은 소득 발생 후 소득수준에 따라 상환하는 제도

- 대출자는 대출시점부터 원리금상환의무를 부담하되, 소득금액이 상환기준소득을 초과할 때까지 상환의무 자동 유예됨

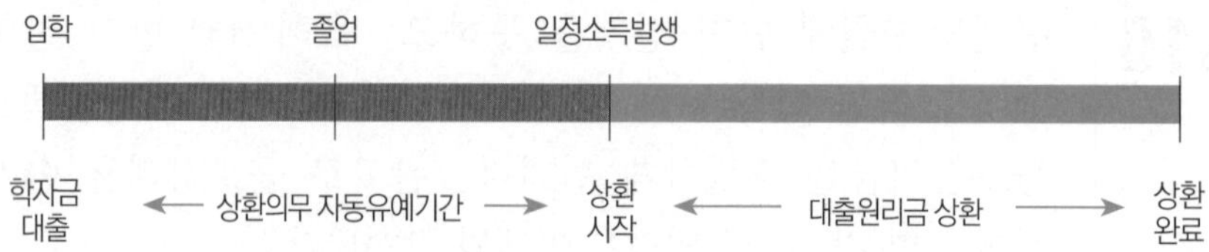

〈 취업 후 상환 학자금 대출 및 상환 구조 〉

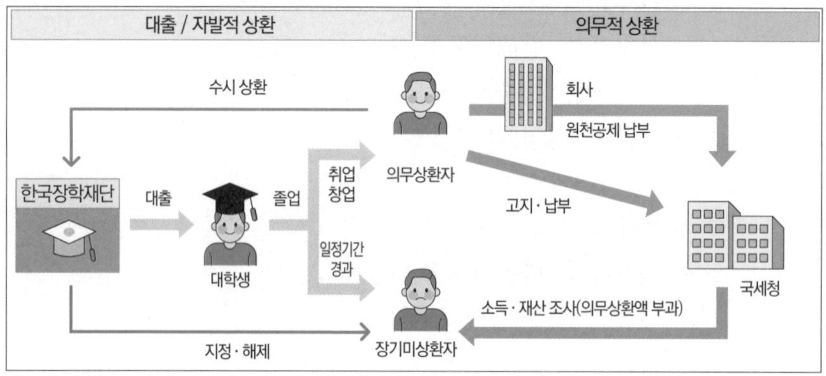

| 대출 및 상환 개요

● 대출대상자

- (학부) 교육부장관 또는 한국장학재단과 취업 후 상환 학자금 대출에 관한 협약을 맺은 대학에 재학 또는 입학예정인 자로 학자금 지원 8구간(2024년 기준 가구 월소득 인정액 1,146만 원) 이하 가구의 대학생
  - 대출 당시 만 35세 이하
  - 신입생은 대학 입학허가 획득자, 재학생은 직전 학기 12학점 이상 이수
    * 장애인 학생의 경우 이수학점 기준 적용 제외
  - 다자녀(3인 이상) 가구 학생 및 자립준비청년(보호 아동 포함)은 소득구간에 관계없이 이용가능
  - 교내외 장학금 및 대출을 받는 경우 이중수혜 금지

• (대학원) 교육부장관 또는 한국장학재단과 취업 후 상환 학자금 대출에 관한 협약을 맺은 대학원에 재학 또는 입학예정인 자로 학자금 지원 4구간(2024년 기준 가구 월소득인정액 516만 원) 이하 가구의 대학원생
  - 대출 당시 만 40세 이하

대출한도

• 학부
  - 등록금 소요액 전액 (한도없음)
  - 생활비 연간 400만 원(학기당 200만 원)

• 대학원
  - 등록금 소요액 전액(석사과정* 9천만 원, 박사과정** 1억 2천만 원 한도)
    * 석사과정: 일반·특수/전문기술석사 6천만 원,
      전문/의·치의·한의계열 9천만 원
    ** 박사과정(석박사 통합과정 포함): 일반·특수 9천만 원,
      전문/의·치의·한의계열 1억2천만 원
  - 생활비 연간 400만 원(학기당 200만 원)

대출금리

• 교육부장관이 물가상승률, 실질금리 및 재원조달 금리 등을 고려하여 매학기 결정 고시
  - 2024년 1학기: 1.7%
    * 2018년 1학기 ~ 2019년 2학기: 2.2%, 2020년 1학기: 2.0%, 2020년 2학기: 1.85%, 2021년 1학기 ~: 1.7%

의무상환액

• 대출자의 연간소득금액이 상환기준소득을 초과하는 경우 그 초과금액에 상환율을 적용하여 계산한 금액을 의무적으로 상환해야 함
  - 소득발생에 상관없이 대출자의 선택에 따른 자발적 상환은 한국장학재단에 납부(자발적 상환은 국세청에 납부 불가)

의무상환액 = (연간소득금액 − 상환기준소득 1)) × 상환율 2)
− 소득 귀속연도의 자발적상환액 3)

1) 2024년 귀속 상환기준소득: 1,752만 원(총급여 기준 2,679만 원)

2) 상환율 : 20% 또는 25% (2022년까지는 20%로 일괄 적용)
   ① 학부생 대출잔액만 있는 경우: 20%
   ② 대학원생 대출잔액만 있는 경우: 25%

③ 학부생 대출잔액과 대학원생 대출잔액이 모두 있는 경우: 25%
- 단, 25%를 적용하여 산정한 의무상환액이 대학원생 대출잔액보다 큰 경우는 20%를 적용

3) 소득 귀속연도에 대출자가 한국장학재단을 통해 자발적으로 상환한 금액으로 근로·사업소득에 따른 의무상환액을 한도로 함

☞ 상환기준소득은 매년 교육부 장관이 고시(2024년 귀속 상환기준소득은 2025년 통지 시 적용)

※ 취업 후 학자금 상환 누리집(www.icl.go.kr) 『상환금 간편계산』 코너에서 편리하게 확인할 수 있습니다.

- **최소부담 의무상환액**
  - 연간소득금액이 상환기준소득을 초과하여 산출된 의무상환액이 36만 원 미만인 경우 36만 원 상환

※ 상속·증여재산에 의한 의무상환액은 최소부담 의무상환액 적용 제외

| 의무상환 방법

● 원천공제 대상자

근로소득자, 퇴직소득자, 연금소득자, 보험모집인·방문판매원으로 연말정산 하는 사업소득자

1. 매월 원천공제 납부

- **국세청이 전년도 근로소득을 기준으로 계산된 원천공제 대상 금액을 원천공제(7월~다음 해 6월)가 시작되기 전 대출자(5월) 및 고용주(6월)에게 각각 통지**
  - 고용주는 대출자에게 급여지급 시 의무상환액을 원천공제하여 다음 달 10일까지 상환금 명세서에 의하여 상환내역을 신고 및 납부

2. 원천공제 미리 납부

- **국세청이 고용주에게 원천공제 대상자를 통지하기 전, 대출자가 원천공제 1년분 상환액을 일시에 또는 분할하여 미리 납부하면 고용주에게 원천공제 대상자로 통지되지 않음**
  - 1년분 미리 납부: 5월 말까지 원천공제 통지액(1년분) 일시 납부
  - 분할납부: 50%는 5월 말까지, 나머지 50%는 11월 말까지 납부

3. 원천공제 개시 도중 잔여액 납부

- 매월 원천공제하여 납부하던 중이라도 원천공제 통지액에서 이미 납부된 상환액을 차감한 잔여액은 일시에 납부가능하며 잔여액 납부 시 고용주가 원천공제를 중단함

고지 · 납부 대상자

- 종합 · 양도소득 또는 상속 · 증여 재산이 발생한 경우 신고된 국세소득금액에 따라 의무상환액을 계산하여 대출자에게 납부고지서 발송
  - 대출자는 납부고지서에 기재된 가상계좌로 납부만 하면 됨
- 납부방법: 납부고지서의 가상계좌로 납부

※ 납부가능시간: 평일 09: 00 ~ 21: 00 (토요일 · 일요일 · 공휴일 제외)

자율상환제

- 근로 및 사업소득이 있는 대출자가 소득이 발생한 연도에 미리 자발적으로 상환하면 해당소득에 대해 다음해 부과될 의무상환액을 납부한 것으로 인정(2018. 3. 13.시행)

〈 의무상환액 납부방법 선택 〉

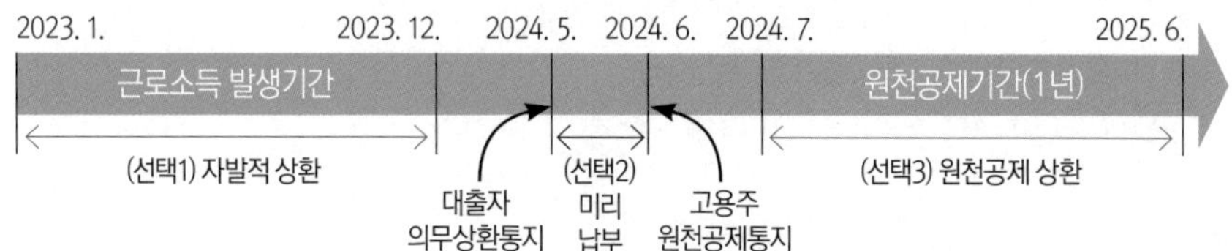

상담 및 문의

- 국세상담센터: ☎ 126번 ☞ 1번 '홈택스 상담' 선택 ☞ 4번 '학자금 상환' 선택

- 국세청 취업 후 학자금 상환 누리집(www.icl.go.kr)

03 1세대 1경차 유류비 지원

| 경차유류세 환급제도

1세대에 1경차를 소유한 경우에는 '유류구매카드'로 연간 30만 원의 유류비를 지원받을 수 있습니다.

- '유류구매카드'는 신한 · 현대 · 롯데 카드사를 통해 발급받을 수 있습니다.

● 누가 지원받을 수 있나요?

• 배기량 1,000cc 미만의 경차(승용 · 승합) 소유자 및 주민등록표상 동거가족이 소유한 경차 각각의 합계가 1대인 경우에 해당됩니다.

① 경형승용차 1대만 소유한 경우
② 경형승합차 1대만 소유한 경우
③ 경형승용차와 경형승합차 각 1대씩만 소유한 경우

• 다음의 경우는 지원받을 수 없습니다.

① 장애인 · 국가유공자 유류비 지원을 받고 있는 경우
② 법인 차량 또는 개인명의 단체 차량
③ 경형승용차 2대 이상 또는 경형승합차 2대 이상 소유한 경우
④ 경형승용차와 다른 승용차 동시 소유
⑤ 경형승합차와 다른 승합차 동시 소유 등

● 유류구매카드는 어떻게 발급받나요?

• 차량등록증과 신분증 사본을 구비하여 아래의 방법으로 카드발급을 신청할 수 있습니다.

구분	롯데카드	신한카드	현대카드
인터넷	www.lottecard.co.kr 누리집 → 카드 → 카드신청 → 제휴카드 → 복지/공공 → '경차smart롯데카드'	www.shinhancard.com 누리집 → 카드 → 신용카드 → 공공 / 단체 → '신한카드경차사랑 Life'	www.hyundaicard.com 누리집 → 카드안내 · 신청 → 제휴카드 → 공공 → '경차전용카드(유류세환급)'
전화	1899-9955 → 카드신청 접수	080-800-0001 → 2번 경차사랑 간편 접수	1577-6982 → 1번 현대카드 경차전용카드
방문 (본인)	롯데카드 영업점 및 롯데백화점 카드센터	신한카드 · 신한은행 영업점	

어떤 혜택을 받나요?

- 2026년까지 연간 30만 원의 한도 내 유류 결제금액에서 일정금액이 차감됩니다.
  - 신용카드: 결제금액에서 리터당 할인금액을 차감하고 청구
  - 체크카드: 결제금액에서 리터당 할인금액을 차감하고 통장 인출

주의할 사항은?

- 신용카드는 모든 물품을 구매할 수 있으나 유류세 혜택은 해당 경차의 연료 구매분에 제한됩니다.
- 유류구매카드로 구입한 유류를 해당 경차 연료 외의 용도로 사용하거나, 카드를 타인에게 대여하는 등 부정사용 시 할인받은 세액과 40%의 가산세가 징수될 수 있습니다.

04 장애인 조세지원 제도

장애인의 경제적 부담을 덜기 위해 다음과 같은 조세지원을 하고 있습니다.

소득세 경감 혜택

● 본인 또는 부양가족이 장애인(직계비속이 장애인이고 그 배우자가 장애인인 경우 직계비속의 배우자도 포함)인 경우에는 소득세를 계산할 때 다음과 같은 소득공제 혜택이 있습니다.

- 기 본 공 제: 연령에 관계없이 1인당 연 150만 원 공제
- 장애인공제: 장애인 1인당 연 200만 원씩 추가 공제

- 보험료공제: 장애인 1인당 장애인전용 보장성보험료에 대하여 연간 100만 원까지 공제
- 의료비공제: 장애인의 의료비는 한도 없이 공제
- 교육비공제: 장애인의 재활교육에 드는 비용을 전액 공제
  → 세액공제: 각각 이 금액의 15%를 산출세액에서 공제한다.

- 비과세저축: 장애인을 가입대상으로 하는 생계형 저축 중 1인당 저축원금이 3천만 원(2015. 1. 1. 이후 가입 시 5천만 원) 이하까지는 소득세 · 지방소득세 소득분 · 농특세를 면제

※ 항시 치료를 요하는 중증환자(취학 · 취업이 곤란한 자)의 경우도 공제대상(비과세저축은 제외)

※ 보험료공제는 근로소득자에게만 해당되고 의료비공제와 교육비공제는 근로소득자와 일정 요건을 갖춘 성실사업자에게만 해당됨

증여세 경감 혜택

● 장애인이 증여받는 경우에는 다음과 같은 혜택이 있습니다.

- 장애인이 금전, 유가증권, 부동산을 증여받아 「자본시장과 금융투자업에 관한 법률」에 따른 신탁업자에게 신탁하는 경우에는 5억 원까지 증여세가 부과되지 않습니다(증여자가 장애인을 수익자로 하여 위탁하는 경우 포함).

- 또한 장애인을 보험수익자로 하는 보험금으로서 연간 4천만 원까지의 보험금에 대하여 증여세를 비과세합니다.

상속세 경감 혜택

- 상속인 또는 동거가족 중 장애인이 있는 경우 장애인 1인당 1천만 원에 통계청장이 고시하는 기대여명 연수를 곱하여 계산한 금액을 상속재산가액에서 공제합니다.

납부기한 등의 연장 혜택

- 납세자 또는 그 동거가족의 질병이나 중·상해 등 장기 치료를 요하는 사유로 인하여 세금을 기한 내 납부하기가 곤란한 경우에는 일정기간 세금납부를 연장합니다.

기타 간접적 세제 혜택

- 기부금 공제
  - 개인이 장애인복지시설에 기부 시 기부금액의 15%(1천만 원 초과분 30%, 3천만 원 초과분 40%) 세액공제(한도: 소득금액 x 30%)

  ※ 단, 사업소득만 있는 개인의 경우 소득금액의 30% 한도 내에서 필요경비산입(법인의 경우 소득금액의 10% 한도 손금산입)
- 부가가치세 영세율 적용(국내 공급 시)
  - 「장애인 보조기기법」 제3조제2호에 따른 보조기기 또는 「의료기기법」 제2조에 따른 의료기기로서 기획재정부령으로 정하는 것
- 부가가치세 면세 적용(수입 시)
  - 관세가 무세이거나 감면되는 것으로서 장애인을 위한 용도로 특수하게 제작되거나 제조된 물품 중 기획재정부령으로 정하는 물품
- 개별소비세 면세
  - 장애인이 구입하는 승용차
- 관세 감면
  - 장애인용 수입물품에 대한 관세 감면
- 지방세 면세
  - 장애인용 차량에 대한 취득세 · 자동차세 면제

※ 기타 궁금한 사항은 국세상담센터(국번없이 126)로 문의

05 중소기업 조세지원 제도

세법 상 중소기업에 해당하는 경우에는 일반기업에 비해 추가 세금지원 혜택이 주어집니다.

| 중소기업에 대한 세금지원 내용

구분	지원내용
창업중소기업 등에 대한 세액감면	• 창업중소기업, 창업벤처기업 등 5년간 법인세(소득세)의 50% ~ 고용 증가 시 최대 100%를 감면
중소기업에 대한 특별세액감면	• 제조업 등 소득에 대한 법인세(소득세)의 5~30%를 매년 납부할 세금에서 공제 (최대 1억 원)
설비투자 지원	• 기계 장치 등 사업용 유형자산 등에 투자 시 투자금액의 10%, 신성장 사업화 시설 12%, 국가전략기술 사업화시설 25% 세액공제
지방이전 지원	• 수도권 과밀억제권역 안의 본사, 공장이 지방으로 이전 시 7년(5년)간 법인세(소득세) 면제, 그 후 3년(2년)간 50% 감면
최저한세 적용한도 우대	• 법인이 최소한 부담해야 하는 최저한세 적용기준을 일반 법인에 비해 3%~10% 포인트 우대 • 각종 감면적용 하기 전 과세표준 × 7%(일반법인 10%~17%) • 중소기업 졸업 시 유예기간 이후 3년간 8%, 그 이후 2년간 9%
수도권과밀억제권역안 투자에 대한 조세감면 배제 제외	• 수도권과밀억제권역안 대체투자의 경우 통합투자세액공제 가능
결손금 소급공제	• 직전사업연도에 납부한 세금 중 당해 사업연도에 발생한 결손금 만큼을 소급해서 환급 적용 가능
기업업무추진비 손금 인정범위 확대	• 접대비 인정한도 (①+②) ① 기본금액: 3,600만 원(일반기업: 1,200만 원) ② 수입금액 × 적용율
구조조정 지원	• 중소기업간 통합 시 양도소득세 이월과세
원천징수 방법 특례	• 상시 고용인원이 20인 이하인 사업자는 관할세무서장의 승인을 받아 반기(6개월)별로 원천징수 신고 및 납부 가능
고용유지 · 증대 지원	• 고용 유지 시 임금감소액의 10%, 시간당임금 증가액 15% 세액공제 • 고용증가인원의 사회보험료 증가분 50~100% 세액공제 • 정규직 전환 · 육아휴직 복귀자 1인당 1,300만 원 세액공제
기술이전 및 취득 지원	• 특허권, 실용신안권, 기술비법 등 이전 소득 50% 감면, 기술대여 소득 25% 감면
상생결제제도 이용 지원	• 상생결제제도를 이용하여 중소기업에 지급하는 구매대금의 (0.15~0.5%) 10% 한도 (지급기한별) 세액 공제

※ 일부 규정은 중견기업에도 적용되나, 공제액 등은 다를 수 있음

일반기업과 같이 적용받는 세금지원 내용

구분	지원내용
공장(본사) 지방이전에 대한 세금감면	• 공장(본사) 이전연도와 그 후 9년(6년)간 세금감면 -이전연도와 그 후 6년(4년)간 100%, 그 후 3년(2년)간 50% 감면
연구·인력 개발에 대한 지원	• 직전연도 초과액의 25%(중견기업 40%, 중소기업 50%)와 해당연도 지출액의 0~2%(중견기업 8%, 중소기업 25%)*중 큰 금액 세액공제 *중소기업 졸업 시 유예기간 이후 3년간 15%, 그 후 2년간 10% • 신성장·원천기술 연구개발비 최대 30%(코스닥 상장 중견기업·중소기업 최대 40%)세액공제 • 국가전략기술 연구개발비 최대 40%(중소기업 최대 50%)세액공제
농공단지 등 입주 기업에 대한 감면	• 입주 후 소득이 발생한 사업연도부터 5년간 법인세(소득세)의 50% 감면
시설투자에 대한 감면 (통합투자세액공제)	• 기계장치 등 사업용 유형자산 등에 투자한 경우 -(기본공제) 투자금액의 1%(중견기업 5%, 중소기업 10%), 신성장 사업화 시설 3%(중견기업 6%, 중소기업 12%), 국가전략기술사업화시설 15%(중소기업 25%) -(추가공제) 투자금액이 직전 3년간 평균 투자 또는 취득금액을 초과하는 경우 그 금액의 3%(국가전략기술 4%) (기본공제금액의 2배 한도) * 2021. 1. 1. 이후 과세표준 신고분부터 적용 (2020년, 2021년 투자분은 기존 투자세액공제와 통합투자세액공제 중 선택 가능)
연구개발특구 입주기업에 대한 감면	• 첨단기술 및 연구소 기업에 대하여 소득발생 후 3년간 법인세(소득세) 100% 감면, 그 후 2년간 50% 감면 ※ 고용인원, 투자누계액과 연계하여 일정한도 내 공제
전자신고 세액공제	• 소득세, 법인세, 부가가치세를 전자신고방법으로 제출 시 1만 원~2만 원 세액공제
기업도시개발구역 입주기업 감면	• 기업도시개발구역 입주기업 등에 대해 5년간 25%~100% 감면 ※ 고용인원, 투자누계액과 연계하여 일정한도 내 공제
사회공헌사업 지원	• 사회적기업으로 인증받은 기업 3년간 100% 감면, 이후 2년간 50% • 장애인표준사업장으로 인정받은 기업 3년간 100% 감면, 이후 2년간 50%
고용 증대기업 지원	• 상시근로자 증가인원 1인당 중소기업은 700~1,200만 원, 중견기업은 450~800만 원, 일반기업은 400만 원 세액공제 • (통합고용세액공제) 상시근로자 증가인원 1인당 중소기업은 850 ~ 1,550만 원, 중견기업은 450 ~ 800만 원, 일반기업은 400만 원 세액공제

※ 감면내용 및 방법에 대해 궁금하신 사항은
국세상담센터 (국번없이 126)로 문의하시기 바랍니다.

06 납부기한 등의 연장 제도

| 사업이 어려운 경우에는 세금납부 연기를 신청할 수 있습니다.

● 정부에서는 사업자가 재해를 당하거나 거래처의 파업 등으로 사업이 중대한 위기에 처한 경우 납부기한 등의 연장 제도를 통하여 일정기간 세금납부를 연기할 수 있도록 지원하고 있습니다.

| 납부기한 등의 연장

● 다음과 같은 사유에 해당되는 경우 납부기한 등의 연장을 신청할 수 있습니다.

- 납부기한 등의 연장 신청: 「납부기한 등의 연장 승인신청서」를 납부기한 3일 전까지 관할세무서장에게 제출
- 납부기한 등의 연장 기간: 기한만료일의 다음날부터 9개월 이내
- 고용재난지역, 고용위기지역, 산업위기대응특별지역 및 특별재난지역 중소기업은 기한만료일(특별재난지역은 선포된 날부터 2년으로 한정)의 다음 날부터 2년 이내 (법인세 · 부가가치세 · 소득세 및 이에 부가되는 세목 한정)

● 납부기한 등의 연장 사유

① 납세자가 재난 또는 도난으로 재산에 심한 손실을 입은 경우

② 납세자가 경영하는 사업에 현저한 손실이 발생하거나 부도 또는 도산의 우려가 있는 경우

③ 납세자 또는 그 동거가족이 질병이나 중상해로 6개월 이상의 치료가 필요한 경우 또는 사망하여 상중(喪中)인 경우

④ 권한 있는 기관에 장부나 서류 또는 그 밖의 물건이 압수 또는 영치된 경우 및 이에 준하는 경우

⑤ 정전, 프로그램의 오류, 그 밖의 부득이한 사유로 한국은행 및 체신관서의 정보통신망의 정상적인 가동이 불가능한 경우

⑥ 금융회사 등 또는 체신관서의 휴무, 그 밖의 부득이한 사유로 정상적인 세금 납부가 곤란하다고 국세청장이 인정하는 경우

⑦ 납세자의 장부 작성을 대행하는 세무대리인 등이 화재, 전화, 그 밖의 재해를 입거나 도난을 당한 경우

⑧ ①~③항에 준하는 사유가 있는 경우

| 영세개인사업자 체납액 징수특례 제도

● (대상자) 아래 요건 모두 충족

① 2022. 12. 31. 이전에 개인사업*을 모두 폐업하고

* 폐업일이 속하는 과세연도 포함 직전 3년 평균 총수입금액이 15억 원 미만

② 2020. 1. 1. ~ 2025. 12. 31. 기간 중, 개업 후 1개월 이상 계속 사업 또는 취업 후 3개월 이상 계속 근무

③ 신청일 현재 종합소득세 · 부가가치세 합계 체납액(가산금 · 납부지연가산세 제외) 5천 만 원 이하

● (특례 내용) 가산금 · 납부지연가산세 면제 및 체납국세 분할납부 (최대 5년) 허용

● (신청기간) 2020. 1. 1. ~ 2026. 12. 31.

4

세금절약 가이드

납세자 보호 제도

01 모범납세자 우대제도

세정상 우대혜택

세정상 우대혜택은 국세청장 표창 이상 수상자에게는 선정일로부터 3년간, 지방국세청장 · 세무서장 표창 수상자에게는 선정일로부터 2년간 제공합니다.

세무조사 유예

- 단, 객관적이고 명백한 조세포탈 행위 등이 있을 경우 우대혜택을 배제합니다.

납세담보제공 면제

- 기업의 자금 사정 악화 등으로 인한 납부기한 등의 연장 · 납부 고지의 유예 및 압류 · 매각의 유예 시 체납 이력을 감안하여 조세일실 우려가 없는 경우 2억 원 한도 내에서 납세담보 제공을 면제해 드립니다.

모범납세자 전용 비즈니스센터 이용

- 인천공항에 설치된 모범납세자 전용 비즈니스센터에서 간단한 사무 또는 휴식을 취하거나 납세지원 서비스 및 휴대용 통 · 번역기 대여 서비스를 받을 수 있습니다.

사회적 우대혜택

철도운임 할인

- 납세자의 날에 표창 등을 수상한 모범납세자에게 선정일로부터 1년간 업무목적으로 주중 철도 이용 시 최저 10%, 최대 30%의 운임할인을 제공합니다.

공항 출입국 우대

- 적격심사를 통과한 모범납세자에게 정부포상 · 기획재정부 장관 표창 수상자는 3년간, 국세청장 · 지방청장 표창 수상자는 2년간 공항 출입국 우대심사대 등을 이용할 수 있는 혜택을 부여합니다.

지방자치단체가 운영하는 공영주차장 및 국립공원 주차장 무료 이용

- 국세청장이 배부한 모범납세자 스티커 부착차량은 선정일로부터 1년간 무료 이용이 가능합니다.

● 신용보증기금 보증심사 시 우대

- 신용보증기금 보증심사 시 한도 우대(30억 원), 보증료율 0.2%p 인하 및 보증비율 최대 90% 우대합니다(국세청장 표창 이상 수상자에게 3년간).

● 보증지원우대

- 서울보증보험주식회사의 이행보증 보험료 10% 인하, 보증한도 10~30억 원 확대, 맞춤형 신용관리 서비스 무상지원 혜택을 제공합니다(국세청장 표창 이상 수상자에게 3년간).
- HUG 주택도시보증공사의 보증료 10% 인하, 보증한도 최대 50억 확대 혜택을 제공합니다(국세청장 표창 이상 수상자에게 3년간).

● 국방부 물품 · 용역 적격 심사 시 가점 부여(국세청장 표창 이상 수상자에게 3년간)

● 방위사업청 물품 · 장비정비용역 적격심사 시 가점 부여(국세청장 표창 이상 수상자에게 3년간)

● 대출금리 경감, 금융수수료 면제 등 금융상 우대

- 신한은행, 우리은행, IBK기업은행, NH농협, 부산 · 경남 · 제주은행 등과 업무협약을 체결하여 모범납세자의 자금운용에 도움을 드리고 있습니다(대상 훈격과 우대 기간 및 우대 내용은 은행별로 다르므로 이용 전 문의 필요).

● 의료비 할인혜택

- 강동경희대병원, 일산백병원, 을지대학병원, 부산 동의의료원 등과 업무협약을 체결하여 의료비 부담을 덜어드리고 있습니다(대상 훈격과 우대 기간 및 우대 내용은 의료기관별로 다르므로 이용 전 문의 필요).

● 관세청 세정지원(세무서장 표창 이상 수상자에게 1년간)

- 최대 1년 이내 납기연장 또는 최대 6회 분할납부(담보생략) 및 정기관세조사 1년간 유예 및 정기 관세조사 1년간 선정 제외

02 세금포인트 제도

세금포인트 제도란?

● 세금 납부에 대한 보람과 자긍심을 고취하기 위해 개인 또는 법인(중소기업)이 납부한 세금(소득세 · 법인세)에 따라 포인트를 부여하고, 세금포인트를 사용하여 다양한 혜택을 받을 수 있는 제도입니다.

세금포인트 부여

구분	개인	법인
대상	모든 개인납세자	조특법 시행령 제2조의 중소기업
부여대상 세목	종합소득 · 양도소득세 및 원천징수 되는 근로 · 퇴직 · 사업 · 기타소득세	법인세 및 법인세 감면분에 대한 농어촌특별세
부여시점	2000. 1. 1. 이후 연도부터 납부세액을 기준으로 부여	2012. 1. 1. 이후 연도부터 납부세액을 기준으로 부여
누적관리 기간	2000년부터 누적 부여 (소멸제도 없음)	최근 5년 동안 부여 (6년 이전 납부실적 소멸)
부여기준	신고 · 자납세액 10만 원당 1점	
부여일정	매년 3월 부여(전년도 납부실적까지 부여) ※ 단, 원천징수 되는 소득세는 전전년도 납부실적까지 부여	

세금포인트 조회 및 사용방법 확인

● 홈택스(PC) · 손택스(모바일)에 로그인하여 세금포인트를 조회하거나 사용 방법을 확인하실 수 있습니다.

※ 홈택스 · 손택스 → 「My 홈택스」 → 「세금포인트」 → 「세금포인트 혜택 바로가기」

세금포인트 사용혜택

구분	상세내용
1	• 납부기한 등의 연장 신청 시 납세담보면제(개인 · 법인) - 납세유예 신청 시 최대 5억 원까지 납세담보 면제 * 담보면제 신청금액 = 세금포인트 × 10만 원
2	• 소액체납자 재산 매각유예(개인 · 법인) - 1천만 원 이하 소액체납자 재산 매각유예 * 매각유예 신청금액 = 세금포인트 × 10만 원
3	• 세금포인트 온라인 할인쇼핑몰(개인 · 법인) - 우수한 중소기업 제품을 5% 할인 구매
4	• 인천국제공항 비즈니스센터(개인) - 사무 · 휴식 공간 및 납세지원 서비스 제공(5p 사용)
5	• 국립중앙박물관 관람료 할인(개인) - 기획 · 특별전시 관람료 10% 할인 제공(1p 사용)
6	• 국립세종수목원 · 국립백두대간수목원 관람료 할인(개인) - 관람료 1천 원 할인 제공(1p 사용)
7	• 납세자세법교실 우선 수강(개인) - 국세공무원교육원에서 운영하는 납세자세법교실 우선 수강(3p 사용)
8	• 한국무역보험공사 국외기업 신용조사 서비스(법인) - 한국무역보험공사 국외기업 신용조사 서비스 연간 1회 무상 이용(22~49p 사용)
9	• 국립생태원 · 국립해양생물자원관 관람료 할인(개인) - 관람료 1천 원 할인 제공(1p 사용)

세금포인트 온라인 할인쇼핑몰 소개

- 납세자가 보유하고 있는 세금포인트를 사용하여 중소기업 제품을 할인 받아 구매할 수 있는 세금포인트 사용 전용 온라인 쇼핑몰

- 구매금액별 사용포인트 및 할인율

구매금액	10만 원 이하	10~20만 원	20~30만 원	30~40만 원	40만 원 초과
사용포인트	1P	2P	3P	4P	5P
할인율	5%				

- 쇼핑몰 접근경로

※ 홈택스(PC) · 손택스(모바일) → 「My 홈택스」→ 「세금포인트」 → 「세금포인트 혜택 바로가기」→ 「세금포인트 할인쇼핑몰 입장하기」

03 국선대리인 제도

경제적 사정 등으로 세무대리인을 선임하지 못한 영세 납세자가 청구세액 5천만 원 이하의 과세전적부심사, 이의신청, 심사청구를 제기하는 경우 세무대리인을 무료로 지원하고 있습니다.

국선대리인 지원대상

- 청구세액 5천만 원 이하의 과세전적부심사, 이의신청, 심사청구를 제기하는 개인 또는 법인이 아래 요건을 모두 충족하는 경우 국선대리인을 지원받을 수 있습니다.

※상속세 · 증여세 · 종합부동산세는 제외

납세자 구분	지원 요건	
개인납세자	소득금액	종합소득금액 5천만 원 이하
	재산가액	보유재산가액 5억 원 이하
법인납세자	수입금액	매출액 3억 원 이하
	자산가액	자산가액 5억 원 이하

국선대리인은 누구?

- 국선대리인은 지식기부에 참여한 세무사 · 공인회계사 · 변호사를 말하며 2023년 12월 현재 322명의 국선대리인이 활동중입니다.
- 국선대리인은 영세납세자를 위하여 무료로 법령검토 · 자문, 증거서류 보완 등 불복청구 대리업무를 수행합니다.

국선대리인 지원 절차

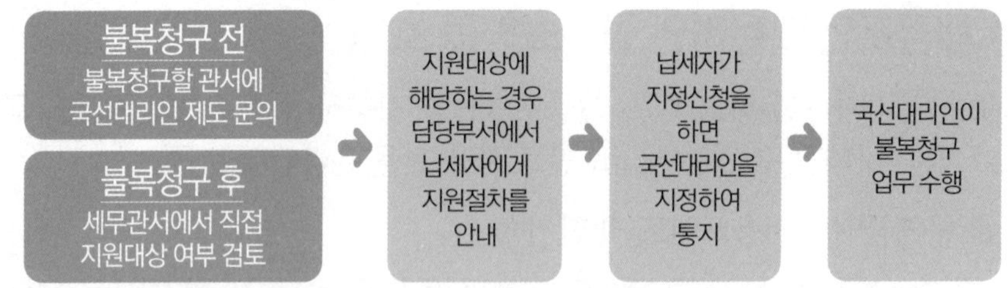

국선대리인 담당부서

- 과세전적부심사: 세무서 · 지방국세청의 납세자보호담당관실

※ 국세청에 청구한 경우 국세청 심사2담당관실

- 이의신청: 세무서 · 지방국세청의 납세자보호담당관실
- 심사청구: 국세청 심사1담당관실

04 영세납세자지원단 제도

경제적인 사정 등으로 세무대리인을 선임하지 못하는 영세납세자가 세금에 대한 고민 없이 생업에 전념할 수 있도록 나눔세무사 · 회계사가 사업주기별 맞춤형 서비스를 통해 세금문제 해결을 도와드리는 제도입니다.

지원 대상 및 범위

- 세무대리인이 선임되어 있지 않은 개인사업자, 영세중소법인(혁신기업 포함), 사회적 경제기업, 장애인 사업장이 지원 대상입니다.
- 나눔세무사·회계사가 종합소득세, 부가가치세, 법인세, 원천세와 관련된 세무자문 서비스를 제공합니다.

※ 단, 신고 대리는 지원하지 않으며 자산의 이전 · 보유에 따른 재산제세(양도소득세, 상속 · 증여세, 종합소득세) 관련 사항 등은 지원범위에 포함되지 않음

신청방법

- 세무서 납세자보호담당관실(문의는 국번없이 126 → 3번)
- 국세청 홈택스(www.hometax.go.kr)또는 모바일 홈택스(손택스) → 상담 · 불복 · 고충 · 제보 · 기타 → 납세자 보호 → 영세납세자지원단 서비스 신청 및 관리

제공되는 서비스

- **무료세무자문 서비스**

  세무대리인이 선임되어 있지 않은 영세 개인사업자 등에게 세금문제 전반에 대하여 세무자문 서비스를 제공하고 있습니다.

- **창업자 멘토링 서비스**

  신규(예비) 창업자 등에게 사업개시일이 속하는 과세사업연도의 소득에 대한 종합소득세 확정신고 또는 법인세 정기신고 시까지 1:1 맞춤형 세무자문 서비스를 제공하고 있습니다.

- **폐업자 멘토링 서비스**

  폐업한 영세 개인사업자 등에게 폐업일이 속하는 과세사업연도의 소득에 대한 종합소득세 확정신고 또는 법인세 정기신고 시까지 1:1 맞춤형 세무자문 서비스를 제공하고 있습니다.

- **찾아가는 서비스**

  전통시장, 다문화센터, 창업보육센터 등 영세납세자의 상담 수요가 밀집한 곳을 영세납세자 지원단이 방문하여 세무상담 및 신고지원(신고 대리 서비스 제외) 서비스를 제공하고 있습니다.

05 납세자권리헌장

| 납세자권리헌장

납세자의 권리는 헌법과 법률에 따라 존중되고 보장됩니다.

납세자는 신고 등의 협력의무를 이행하지 않았거나 구체적인 조세탈루 혐의가 없는 한 성실하다고 추정되고 법령에 의해서만 세무조사 대상으로 선정되며, 공정한 과세에 필요한 최소한의 기간과 범위에서 조사받을 권리가 있습니다.

납세자는 증거인멸의 우려 등이 없는 한 세무조사 기간과 사유를 사전에 통지받으며, 사업의 어려움으로 불가피한 때에는 조사의 연기를 요구하여 그 결과를 통지받을 권리가 있습니다.

납세자는 세무대리인의 조력을 받을 수 있고 명백한 조세탈루혐의 등이 없는 한 중복조사를 받지 아니하며, 장부 · 서류는 탈루혐의가 있는 경우로서 납세자의 동의가 있어야 세무관서에 일시 보관될 수 있습니다.

납세자는 세무조사 기간이 연장 또는 중지되거나 조사범위가 확대될 때, 그리고 조사가 끝났을 때 그 사유와 결과를 서면으로 통지받을 권리가 있습니다.

납세자는 위법·부당한 처분 또는 절차로 권익을 침해당하거나 침해당할 우려가 있을 때 그 처분의 적법성에 대하여 불복을 제기하여 구제받을 수 있으며, 납세자보호담당관과 보호위원회를 통하여 정당한 권익을 보호받을 수 있습니다.

납세자는 자신의 과세정보에 대해 비밀을 보호받고 권리행사에 필요한 정보를 신속하게 제공받을 수 있으며, 국세공무원으로부터 언제나 공정한 대우를 받을 권리가 있습니다.

06 납세자보호위원회

「납세자보호위원회」 제도란?

● 납세자보호위원회는 국세행정 집행 과정에서 납세자 권익보호 사안을 보다 공정하고 투명하게 처리하기 위해 세무서, 지방국세청 및 국세청에 설치된 기구입니다.

● 심의 대상

세무서 · 지방국세청	국세청
❶ 위법 · 부당한 세무조사 및 세무조사 중 세무공무원의 위법 · 부당한 행위	재심의 ❶❷❸
❷ 중소규모납세자 이외의 납세자에 대한 세무조사 기간연장 및 범위확대 승인	
❸ 중소규모납세자의 세무조사 기간연장 및 범위확대에 대한 이의제기	
④ 세무조사 시 장부 등의 일시보관 기간연장	-
⑤ 납세자의 권리보호를 위하여 납세자보호담당관이 심의가 필요하다고 인정하는 안건	-

* 중소규모납세자: 연간 수입금액 또는 양도가액이 가장 큰 과세기간의 연간 수입금액 또는 양도가액이 100억 원 미만

위원회 구성 및 운영

- 납세자보호위원회는 납세자보호(담당)관을 제외한 모든 위원이 조세 · 법률 · 회계 분야에 전문적인 학식과 경험이 풍부한 민간위원으로 구성되어 있으며
- 소속 위원들은 심의 과정에서 알게 된 민원인, 조사대상자 등에 대한 과세 정보를 타인에게 제공할 수 없고, 위원회의 회의 내용은 공개되지 않습니다.

「납세자보호위원회」 심의 절차

● 심의 요청 및 결과 통지

	세무서 · 지방국세청	국세청
심의 요청	세무조사 기간이 끝나는 날까지	세무서장 또는 지방국세청장의 결정 통지를 받은 날부터 7일 이내
결과 통지	요청받은 날부터 20일 이내	요청받은 날부터 20일 이내

● 심의 절차

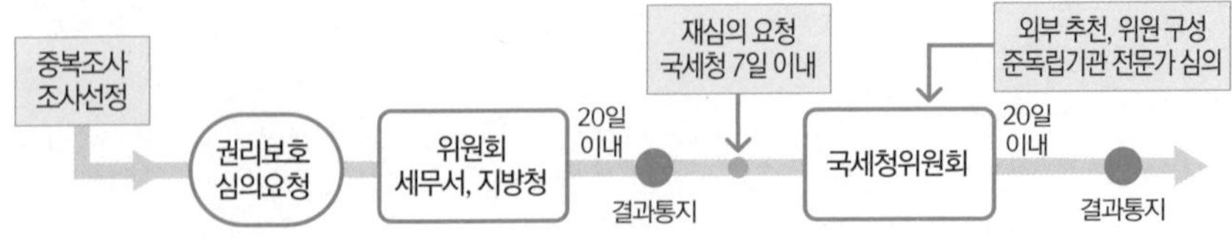

07 납세자보호담당관

「납세자보호담당관」 제도란?

- 세금의 부과 · 징수 그리고 조사과정에서 불가피하게 일어날 수 있는 납세자의 억울함을 해결하고 납세자 불만을 적극적으로 해소하여 납세자의 권익을 보호하는 국세전문 옴부즈맨(ombudsman)제도를 말합니다.
- 조사 부서와 납세자보호담당관실이 서로 견제와 균형을 이루어 세무조사가 세법에 따라 공정 · 투명하게 이루어지고, 청탁이 없는 깨끗한 조사 환경 조성을 위한 예방적 기능을 수행합니다.
- 「납세자보호담당관」은 전국 세무관서(국번없이 126 → 3번)에 설치되어 있습니다.

「납세자보호담당관」의 역할은?

- 국세의 부과 · 징수과정에서 국세공무원이 위법 · 부당한 권한 행사를 했다고 생각하십니까?
  - 사실 여부를 확인하여 잘못된 경우 시정해 드립니다.
- 부과된 세금 때문에 고민이 있으십니까?
  - 친절하고 자세하게 상담해 드립니다.
- 세무조사 진행과정에서 조사공무원이 부당한 권한행사를 한다고 생각하십니까?
  - 조사진행과정을 확인하여 잘못된 경우 즉시 조치해 드립니다.
- 세무조사결과 통지 내용에 불만사항이 있으십니까?
  - 과세전적부심사청구 시 국세심사위원회의 심의를 거쳐 결정하고, 그 결과를 통지해 드립니다.
- 세금이 잘못 나왔다고 생각하십니까?
  - 이의신청이나 심사청구 시 국세심사위원회의 심의를 통하여 세금이 잘못 부과된 경우 바로 잡아드립니다.

08 권리보호요청 제도

권리보호요청 제도란?

● 세무관서장의 처분이 완료되기 전 사항으로서 국세행정 집행(예정) 과정에서 납세자의 권리가 부당하게 침해되고 있거나 권리침해가 현저히 예상되는 경우 납세자보호담당관에게 권리보호를 요청하는 제도입니다(2009. 10. 26. 시행).

권리보호요청 대상은?

● 세무조사 관련 권리보호요청 대상 예시

1. 세법 · 같은 법 시행령 · 같은 법 시행규칙에 명백히 위반되는 조사(「국세기본법」 제81조의 18제2항제4호에 따른 위법한 세무조사를 포함)
2. 조세탈루의 혐의를 인정할 만한 명백한 자료가 없는 등 법령이 정하는 구체적 사유 없이 같은 세목 및 같은 과세기간에 대한 재조사(「국세기본법」 제81조의18제2항제4호에 따른 부당한 세무조사를 포함)
3. 「국세기본법」 제81조의18제2항제3호에 따라 중소규모 납세자가 세무조사 기간연장 및 범위확대에 대해 세무조사 일시중지 및 중지를 요청하는 경우
4. 다음 각 목에 해당하는 세무조사 중인 국세공무원의 위법 · 부당한 행위
   가. 조사 대상 세목 및 과세기간의 과세표준 · 세액 계산과 관련 없는 장부 등의 제출을 요구하는 행위
   나. 적법한 절차를 거치지 아니하고 조사대상 과세기간 · 세목 등 조사범위를 벗어나 조사하거나 조사기간을 임의로 연장 또는 중지하는 행위
   다. 납세자 또는 권한 있는 자로부터 동의를 받지 않거나 적법한 절차를 거치지 아니하고 임의로 장부 · 서류 · 증빙 등을 열람 · 복사하거나 일시보관하는 행위
   라. 납세자 또는 세무대리인에게 금품 · 향응 또는 업무집행과 직접 관련 없는 사적편의 제공을 요구하는 행위
   마. 납세자가 제출한 자료나 업무상 취득한 자료를 관련 법령에 의하지 않고 타인에게 제공 또는 누설하거나, 사적인 용도로 사용하는 행위
   바. 조사중지 기간 중 납세자에 대하여 과세표준 및 세액의 결정 또는 경정을 위한 질문을 하거나 장부 등의 검사 · 조사 또는 제출을 요구하는 행위
5. 기타 제1호부터 제4호까지의 규정에 준하는 사유로서 납세자의 권리가 부당하게 침해되고 있거나 침해가 현저히 예상되는 경우
6. 납세자가 「국세기본법」 제81조의18제3항의 규정에 따라 세무서장 또는 지방국세청장이 납세자보호위원회 심의를 거쳐 결정한 사항에 대해 국세청장에게 취소 또는 변경을 요청하는 경우

● 일반 국세행정 관련 권리보호요청 대상 예시

1. 소명자료 제출 · 고충민원 · 불복청구 · 체납세액 완납 등의 절차가 완료되었으나 그에 필요한 결정취소 · 환급 · 압류해제 등 후속처분을 지연하는 행위
2. 사전예고(독촉) 없이 재산을 압류하거나 소명안내 없이 과세자료에 의한 고지처분을 진행하는 행위(관련 법령 또는 규정에 의한 경우 제외)
3. 납세자가 권리구제 등의 필요에 의해 본인의 과세정보에 대해 열람 또는 제공 요구를 한 경우, 특별한 사유 없이 이를 거부하거나 제공을 지연하는 행위
4. 납세자 또는 세무대리인에게 금품 · 향응 또는 업무집행과 직접 관련 없는 사적편의 제공을 요구하는 행위
5. 납세자가 제출한 자료나 업무상 취득한 자료를 관련 법령에 의하지 않고 타인에게 제공 또는 누설하거나 사적인 용도로 사용하는 행위
6. 과세자료 처리 등에 있어 세금의 부과 · 징수와 관련 없는 자료 또는 소명을 과도하게 요구하거나 납세자가 이미 제출 또는 소명한 자료 등을 반복적으로 요구하는 행위
7. 과세자료 처리 시 납세자가 해명자료를 제출하였음에도 정당한 사유 없이 처리를 지연하는 행위
8. 신고내용 확인에 대한 적법 절차를 미준수하여 납세자의 권리를 부당하게 침해하는 행위
9. 현장확인 시 출장 목적과 관련 없이 무리하게 장부 · 서류 등 제출을 요구하거나 사실관계를 확인하는 행위
10. 제1호부터 제9호까지의 규정에 준하는 사유로 납세자 권리가 부당하게 침해되고 있거나 침해가 현저히 예상되는 경우

권리보호요청과 납세자보호위원회, 납세자보호담당관의 권한

● 납세자의 권리보호요청이 접수되면 납세자보호담당관이 사실관계를 확인하고 적절한 권한을 행사하여 시정조치를 취합니다.

● 세무조사와 관련된 권리보호요청은 관할 세무관서장이 납세자보호위원회의 심의를 거쳐 처리하고

● 납세자는 관할 세무관서장의 결정에 대해 7일(7일이 경과하기 전에 세무조사 기간이 종료되는 경우에는 그 종료일) 이내에 국세청장에게 그 결정의 취소 또는 변경을 요청할 수 있습니다.

억울한 세금의 권리구제 절차

납세자의 권리구제를 위하여 다음과 같은 제도를 두고 있습니다.

- 법에 의한 권리구제 제도
  - 과세전적부심사청구
  - 이의신청, 심사 · 심판청구
  - 행정소송
- 행정에 의한 권리구제 제도
  - 고충민원 신청

과세전적부심사 제도

- 세무서 · 지방국세청으로부터 세무조사결과통지 또는 업무감사 및 세무조사 파생자료 등에 의한 과세예고통지를 받았을 때 받은 날로부터 30일 이내에 세무서 · 지방국세청에 과세예고통지 내용의 적법성에 관한 심사를 청구할 수 있는 제도입니다.
- 청구세액이 5억 원 이상인 경우 등에는 국세청에 과세전적부심사 청구를 할 수 있습니다.
- 청구서가 접수되면 해당 세무서 · 지방국세청 · 국세청에서는 접수받은 날로부터 30일 이내에 국세심사위원회의 심의를 거쳐 결정하고 그 결과를 통지해 드립니다.

이의신청

- 납세고지를 받은 날 또는 세금부과 사실을 안 날로부터 90일 이내에 고지한 세무서 또는 소관 지방국세청에 이의신청을 할 수 있습니다.
- 세무서에 과세전적부심사를 청구한 경우에는 소관 지방국세청에 이의신청을 하여야 합니다.

- 이의신청서를 접수한 날로부터 30일 이내에 결정합니다. 다만, 이의신청인이 당초 결정기간(30일)내에 항변서를 제출하는 경우에는 60일 이내에 결정하고 그 결과를 통지해 드립니다.

| 심사 · 심판청구

- 납세고지를 받은 날 또는 세금부과 사실을 안 날로부터 90일 이내에 심사 또는 심판청구를 할 수 있습니다.
- 이의신청을 한 경우에는 이의신청의 결정통지를 받은 날로부터 90일 이내에 심사 또는 심판청구를 할 수 있습니다.
(다만, 이의신청 결정기간 내에 결정통지를 받지 못한 경우 결정통지를 받기 전이라도 그 결정기간이 지난 날부터 심사 또는 심판청구 가능)
※ 심사청구서 및 심판청구서는 관할세무서에 제출하시면 됩니다.
- 심사 · 심판청구를 접수한 날로부터 90일 이내에 결정하여 청구인에게 그 결과를 통지해 드립니다.

| 행정소송

- 심사청구, 심판청구 또는 감사원 심사청구에 의해 권리구제를 받지 못한 경우에는 결정통지를 받은 날로부터 90일 이내에 해당 세무관서를 관할하는 법원에 소송을 제기하면 됩니다.

| 고충민원

- 세법을 잘 알지 못하고, 경제적 어려움 등으로 불복청구 제도를 이용하지 못하는 영세납세자의 권리구제 제도입니다.

10 납세자권익24

「납세자권익24」란?

● 납세자가 권익보호 정보를 손쉽게 이용할 수 있도록 국세청에 여러 채널로 분산된 정보를 체계적으로 제공하는 누리집입니다.

접근경로 : 「납세자권익24」(www.nts.go.kr/taxpayer_advocate/main.do)

「납세자권익24」 제공 서비스

구분	내용
납세자권익보호 소개	• 납세자권리헌장, 국세행정서비스헌장 등 소개 • 납세자권리구제 제도 소개 - 권리보호요청, 고충민원, 불복(과세전적부심사, 이의신청, 심사청구, 국선대리인 제도)
권리구제/불복 신청	• 권리보호요청, 고충민원, 불복(과적/이의/심사), 국선대리인 신청
성실납세우대	• 세금포인트 · 아름다운납세자 제도 소개 • 모범납세자 추천(신청)
세금지원/상담 신청	• 고객의 소리(VOC), 영세납세지원단 서비스 신청, 인터넷 상담 신청, 세법해석 신청, 방문 상담 예약, 공감소통 · 민생지원소통추진단 소개
심의 사례/자료실	• 분기별 주요 심의 사례, 심의 사례 검색, 발간보고서 / 책자, 세무 서식

권익보호 정보 및 제도를 원스톱 서비스로 제공

권리보호신청 메뉴 바로가기

권리보호요청 신청

고충민원 신청

영세납세자지원단 서비스 신청

과세전적부 심사청구

이의신청

심사청구

권리보호 현황(2022년 1월 ~ 12월 누계)

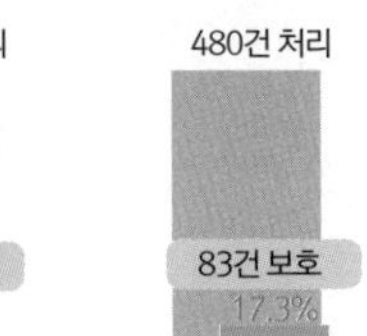

구분	처리	보호	비율
권리보호요청	1,712건 처리	1,485건 보호	86.7%
고충민원	1,073건 처리	657건 보호	61.2%
과세전적부 심사청구	2,035건 처리	431건 보호	21.2%
이의신청	3,983건 처리	520건 보호	13.1%
심사청구	480건 처리	83건 보호	17.3%

국세청
www.nts.go.kr

2024
세금절약 가이드 I

인 쇄 일 | 2024년 5월 발 행 일 | 2024년 5월

발 행 처 | 국세청 세정홍보과

편집위원 | 세정홍보과장 오규용 행정사무관 유경룡
국세조사관 윤혜민

집필위원 | (1장) 국세조사관 정혜원, 유지희, 신동연, 백신기, 김지현, 김수한, 정승오, 류지호, 남도욱, 이호준, 전현혜, 임정진, 이수미, 노재희, 한수은, 양미선, 곽형신, 박경희, 김창희, 정현주, 설미현, 윤미경, 최보령, 김현지, 조윤정, 김민주, 추명운, 이진주
상담사례_부가가치세 부분
국세조사관 류지호, 추명운, 임정진, 노재희, 정승오, 김수한, 김현희, 채은정
상담사례_종합소득세 부분
국세조사관 이옥녕, 김창희, 신동연, 양미선, 박경희, 임경욱
상담사례_원천세 부분
국세조사관 김지현, 곽형신, 백신기, 오수진
(2장) 국세조사관 백신기, 조준영
상담사례_연말정산 부분
국세조사관 백신기, 오수진
(3장) 국세조사관 최지영, 박병주, 정우도, 김수한, 이옥녕, 이태호, 홍소영, 장수환, 이태상
상담사례_장려금 부분
국세조사관 김은경, 유종현
(4장) 국세조사관 이미경, 김지영, 강형규, 원두진, 박태훈, 전태훈

디자인·인쇄 | (주)일진커뮤니케이션 (02)2277-4424

구 입 | 가나북스 (031)959-8833 / 팩스 (031)959-8834

ISBN 979-11-6446-109-7 03320

국세상담이 필요할 땐 국번 없이 126 국세상담센터로

※ 이 책자는 2024년 2월자 시행령 개정사항까지 반영하였으며, 책자에 대한 오류 · 수정 요청은 국세청 세정홍보과(044-204-3290)로 연락바랍니다.

이 책자는 국세청 누리집(www.nts.go.kr → '국세정책/제도' → '통합자료실' → '국세청 발간 책자' → '세금안내 책자')에서 전자책자 및 파일을 다운로드(무료) 받으실 수 있습니다.

 정가: 7,000원